슬기로운 고등학교 생활

2024

고등학교에서의
가을, 겨울, 봄, 여름
그리고 다시
가을

글 김은하

슬기로운 고등학교 생활
2024

고등학교에서의
가을, 겨울, 봄, 여름
그리고 다시
가을

CONTENTS

머리말   8

제1화	올라온 적도 없는데 하산이라니??	10
제2화	언제 퇴근하지?	16
제3화	오늘 일을 내일로 미루시지	21
제4화	숫자는 중요하지 않아	26
제5화	어느 파트를 먼저 연습할까요?	32
제6화	왜 같이 먹어야 하죠?	37
제7화	춘래불사춘(春來不似春)	45
제8화	행간(行間)을 읽어야지	50
제9화	일희일비(一喜一悲)하지 말라니까	55
제10화	쓸데없는 건 기억하고 있어	63
제11화	내가 도와준다고 했잖아!	69
제12화	금요일은 일찍 가나요?	75
제13화	거짓말	80
제14화	안 쓰던 때로 돌아갈 생각 없음!	86

제15화	모든 좋은 일은 꿈꾸는 데서	91
제16화	누구에게 말하겠어요	96
제17화	돈만 있다면	102
제18화	반짝반짝 작은별 2023	109
제19화	왜, 걷고 있는 거야!	115
제20화	이걸요?	122
제21화	우린 선생님을 많이 도울 거예요	129
제22화	슬기로운 고등학교 생활 2023	135
제23화	면접관이 정상이 아닌 것 같은데	141
제24화	이전했다고요?	148
제25화	365일 연중무휴 야간진료	154
제26화	Perform One Hundred	160
제27화	그러든가 말든가	165
제28화	빨리 교복으로 갈아입어!	172
제29화	혼자서도 잘 살 수 있어!	179
제30화	자기 자리가 있나요?	186

제31화	좋은 아침입니다	192
제32화	교육은 무슨!	198
제33화	천천히, 꾸준히 그리고 끝까지!	204
제34화	과연, 말이 필요한가??	209
제35화	오늘은 해장국 먹자!	214
제36화	SNU FAMILY	220
제37화	참 서글픈 세상이네요	226
제38화	우리도 한때는 오빠로 불리던	233
제39화	울었어요??	238
제40화	화가 나나요??	244
제41화	3년 내내 1등이었어요	251
제42화	음지마을이 있네요??	257
제43화	메마른 땅을 종일 걸어가도	262
제44화	꽂히는 일을 하세요!	266
제45화	The Elephant in the Room	272
제46화	사연 올리고! 양말 올리고!	279

제47화	야자가 끝나고, 게임을?	284
제48화	우린 상위 1%	290
제49화	매일 작은 것들을 즐기세요	297
제50화	3년 개근상 30명	302
제51화	너희끼리 싸울래?	308
제52화	인연(因緣)-4	315
	작가의 말	324

머리말

  2021년부터 책으로 묶기 시작한 〈슬기로운 고등학교 생활〉 시리즈의 2024 버전입니다. 2024년도에는 30기 아이들과의 이야기가 주를 이룹니다. 변함없는 학교에서 별로 다르지 않은 학교 프로그램이 진행되는, 매년 반복되는 고등학교에서의 직장 이야기이지만, 해가 갈수록 아이들은 더 어려지고 귀여워지지만, 덩달아서 저 또한 어려지는 것 같습니다. 나이를 한 살 더 먹는다는 것이 세상을 더 잘 알게 되는 구조가 아니어서 어쩌면 다행이라고 생각됩니다. 그래서 해마다 아이들에게 물어봅니다.

 - 이건 어떻게 하는 것이 좋을까요?

  고맙게도 아이들은 저의 이런 질문에 흔쾌히, 기쁘게 대답해 주고 가르쳐주고 제 머리를 넘어서 더 좋은 것들을 제시해 줍니다. 늘 아이들을 통해서 배웁니다. 그래서 아이들이 잠시라도 제 삶에 들어와 준 것에 감사하고, 아이들이 잠깐이라도 제 말에 귀를 기울여준다는 것에 또한 감격합니다.

　내 삶에 17살의 모습으로 1년을 머물던 아이들이 어느새 훌쩍 자라 2학년으로 올라가고, 문득 돌아보면 덩그러니 나 혼자만 남아 있지만, 그래도 좋습니다. 아이들이 내 삶에 계속 남아 있다면 아이들이나 저나 힘들었을 텐데, 1년 있다가 떠나가니, 그래서 나와 함께 있는 길지 않은, 짧은 1년 동안, 이 아이들에게 시간을 들이고 정성과 사랑을 쏟고 모든 것을 집중할 수 있어서 얼마나 좋은지 모릅니다. 계속되지 않는, 언젠가는 끝나는 삶이니, 얼마나 소중한지요.

　30기 아이들과의 학교생활을 통해 제 삶을 조금씩 비추어 보는 이야기들입니다. 너무 가볍지 않고 그렇다고 또 너무 무겁지도 않은 잔잔한 일상 이야기를 담았습니다. 무릎을 '탁' 치게 되고 고개가 끄덕여지며 빙그레 미소가 지어지는, 공감되는 이야기들이었으면 좋겠습니다.

　아이들과 있었던 재미난 이야기는 〈반짝반짝 작은별〉 시리즈 2024 버전에서 만나볼 수 있습니다. 그 책에서도 만나 뵙기를 소망해 봅니다.
　고맙습니다.

2024. 02. 서울

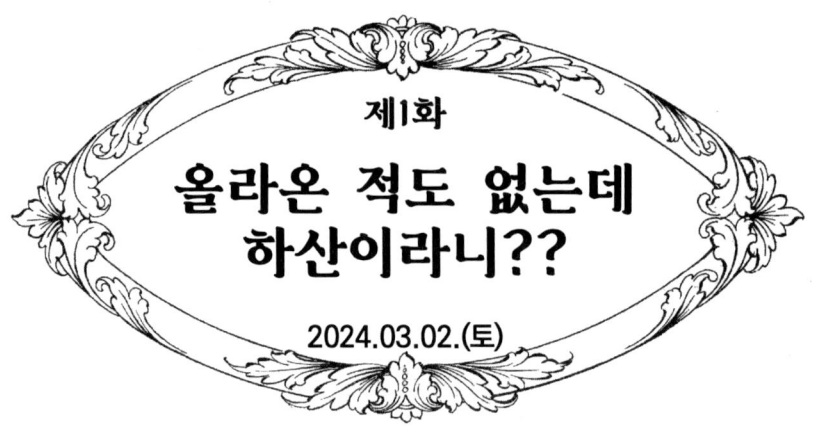

제1화
올라온 적도 없는데 하산이라니??
2024.03.02.(토)

- 올라온 적도 없는데 하산이라니??

    이번 주 3일 내내 새 학기 준비를 위한 교사 연수가 진행되었다. 1학년의 특성상 이미 작년 10월 말부터 신입생을 위한 프로그램 준비로 분주했던 터라 해오던 일에 좀 더 박차를 가하여 학생들만 생각하면 되었지만, 올해는 유독 선생님들이 눈에 들어왔다. 지금까지와는 조금 다른 느낌이었다고나 할까.

    오랜 직장 생활이 나에게 깨닫게 해 준 것 중 하나는, '다른 사람을 신경 쓸 필요 없다'라는 것. 누가 나에게 좋은 말을 해도 방긋, 나쁜 말을 해도 방긋, 좋은 말을 해도 한 귀로 흘릴 것, 나쁜 말을 하면 더욱더 한 귀로 흘려보낼 것, 어떤 이는 계속 내 옆에 있을 것이고, 어떤 이는 스쳐 지나갈 것이며, 사랑했지만 어떤 이는 영원히 내 곁을 떠날 것이고, 원하지 않던 어떤 이는 계속 내 옆에서 나에게 스트레스를 줄 것이니, 한때 나의 시간에 잠시 있을 사람들로 생각하고 사람에 절대 연연하지 말 것 등을 내게 가르쳐주었다. 직장이란 곳은.

특히 열정이 넘치는 나의 뜻에 반(反)하는 사람은 빨리 떠나보낼 것, 스트레스받지 말 것, 그에게서 빨리 도망쳐 나올 것, 그의 손을 놓아 버릴 것, 떠나보낸 그에 대해 절대 돌아보지 말고, 후회하지 말 것 등도 포함되어 있다. 물론, 잘되지 않는 일이지만 결론은 하나다.

- 사람을 바라보지 않는다.

언젠가 A에게 말했었다.

- 사람에 대해 평가하지 않으려고요.

교무실에서 다른 사람들에 대해 일·절 말하지 않는 것도, 바라보는 사람의 관점에 따라서 일이나 사람에 대한 평가가 확연하게 다르다는 것을 경험했기 때문이다. 그래서 나는 정말 신기하다. 다른 이들이나 사건에 대해서 본인의 관점에서 아주 쉽게 판단하고 말하는 사람들이…. 그러면서 생각한다.

- 왜 저렇게 본인의 관점에서만 생각하지?

자기가 맡은 일만 잘하면 되던 담임교사와 달리, 학년이나 업무를 맡은 부장은 조금 다르게 일을 하게 된다. 나 혼자 맡은 일을 해버리면 좋으련만, 대부분의 일이 다른 부서와의 협조나 협의가 필요하고, 가장 힘든 것은 다른 부서가 먼저 움직여 주어야 내가 맡은 일을 진행할 수 있는 경우가 많다는 것이다. 나는 애가 닳는데 다른 부서는 나와는 달리 여유가 있는 경우도 많고, 주로 저녁이나 주말에 제정신이 돌아와서 업무를 하는 나로서는 남들이 쉬고 있을 때 연락하는 예도 많아서 다른 이들을 힘들게 하기도 한다.

일을 할 때 다른 부서를 배려하고 서로 조화가 되도록 해야 하는데 생각처럼 쉬운 일이 아니다. 일단은 내가 맡은 부서가 중요하니까. 또 요즘에는 열정이 넘치는 선생님들이 많아서 그 선생님들이 하는 것을 보면 혀를 내두르게 된다. 그래서 언젠가는 B에게 말했다.

- 제가 올해 하산을 해야 했어요.

나의 이 말에 B가 했던 말을 잊지 못한다.

- 올라온 적도 없는데 하산이라니??
- (모두) 하하하~

그러니깐. 정상에 올라간 적도 없는데 하산이라니. 몇 주 전 회의가 끝난 뒤 C에게 말했었다.

- 오늘 계속 들은 생각은, 이 일이 제가 꿈꾸는 교직에서의 삶, 목표와 다르다는 것이었어요. 전혀 꿈꾸지 않는 일에 귀한 시간을 쏟는 제 모습을 봅니다.

그런데, '우리 부서는 이런저런 일을 하고 있습니다'를 큰 소리로 외치며 무언가를 쟁취해야 하는 것 같은 분위기가 맞지 않아 힘들어하고 있던 내 눈에 보석같이 빛나는 D가 보였다. 그는 크지 않은 목소리와 부끄러워하는 얼굴로 눈물을 글썽이면서 이렇게 말했다.

- 제가 부족함이 많아서요, 선생님들의 도움이 필요해요.
- 저를 볼 때마다 불쌍히 여겨 주세요.

그와 식사하면서 깜짝 놀랄만한 이야기를 들었다.

- 제가 작년 2학기부터 학교를 위한 기도가 나오더라고요.
- 뭔가 익숙해지는 느낌으로 제 마음대로 하고 있는 저를 보면서 이렇게 생각했어요.
- 아! 이제 이곳을 떠나야겠다.
- 내가 잘하지 못할 때 하나님을 찾게 되더라고요.

오아시스를 만난 느낌이라고나 할까! '아! 이렇게 귀한 사람이라니!'. 자신감으로 충만해서 자기를 어필하려고 안달이 난 사람은 당연히 아니었고, 무언가 자신감이 없어 이것저것 부족해 보이는 사람도 아니었던, 정말 다른 사람의 마음을 움직이는 힘을 가지고 있는 따뜻하고 좋은 사람이었다.

비올라 조크(Viola Joke)가 있다. 바이올린과 첼로 사이에서 이도 저도 아닌 역할을 하는 어중간한 비올라를 비꼬는 유머라고 할 수 있다.

- 현악 4중주의 뜻은?
- 괜찮은 바이올린 연주자, 형편없는 바이올린 연주자, 한때 바이올린을 했던 연주자, 바이올린을 싫어하는 연주자가 모여 작곡가를

까는 모임
  - 비올리스트가 틀린 음을 연주하고 있는지 알아내는 법은?
  - 활이 움직이고 있다
  - 2명의 비올리스트를 음정이 맞게 연주하게 하는 방법은?
  - 한 명을 데리고 나간다.

 뚜렷하게 주목받는 바이올린이기를 원하던 때도 있었고, 아예 소리가 낮아서 잘 들리지 않는 첼로이기를 바랄 때도 있었지만, 지금의 내 심정은, 중간 정도의 소리를 내는 어중간한 비올라라고나 할까.
 자신 있게 또는 목을 꼿꼿이 세우고 하던 모든 일들에서 힘을 빼고, 어쩌면 필요하지만 조용하게 내 할 일을 묵묵히 하는 것으로 올해의 목표를 삼으려고 한다.

  - 저, 이렇게 자신 있거든요!
  - 저를 보시죠!

 아, 이 목소리에 지쳐가고 있는 나에게, '저, 부족해요! 그러니 도와주세요!'를 조용히 말하고 있는 D의 옆에서 함께 하고 싶다는 생각을 해 본다.

****

첼로의 매력적인 저음보다는 높고
바이올린의 뚜렷한 고음보다는 낮아서,
현악기가 함께 소리를 낼 때 잘 알아듣지 못할 수도 있고

구분이 되지 않을 수도 있지만,

빠져서는 안 되는,

필수 존재인 비올라.

아마, '조용한 자신감'이라고 하면 되지 않을까. 진짜로 자신감이 있는 사람은 조용하다고 한다. 요란하지 않다는 것.

약간은 두렵고 떨리는 마음으로 2024년을 바라보는 신입생들에게, 비올라 음악 한 곡을 권해본다. 바이올린의 고음이나, 첼로의 저음보다, 비올라의 중간 음역에 딱 맞는 곡.

주목받고 빛나는 1등이 되고자 한다면 힘들고 고된 한 해가 되겠지만, 2등 정도 하고자 한다면, 해 볼 만하지 않을까. 또 그러다가 (생각지도 않게) 1등을 하게 되는 순간이 올 수도 있을 테니.

비올라-용재오닐

#교사연수 #신입생 #사람과_관계 #평가하지_않기 #부족함과_성장 #익숙해짐 #비올라 #조용한_자신감 #음악과_삶 #1등과_2등 #비올라_조크 #Viola_Joke #리처드_용재_오닐 #섬집아기 #Baby_Lives_In_The_Island

제2화
# 언제 퇴근하지?
2024.03.09.(토)

- 언제 퇴근하지?
- 그냥 하시면 됩니다.

 1년 중 가장 힘들고 바쁜 일주일이 지나갔다. 입학식을 진행했던 월요일부터 마지막 야간 자기주도학습을 했던 금요일까지, 총 5일 동안 1학년 담임선생님들과 진행했던 일들이 얼마나 많았는지 모른다. 전체 기획 회의를 위한 업무 작성을 하면서 1학년에서 진행하는 업무마다 번호를 적어 보니 20번이 훌쩍 넘어가서 큰 타이틀로만 작성했는데도 13번까지 매겨졌다. 사실 그것도 몇 개의 업무는 주저하면서 삭제를 한 것이었다. 다른 부서는 5번 정도까지 작성되었는데….

 학년의 특성상 학교에서의 신입생 준비는 전년도 4월부터 진행이 되고, 1학년부에서는 늦어도 10월경부터 그다음 해의 신입생 업무를 계획하고 진행해야 제대로 일을 할 수가 있다. 1월 초에 진행했던 신입생 연수를 위해서는 전년도 11월부터 계획을 해야 했고,

올해 4월 초에 진행하는 주제별 체험학습을 위해서는 작년 10월에 계획해서 11월에 답사까지 다녀왔으니, 3월에 실제로 만나게 되는 아이들은 이미 5개월 전부터 내 마음속에 들어와 있었던 것이라고 할 수 있겠다.

이미 작년 12월에 30기와 소통하기 위해서 만들어 놓은 총 5개의 인터넷 사이트가 2월 중순, 신 학번이 발표되면서부터 작동되기 시작하였고, 이번 주 월요일부터는 학년 오픈채팅방에서 학년 조회 종례가 시작되었으며, 2024학년도 주말 편지 1호가 발송되었다. 매주 금요일에 발송이 되어야 하는 주말 편지를 오늘에서야 마무리할 수 있었을 정도로 이번 주는 나에게 정말 바쁘고 힘든 한 주였다.

특히 이번 주 월요일에 나가야 하는 가정통신문 2개를 위해서 업무를 맡은 A와 B 선생님과는 지난주에 몇 시간씩 채팅과 전화를 하며 문장을 다듬고 내용을 수정하고 확인하여서 겨우 완성할 수 있었다. 어떤 일이 표면에 나타나기까지 얼마나 많은 사람이 휴일을 반납하고 시간을 쓰고 몸을 쓰고 희생하는지, 본인이 직접 경험하기 전에는 절대로 알 수 없는 일들이 세상에는 너무나도 많다는 것을 다시 한번 느낀다. 그러니 제발, 쉽고 간단하게 함부로 생각하거나 말하거나 평가해서는 안 된다.

입학식을 했던 첫날부터 아이들은 밤 10시까지 야간 자기주도학습을 했고 담임선생님들께서도 밤늦게까지 남으셔서 학생상담을 하셨다. 작지 않은 교무실이 밤 10시가 다 되어서까지 선생님들과 학생들의 이야기로 시끌벅적한 것을 보며 드디어 신학기가 시작되었다는 것을 실감할 수 있었다. C 선생님에게 말했다.

- 선생님, 피곤하지 않아요??
- 괜찮습니다!

D 선생님이 퇴근하며 말했다.

- 잠깐 집에 다녀오겠습니다!
- (모두) 하하하~

학급 학생들과 상담하는 시간도 부족할 텐데, 동아리 학생들과 상담하는 E와 F 선생님도 계셨고, 저녁에 퇴근할 때 앉아계시던 G 선생님은 출근할 때도 그 자리에 그대로 앉아계셔서 나를 놀라게 했다. H 선생님과 이런 대화를 했다.

- 아이들에게 무얼 가르치는 것보다, 아이들을 통해서 내가 더 배우게 되는 것 같아요.
- 맞아요. 저도 아이들에게 내가 어떻게 하는 게 좋은지 물어보았더니, 아이들이 이렇게 하라고 알려 주더라고요.

5일 내내 밤 10시가 넘어서 퇴근하는 I 선생님에게 말했다.

- 선생님이 제일 걱정이었는데, 완전 대단해요!
- 정말 힘들기는 한데, 이렇게 해야 할 것 같아서요.
- 아이들과의 생활이 즐거우면 되는 거죠.

일을 다 끝내지 못했던 금요일에는 빨리 나가라는 J 님의 성화에 쫓겨나다시피 교무실을 나왔다. 저번 주 수요일에도 모두 다 퇴근한 교무실에서 밤늦게까지 K와 업무 이야기를 나누면서 이런 메시지를 보냈더니 이렇게 답변한다.

- 언제 퇴근하지?
- 그냥 하시면 됩니다.

올해 가장 많은 이야기를 나누게 될 K가 순간순간 나와 우리 교무실 선생님들을 빵 터지게 만든다. 한참 일을 해야 하는데 K는 계속 이렇게 말한다.

- 주말에는 일 안 합니다.
- 집에서는 집중이 되지 않아요.

한창 바쁜 나를 두고는 축구하러 나가서 없어진다던가, 한참 메시지를 보내고 있는 나에게 이렇게 말하고 사라지는 K.

- 안뇽!

특히 이전과는 조금 다른 교무실 풍경을 선사해 주었는데, 아침에 (아름다운 모습으로) 커피를 내려서 사람들을 불러 모으고 있다는 것과, 점심에도 강렬한 커피 향으로 사람들과 함께하는 모습이었다. 그리고 무엇보다도 애니메이션 '톰과 제리'의 제리처럼 도망치는 K에게 톰같이 으르렁거릴 수밖에 없는 내 모습에 사람들이 환호하며 재미있게 생각한다는 것이다. 나를 톰으로 만들다니! 나쁜 K 같으니! *^_^*

어느 한 분이라도 누구에게 내어줄 수 없는 12분의 귀한 선생님들과의 에피소드를 생각하니 얼굴에 살며시 미소가 퍼진다. 눈 감으면 다 끝나있었으면 좋겠다고 생각했던 일주일을 보내고 맞이한 첫 번째 주말, 358명과 12분의 담임선생님들이 아주 귀한, 꿀맛 같은 휴식을 취하고 있기를 간절히 바라며….

****

처음으로 학년 조회 종례를 시작했던,
2024년 3월 4일(월)에 신입생들에게 보냈던 음악 하나

리베란테-시작

#입학식 #1학년 #신입생 #고등학교 #야간_자기주도학습 #학생상담 #교사와_일상 #일과_쉼 #톰과_제리 #학년조회종례 #주말_편지 #시작 #Libelante #리베란테 #L_amore_prima_di_te

제3화
오늘 일을 내일로 미루시지
2024.03.16.(토)

- 오늘 일을 내일로 미루시지.

저번 주 월요일, 처음 등교하는 30기 학생들에게 보내는 학년 조회 메시지에 이런 내용을 담았다.

- 오늘부터의 학교생활, 두렵고 떨릴 수 있겠지만, 일단 5일을 지내본다는 생각으로 마음을 먹어 보아요. 좀 가볍게 말이죠.
저도 일단, 5일을 지내본다는 생각으로, 오늘 아침을 시작합니다.
5일을 지내보면, '흠, 이렇군??' 이런 생각이 들면서, 생각보다 재미있을 거예요.

두 번째 주까지 보낸 이번 주 금요일, 학생들에게 질문해 보았다.

- 이번 주는 어떠했나요??
- 저번 주는 너무 느리게 갔는데, 이번 주는 너무 빠르게 지나갔어요!
- 재미있었어요!

'언제 지나갈까!'라는 마음으로 하루하루를 세면서 새 학기를 보내고 있는 학생들이나 교사들 대부분 비슷한 생각을 하고 있었을 듯.

- 빨리 지나갔으면 좋겠다!
- 빨리 주말이 오면 좋겠어!

모두가 기다리는 주말을 맞이하며 A에게 말했었다.

- 주말에 일을 해야 해요!
출근하면 일이 쏟아지니까요!

그래서 주말에 이런저런 메시지를 보내는 나에게 B는 이렇게 대답했다.

- 휴일에는 좀 쉬셔야죠~

B의 말에 나는 멈칫할 수밖에 없었고 마음만 바쁜 주말을 보내고 왔었다. 어제는 퇴근하는 C에게 말했다.

- 일은 다 했어요?

- (모두) 하하하~
- 주말에 연락할게요~
- (모두) 하하하~

　가장 바빴던 어제 금요일, 학부모 총회까지 마쳤음에도 퇴근하지 않고 늦게까지 일하고 계신 선생님들께 말씀드렸다.

- 가장 바쁘고 중요한 것들이 지나갔으니, 이제 조금 한가한 느낌이 드실 거예요!

　피곤한 얼굴이지만 웃음을 머금고 고개를 끄덕이던 선생님들의 얼굴을 기억한다. 제로 베이스에서 모든 것을 새롭게 세팅하느라 정신없이 분주했던 1학년 담임선생님들 한분 한분이 얼마나 소중하고 감사한지!
　늦게 일어나고 늦게 잠자던 방학의 습관을 힘들게 힘들게 접어놓고, 일찍 일어나고 늦게 퇴근하는 직장인의 삶, 아침에 출근하고 퇴근하는 평범한 일상, 5일 동안 열심히 일하느라 부족했던 잠을 조금이나마 보충해 주고 게으름을 피울 수 있는 주말이 당연한 것이 아니라는 것을 새삼 깨닫는다.

- 오늘 일을 내일로 미루시지.

　차례대로 일을 처리해야 정리가 되는 나인데, 일은 계속 밀려들고 그 속에서 헤매면서 마음만 바쁘던 내가 급하게 했던 어떤 질문에 이렇게 가볍게 답변한 D의 말에 나는 웃음을 터뜨릴 수밖에 없었다. 한참 웃다가 이렇게 답변했다.

- 넘치는 위트!

오늘 일을 내일로 미루라는 D의 유머에 복잡하던 머릿속이 완전히 가벼워져서 오랜 시간 붙잡고 있던 그 일을 순식간에 끝내버리고 퇴근했었다.

3월 초에 입학하여, 어느새 3월 하순으로 향하는 다음 주, 오늘 해야 하는 일은 오늘 다 끝내야겠지만 행여 끝내지 못했더라도, 내일로 또는 다음 주로 넘어가더라도, 모두 다 건강한 몸과 가뿐한 마음으로 회복되어 밝은 얼굴로 만나기를 바라며….

****

* E에게 말했다.

- 내일 저에게 줄 것 있으신 것, 아시죠??

무슨 말인지 모르겠다는 듯이 눈을 똥그랗게 뜨고 있는 E에게 다시 말했다.

- 내일 저에게 초콜릿이나 사탕 같은 거 주셔야 하잖아요!
- (모두) 하하하~

다음 날 아침, 내 책상 위에는 다양한 초콜릿과 사탕이 놓여 있었다. F 선생님이 말씀하셨다.

- 남자 선생님들께서 각자 준비해 오셔서 주신 거래요!

- 진짜?
- 서로 의논한 것도 아니래요!
- 정말??
- 아! 우리 교무실 선생님들, 너무 Sweet 하시다!

남자 선생님들께서 화이트데이에 준비해 주신 초콜릿~~

초콜릿을 받아서 선생님들이 더 좋아진 듯~*^_^*

#학년_조회 #주말 #교사의_일상 #일과_쉼 #위트 #화이트데이 #초콜릿 #유머와_여유

# 제4화
# 숫자는 중요하지 않아
2024.03.23.(토)

- 숫자는 중요하지 않아

선생님들과 대화하던 중이었다.

- A, B와 C 선생님이 모두 동갑이신가요??
- 아뇨. A와 C는 OO 년 생, B는 OO 년 생입니다.
- 아, 그럼, B는 저와 동갑이네요.
- 그런가요?
- 몇 월생이에요?
- O 월인데.
- 아, 오빠네요. 저는 만 5세에 학교 들어갔어요.
- 그런 경우가 있더라고요. 고등학교 때 전교 1등이 2살 어린 친구였는데….
- 저도 어릴 때는 나름 똑똑했는데. *^_^*.

만 나이 계산하는 법이 새로 나왔지만 무언가 복잡해서 요즘에는 몇 년생인지, 또 몇 월생인지로 그 사람과의 나이 차를 가늠하게 되었다. 생각해 보니, 초등학교 때부터 대학교 때까지, 친구들 모두 나보다 1살 위였음에도 함께 지내는 데에 전혀 불편함이 없었다. 공부 내용이 어렵게 느껴지지도 않았다. 왜 그랬을까?? 아마도 나의 인지적 수준이 높았기 때문이 아니라, 1~2살 차이는 학습이나 생활에서 크게 영향을 주는 나이는 아니기 때문이리라 생각해 본다.

직장에서는 나이로 대하는 것보다 입사한 시기로 나뉘는 경우가 많다. 우리 학교가 개교할 때 함께 했던 사람들을 일명 '개교 멤버' 또는 '1기'라는 이름으로 부르는데, 가장 어린 나이였던 나부터 10년 연상이신 분까지 다양한 나이대의 사람들로 구성이 되었다. 지금은 이곳을 떠나 다른 곳으로 많이 옮겨갔지만, 나이대보다 기수로 분류하여 같은 시기에 같은 어려움을 겪었다는 의식을 더 중요하게 생각하기에, 우리는 지금도 서로에게 물어본다.

- 선생님은 몇 기시죠??
- 아, 저는 O기입니다.

물론 30년의 세월이 지나가면서 더 이상 기수를 따지지 않지만 1기, 2기와 3기까지는 좀 더 다르게 생각하는 것이 사실이다. 개인적인 호불호 감정은 있을 수 있지만, 함께 고생해 왔다는 마음으로 서로를 좀 더 애처롭고 안쓰럽게 생각하는 마음이 베이스에 깔려 있다는 것이 감사한 일이다.

주로 나보다 연세가 많으신 분들과 함께하다 보니, '어른은, 선배는 이러이러해야 해'라는 나름의 생각을 하고 있다. D가 나에게 물었다.

- 선생님은 고등학교 때 어떤 학생이셨어요?
- 흠, 저는, 겉으로는 모범생이었지만 머리로는 여러 생각을 하는 학생이었죠.
- 아, 그래요?
- 저 선생님은 왜 저러지? 저 집사님은 왜 저러지? 이런 생각을 많이 했었던 것 같아요.
- 얌전하셨을 것 같은데.
- 네. 당연히 얌전했지만, 어른이라고 다 고개 숙이지는 않았어요.
- 진짜요?
- 어른답지 못하면 인사하지 않았는데요. 그건 지금도 그렇고요.
- 와~
- 그래서 아이들을 보면서 생각하죠. 저 녀석이 고등학교 때의 내 모습을 가지고 있구나 하고요.

무언가 '센 언니' 같은 말이지만 사실, 말랑말랑한 아이들의 순수한 모습을 보면 그렇게 부러울 수가 없다. '어떻게 저렇게 착하지?'라는 생각에 고개가 갸우뚱해질 때가 있다. 이번 주 30기 클래스 서포터즈(임원들) 모임에서 이렇게 말했다.

- 학년장과 부학년장은 저와 잘 맞아야 하는데요, 제가 좀 못됐거든요.

(약간은 과장된) 나의 말에 선배로 참석한 29기 학년장과 부학년장이 강하게 고개를 끄덕이는 모습을 보고 30기 아이들이 모두

웃었다. 나쁜 29기 놈들! *^_^*

아이들에게는 모범이 되는 선배의 모습을 강조하고 선배를 잘 따르는 후배로서 태도를 말하지만, 정작 나는 좋은 선배도, 좋은 후배도 또 좋은 동료도 아니다. 그런데, 세월이 흘러가면서 '나 자신은 내가 지켜야 한다'라는 생각이 강해지고 있는 나를 '좋은 사람'이 되고 싶게끔 만들어 주는 사람들이 가끔 내 눈앞에 나타나서 나를 혼란스럽게 하기도 한다. 마음이 말랑말랑해지게 한다고나 할까. 문제점과 함께 해결책을 시원하게 제시하는 E도, 무엇이든지 긍정적으로 잘 받아내는 F도, 또 넓고 깊이 생각해서 생각의 관점 자체를 바꾸게 하는 G도, 나이나 경력과 상관없이 내 인생에 나타나서 나의 가치관을 흔들어 놓은 좋은 선후배들이다.

- 숫자는 중요하지 않아

야간자율학습 인원수를 체크하며 좀 더 많이 남도록 해야 하지 않을까를 걱정하는 나에게 H가 했던 말이다. 많이 남아서 공부한다고 공부를 잘하는 것도, 남지 않는다고 공부를 못하는 것도 아니라는 말이었는데, 나는 이 말을 들은 후 매월 야간자율학습 인원수 정리하던 일을 그만두었다. 그리고 가끔 이 말을 되뇐다. 숫자가 중요하지 않다는 말은 곧, 표면으로 나타나는 것이 중요하지 않다는 말과 같은 말이라고 해석되기 때문이다.

그리고 이 말이 얼마나 다행인지도 늘 생각한다. 나타난 숫자나 어떤 평가가 예상했던 대로 그대로 진행이 된다면 사실 살아간다는 것에 대한 기대가 아예 없을 것이다. 이미 결과가 뻔하게 나와 있는데 변화를 위해서 무슨 노력을 한단 말인가.

하지만, 우리가 이미 알고 있듯이, 숫자는 숫자일 뿐, 예상은 예상일 뿐, 진단은 진단일 뿐, 그것을 넘어서는 놀라운 일들이 인생에서 펼쳐진다는 것을 알고 있고 경험했으며 그렇게 살아온 무수한 사람들의 이야기가 우리에게 널려져 있다는 것. 그러니, 언젠가의 I에게 말해본다.

- 숫자는 중요하지 않아. 너에게 나타난 그 모든 것들도. 쉽지는 않겠지만 같이 넘어가 보자. 이 놀라운 시기를 함께 겪고 나눌 수 있는 사람이 되어줄게. 얼마 지나지 않아 함께 이야기할 수 있는 날이 올 거라는 거 알고 있잖아. 숫자는 중요하지 않다고 네가 말했잖아.

    선물같이 주어진 인생의 시간을 명쾌한 숫자나 글자 몇 줄로 또렷하고 정확하게 나타낼 수 있으면 좋겠지만, 그렇게 할 수 없는 일들로 가득 찬 것이 우리의 인생이라는 것을 다행으로 생각하며, 만 5세에 초등학교에 들어가나 좀 늦은 21살에 대학교에 들어가나, 아니 40세에 새로 수능을 보나, 우리 각자의 삶에는 눈에 보이는 문자로서는 도저히 설명할 수 없는 오묘하고 거대한 계획이 있다는 것에 감사한다.
    내 삶의 한 부분을 통과하는 동안에는 비록 깨닫지 못하더라도 결국은 걸어온 그 길을 한눈에 보게 되리라는 것을 기대하며, 숫자를 바라보며 한정되어 있던 나의 눈과 생각을 무한한 그림이 펼쳐질 거대한 하늘로 옮겨본다.

****

* 바코드 입 퇴실과 핸드폰 수거 등

새로운 야간 자기주도학습 시스템으로 바꾸었던 3월,
기대만큼 많은 아이가 남지는 않았지만,
공부하는 분위기가 정착된 것 같다.

2주 동안의 야간 자기주도학습 일지.
'숫자는 중요하지 않아'라는 말을 다시 한번 생각하며.

3.12.(화)		3.13.(수)		3.14.(목)		3.15.(금)	
1학년	2학년	1학년	2학년	1학년	2학년	1학년	2학년
83	87	67	59	93	56	45	47

3.18.(월)		3.19.(화)		3.20.(수)		3.21.(목)		3.22.(금)	
1학년	2학년	1학년	2학년	1학년	2학년	1학년	2학년	1학년	2학년
55	54	59	50	26	53	28	48	37	42

#숫자는_중요하지_않아 #나이와_경험 #개교_멤버 #1기 #선배와_후배 #좋은_사람 #인생과_성장 #계획과_변화 #야간_자기주도학습

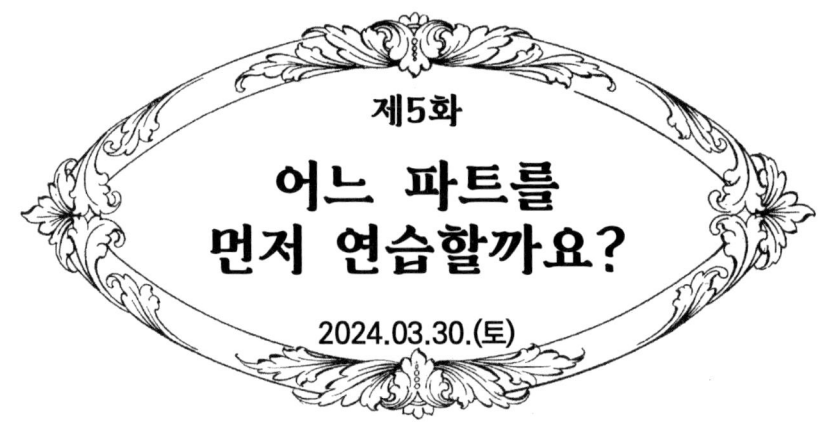

제5화
어느 파트를 먼저 연습할까요?
2024.03.30.(토)

- 어느 파트를 먼저 연습할까요?

　우리 학교에서 헨델의 〈할렐루야〉를 부른다는 것은 많이 알려진 내용이어서, 1학년 학생 중 입학하기 전부터 이 사실을 알고 있어서 이 노래로 가창 시험을 본다고 말했을 때 놀라는 학생은 별로 없었다. 그래서 대부분은 '노래를 부른다는 것은 알고 있는데, 과연 내가 제대로 할 수 있을까?'에 대한 걱정을 하는 경우가 많았다.
　조사를 해보니, 중학교 수업 시간 때 노래를 한 번도 하지 않은 학생들도 많았고, 노래를 했더라도 한 파트로 같이 부르는 제창은 해 보았으나, 파트를 나누어 합창이나 중창을 해본 학생은 많지 않았다. 그래서 사실 나도 걱정이었다.

- 옆에 있는 친구와 서로 다른 음으로 노래해야 하는데, 될까요??

　〈할렐루야〉의 경우, 여학생은 소프라노와 알토를, 남학생은 테너와 베이스 파트를 불러야 하는데, 그 두 파트 중 한 파트만 하는 것이 아니라, 두 파트 모두 해야 하는 것이어서 학생으로서는 당연히 부담되는 프로젝트이다. 4명이 한 팀이 되어서 2명씩 같은 파트를 맡아 2번의 테스트를 하는 것이다. 학생들에게 질문한다.

- 4개의 파트 중에 가장 쉬운 파트는 어느 파트일까요?
- 노래하기도 편하고 듣는 사람도 편안하며 음정도 어렵지 않아요.

정답은 베이스! 이어서 질문한다.

- 이 파트를 노래하다가 죽을 것같이 힘들고, 노래하는 본인의 목소리도 듣기 싫으며 다른 친구의 목소리는 더 듣기 싫은 파트, 하지만, 이 노래에서 뺄 수 없는, 또 이 파트를 잘하면 정말 멋있는 파트는??

정답은 테너! 또 질문한다.

- 소프라노와 알토 중 어느 파트가 더 어려울 것 같아요??

아이들은 대부분 소프라노라고 말하지만, 사실 정답은 알토다. 하지만, 여학생들 파트는 남학생 파트에 비하여 비교적 쉽다. 소프라노는 음이 조금 높을 뿐이지 어렵지 않고, 알토는 소프라노보다 조금 복잡할 뿐이지 역시 음정은 어렵지 않아서, 여학생들의 경우, 깜짝 놀랄 정도로 잘 부른다. 그래서 여학생들에게 늘 말한다.

- 결과를 미리 말한다면, 너무너무 잘 부르게 될 테니까 전혀 걱정하지 말아요!

〈할렐루야〉를 한번 부르는데 약 5분 정도의 시간이 소요되지만, 한 파트를 처음부터 끝까지 '대략' 연습하는 데에는 1차시의 수업, 즉 50분~45분 정도가 들어간다. 그래서 각각 두 파트의 노래를 대략 익히는 데에는 2차시의 시간을 잡아야 한다. 정확하게 연습하려면 더 많은 시간이 필요한데, 일단은 대략 연습해서 자꾸 반복하는 것이 좋다. 문제는 음악적인 감각이 좀 떨어지는 학급의 경우, 한 파트를 2시간에 걸쳐 배우게 되는 때도 있어서 시간 배분을 잘해야 한다.

그러니, 많지 않은 수업 시간 중 비교적 쉬운 베이스, 소프라노 파트와 좀 어려워서 시간이 많이 소요되는 테너, 알토 파트 중 어느 파트를 먼저 가르쳐야 할지, 고민하게 된다. 좀 쉬운 것을 빨리 배운 뒤, 어려운 것을 가르쳐야 할지, 초반 시간이 들어가더라도 어려운 것을 먼저 가르치고 난 뒤 쉬운 파트를 가르쳐야 할지. 아이들에게 질문해 보았다.

- 어느 파트를 먼저 연습할까요? 쉬운 파트를 먼저 배울까요 아님, 어려운 파트를 먼저 배울까요?

많은 아이는, 좀 더 쉬운 파트를 먼저 배우고 싶어 했다. 즉, 소프라노와 베이스 파트를 먼저 배우고 난 뒤, 어려운 파트를 배우고자 했지만 나는 달랐다. 이렇게 다시 질문해 보았다.

- 어려운 일과 쉬운 일이 있을 때, 어떤 일을 먼저 하는 편인가

요??

정답은 없겠지만, 나의 경우, 어려운 일을 먼저 마스터한 뒤, 쉬운 일로 넘어가는 편이라 아이들에게 말했다.

- 테너를 먼저 연습할게요. 테너를 먼저 배우고 나면 베이스는 금방 배우게 될 거예요!
- 알토를 먼저 익히고 나면, 소프라노는 식은 죽 먹기일 걸요!

노래를 익히기 전에 아이들에게 말했다.

- 어차피 점수를 받아야 하는 건데, 꿀팁을 하나 알려줄게요. 좋은 점수를 받으려면 일단, 크고 열심히 부르면 됩니다. 틀린 음정이라도 크고 열심히 적극적으로 부르면, 잘하는 것 같이 들리거든요!

이번 주에 처음으로 노래를 배웠던 학급들은 이 말에 고개를 끄덕이며 크고 열심히 불렀다. 그리고 1차시에 한 파트를 다 마무리했다. 특히 남학생들이 얼마나 열심히 노래를 불렀던지, 진짜 깜. 짝. 놀랐다. 좀 더 어려운 파트인 테너와 알토 파트를 끝낸 학급들은 이제 날아갈 일만 남았다는 사실에, 내가 더 홀가분해진다.

이번 주 월요일부터 일주일 내내 목소리가 잠겨서 낮고 허스키한 목소리로 말하고 노래하는 나를 잘 따라준 아이들에게 감사의 말을 전하며, 올해 기수는 남학생들이 훨씬 더 잘하기를 간절히 바라며, 10개월이 휘리릭 지나서 30기와 함께 부르는 12월의 〈할렐루야〉를 기대해 본다. 오래전의 A에게 질문해 보고 싶다.

- 어려운 일과 쉬운 일이 있을 때, 어떤 일을 먼저 할 거야??

아마도 A도 어려운 일을 먼저 하겠다고 대답하지 않을까.

****

* 시험 감독을 하기 위해 B 학급에 들어갔다.

교실을 이리저리 살펴보다가 칠판에 눈이 갔는데 칠판 맨 위에 이런 글씨가 쓰여 있었다.

- 수련회 D-6

무슨 의미일까 싶어서 질문했다.

- 수련회, 주제별 체험학습이 기다려지는 걸까요??
- (완전 큰소리로) 네!!!

무언가를 기대하는 아이들의 마음이 너무 부럽고 예쁘다.
아이들에게 특별한 프로그램이 되면 좋겠는데….
즐겁고 기대되는 일을 바라고 꿈꾸면서, 공부 시간의 힘듦을 참고 있는 걸까.

#헨델 #할렐루야 #가창_시험 #소프라노 #알토 #테너 #베이스 #합창 #쉬운_일과_어려운_일 #음악교육 #수련회 #주제별_체험학습

제6화
왜 같이 먹어야 하죠?
2024.04.06.(토)

- 왜 같이 먹어야 하죠?

　이번 주에 있었던 주제별 체험학습, 일명 수학여행은 작년 10월부터 기획된 프로그램이다. 코로나 이전까지 수십 년 동안 계속 강원도로 갔었는데 간간이 다른 지역으로 바꾸려고 여러 번 논의가 있었으나, 말처럼 쉽지 않았다. 교육적인 의미, 주변 환경과 장소들이 우리 학교가 표방하는 것과 맞아야 했는데 쉽지 않았던 듯하다. 그런데 코로나로 끊어졌던 프로그램을 2023년에 다시 시작하면서 새로운 곳으로 바꾸자는 의견들이 많았고 처음으로 충청도 지역으로 진행했었다.

　다시 시작된 프로그램이라는 것에 감격하였기에 관계된 모든 것들이 마음에 들었지만, 딱 한 가지, 아이들과 직접 만나는 청소년지도사분들과의 관계가 어려웠다. 그래서 2024년에 다시 새로운 곳을 물색하게 되었고, 사실 나의 마음은 전라도나 제주도 쪽이었으면 했으나, 너무 먼 거리라는 것과 우리 학교만의 특색있는 프로그램 진행에 맞추다 보니 다시 강원도로 돌리게 되었고, 결국 최종적으로 춘천으로 결정하게 되었다.

지역을 정하기 전에 제일 먼저 둘러보는 곳은 인근 숙소인데, 전체 모임을 진행하는 강당의 규모와 제반 시설이 적당한지와 무엇보다 아이들이 자는 방의 크기와 시설이 적당한지를 점검한다. 총 3곳을 둘러보았고 그중에 제일 마음에 들었던 A를 숙소로 정하게 되었다. 아기자기했던 작년 숙소와 달리, 좀 더 현대적인 시설을 갖추었기에 아이들이 더 좋아할 듯했는데, 역시 아이들이 만족스러워했다.

30평대의 방에 보통 3명~5명을 배정하는데, 각반 담임선생님께서 학급 학생들의 상황에 맞게 배정하고 방장을 정했다. 그런데 보통 방 2개, 거실의 기본 구성에 침대가 1개~4개까지 있는 등, 방의 구조가 다양해서 조금 당황한 아이들이 있었다. 아이들 방 사이에 내 방이 있었는데, B가 내 방을 찾아왔다.

- 선생님~ 선생님 방 구조는 어떻게 되어 있어요?
- 무슨 말일까요?
- 저희는 3명인데, 침대가 1개 밖에 없는데, 옆 방은 침대가 4개가 있어서 모두 침대를 사용할 수 있고….
- 제 방에도 침대가 1개인데요.
- 아?
- 제 방과 바꾸어 달라는 말일까요??
- 그건 아니고.
- 5명이 배정된 방도 있으니, 서로 잘 조절해 보세요.
- 네~

아마 추측하건대, 침대의 문제만 있었던 것이 아니라, 한 방에서 3박4일 동안 함께 지내야 하는 아이들로서는, 서로 불편한 점들이 있었을 것이다. 평생 같이 살아온 가족들도 서로를 힘들어할 수 있는데, 생전 함께 지내온 적도 없는 아이들이 같이 생활하면서 어색한 것이 어쩌면 당연한 일이라고 생각한다. 싸우거나 토라지는 일도 있지 않았을까 싶다. 어떻게 참고 견디면서 지냈을까. 같이 지내면서 더 친해져야 할 텐데, 친해지기도 전에 사이가 끝난 것은 아니겠지? 궁금하다.

여행에서 가장 중요한 것은 잠자는 것과 먹는 것인데, 올해 우리가 갔던 숙소는 특히 음식이 최고였다. 최상의 음식 맛을 제공하는 학교 급식에 익숙하여 입맛이 까다로운 우리 학교 아이들이 9번의 식사에 모두 '엄지척'을 할 정도로 음식의 종류와 질이 뛰어났다. 아이들은 식사 때마다 나에게 외쳤다.

- 선생님, 오늘 점심, 정말 맛있어요!
- 선생님, 오늘 저녁에 스파게티랑 돈가스 나왔는데, 최고였어요!

식당에서 잠깐 인사를 나눈 주방장이 이렇게 말했다.

- 아이들의 먹는 양이 대단하던데요. 스파게티 500인분을 준비했었는데 1,200명분 넘게 먹더라고요.
- 진짜요??

아침에 모닝콜을 듣고 일어나서 대부분 같은 방 아이끼리 또는 같은 학급끼리 식당에 오게 될 텐데 가끔 혼자서 밥을 먹는 아이들이 눈에 띄었다. 사실 아침잠에 취해서 좀 더 늦게 나올 수도 있고 아예 잠을 더 자버리는 아이들도 있을 수 있어서 대수롭지 않게 생각할 수도 있을 텐데, 이를 본 C가 나에게 말했다.

- 왜 혼자 밥 먹는지 이해가 되지 않아요.

나는 그 말이 이해되지 않아서 질문했다.

- 왜 같이 먹어야 하죠?
- 왜 혼자서 먹는 거죠?
- 혼자 먹는 아이가 잘못이라는 건가요?
- 이해되지 않는데.
- 아님, 다른 사람이 먹자고 해야 한다는 건가요?

C도 대답할 수 없는 질문이었다. 내가 다시 말했다.

- 혼자 있는 것이 잘못인 것처럼 바라보는 것이 잘못되었다고 생각해요.
- 언젠가 D 아이가 와서 말했어요. 수다 떠는 친구들의 이야기에 호응하고 싶지 않지만, 그 무리에 속하려면 그 말에 수긍하는 '척' 연기해야 하는데, 이제는 그게 지친다고. 그래서 제가 말했죠. '좋은 척 연기하지 말고, 그냥 그 무리에서 나와.'
- 누군가를 의지하게 되니까, 그 누군가가 없으면 우울하게 되는 거죠.
- 혼자서도 건강하게 지낼 수 있도록 가르쳐야 하지 않을까요.
- 지능이 높은 아이들은 혼자서 지내는 것이 더 편하다고 해요.

물론, 혼자 있는 아이들이 지능이 높은 것도 아닐 것이고, 다른 사람과의 불편한 관계를 잘 견뎌내는 것이 사회성을 기르는 것이겠지만, 기본적으로, 혼자서도 건강한 자아를 갖출 수 있어야, 더 건강한 사회가 되는 것이 아닐지 생각해 본다.

그런데, 전체 모임 후 늘 혼자 다녀서 내 눈에 밟히는 E를 F가 데리고 가면서 말하는 소리를 들었다.

- 이리 와. 아이들하고 같이 기도하자.

E를 끌고 가는 F에게 얼마나 고마움을 느꼈는지 모른다. 아마도 E가 혼자서도 건강하기를 바라면서도, 누군가와 함께 있는 E를 마음속 깊이 바라고 있었기 때문일 것이다. 그래서 폐회 예배 때 이런 문구를 넣어서 기도했다.

- 입학하여서 한 달 동안 많은 친구를 사귀지는 못했지만, 신기한 아이들을 많이 만난 것 같아서 때로는 놀랍고 정말 즐겁습니다. '세상에 이런 사람이?'라는 생각이 들 때도 있어요. 하지만 많은 학생이 아직 단짝을 찾지 못해서, 나와 맞는 친구를 계속 찾고 있는 것 같습니다. 철이 철을 날카롭게 하는 것 같이 사람이 그 친구의 얼굴을 빛나게 한다는 잠언 27:17의 말씀을 기억하며, 내가 빛나게 해 줄 친구를, 나를 빛나게 해 줄 친구를, 고등학교 시절에 잘 만나게 해 주세요. 그리고 누군가를 기다리기보다, 다른 사람에게 먼저 손 내미는 사람이 될 수 있도록 용기를 주세요.

하지만, 혼자 있어도 당당하고 자존감 있는 아이들로 잘 성장할 수 있도록 우리 한 사람 한 사람을 만나 주시고, 건강한 자아관을 가질 수 있도록, 또한 나에 대해 스스로 인내심을 가질 수 있도록,

다른 친구들을 기다릴 수 있도록, 힘을 주세요. 그리고 서로를 따뜻하고 불쌍하게 바라볼 수 있는 깊은 눈매를 주세요.

이제부터 본격적인 학교생활을 시작하게 되는 아이들이 친구 문제, 인간관계로 힘들어하지 않기를, 그 힘듦을 잘 이겨내고 단단하게 성장하기를, 공부에 집중하면서 그 문제를 대수롭지 않게 생각하기를, 그래서 건강한 한 사람으로 성숙해지기를 진심으로 바라며.

눈을 감으면 끝나 있기를 바랐던 주제별 체험학습, 수학여행을 무사히 끝내고 꿀맛 같은 토요일 저녁을 감사한 마음으로 보낸다. 이제부터 좀 놀아야겠다.

****

* 4교시 수업을 끝낸 뒤, 음악실을 정리하고
3층 교무실까지 올라갔다가 천천히 내려온 식당.
'아마 내가 마지막이 아닐까'라는 생각으로 줄을 서 있는데
내 뒤에 G가 온다.

속으로 'G와 먹어야겠군' 하고 생각하며 군데군데 비어 있는 자리들을 스쳐서 새롭게 자리를 잡았는데, G가 내 옆으로 오지 않고 비어 있는 다른 선생님들 자리에 앉는다. 깜짝 놀라서 외쳤다.

- G! 내 옆으로 와야죠!
- 저, 일찍 가야 해서요.
- 앗!

깜짝 놀라서 10여 분 동안 혼자 밥을 먹고 있는데 늘 늦게 내려오시는 H 선생님이 오셔서 내 앞에 앉는다. 다행이라고 생각하며 이런저런 이야기를 하며 밥을 먹고 올라왔다. 올라오면서 G에 관한 생각은 잊었다. 그런데 교무실에서 I가 말한다.

- 선생님~ 4교시가 있으셨어요? 다음에는 기다려서 같이 내려갈게요!
- 아까 있었어요??
- 네~. 선생님 뒷자리에.
- 그럼, 내 옆으로 왔어야죠!
- 아니, 밥을 먹고 있어서~
- (모두) 하하하~
- 기획이 부장을 챙겼어야지!
- (모두) 하하하~
- 저, G 때문에 화났어요!
- (모두) 하하하~

그리고 옆방으로 나왔는데, 글쎄, G가 있었던 것! 그래서 다시 소리를 꽥 질렀다.

- G!!!
- 앗, 선생님! 죄송해요! 제가 일찍 와야 해서!
- 아까 일찍 올라가지도 않더구먼!
- (모두) 하하하~

혼자 있는 것은 괜찮지만, 혼자서 밥을 먹는 것은, 힘든 일이다,

사실.

그러니, 누가 혼자서 밥을 먹는다면, 그 옆에 가서 살며시 앉아 줄 것! 밥을 먹는 중이라도, 또는 다 먹었더라도. 그냥 바라만 보지 말 것!

* (2024.04.05.(금)) 체험학습 때 찍은 2024학년도 30기 단체 사진

이 중에서 같이 밥 먹을 친구 1명은 발견하기를.

#같이_밥_먹기 #주제별_체험학습 #수학여행 #강원도 #춘천 #강촌 #친구 #식사 #혼자_있기 #건강한_자아 #사회성과_자립 #잠언_27:17 #먼저_손_내밀기

제7화
춘래불사춘(春來不似春)
2024.04.13.(토)

- 춘래불사춘(春來不似春) : 봄은 왔지만, 봄 같지 않음을 일컫는 말

지난주 금요일까지 진행되었던 주제별 체험학습에 대한 평가보고서까지 모두 마무리한 이번 주 어느 날 저녁 교무실에 잠깐 들른 A 선생님께서 이렇게 말씀하셨다.

- 체험학습도 다 끝났는데, 일찍 퇴근해야죠.
- 그러니깐요.*^_^*….
- 쉴 때, 팍 몰아서 쉬어야 해요.
- 알겠습니다!

1학년의 가장 큰 프로젝트였던 신입생 연수와 주제별 체험학습을 준비하면서 내 머릿속에 늘 가지고 있었던 생각은 이것이었다.

- 빨리 이 일을 끝내고 책을 읽고 싶어.

'독서광'도 아닌 내가 '책 읽기' 운운하는 것은 서류작업을 떠나서 아무 생각 없이 시간을 보내고 싶다는 간절한 마음을 표현한 것인데, 정말 아무것도 하지 않고, 그냥 무작정 책장을 넘기는 일 자체를 하고 싶다는 것. 그래서 지금 당장 읽을 수 없더라도 읽고 싶은 책이 생기면 재빨리 구매해 놓는 것이 습관이 되어 있어서, 내 책상에는 읽지 않은 책이 늘 한가득이다. 아직 읽지 않은 책 5권 사이에 미술 관련 책, 〈명화의 탄생, 그때 그 사람〉(성수영 저)이라는 책을 또 얹어 놓았다. 그 책들을 바라보며 생각한다.

- 정말 빨리 읽고 싶어. 언제쯤 읽게 될까.

대부분 이번처럼 어떤 프로젝트가 끝나고 다른 거대한 프로젝트가 시작되기 전의 잠깐의 시간이 바로 내가 책을 잡을 수 있는 황금 같은 시간이다. 즉 활짝 피었던 꽃이 흩날리는 봄이거나, 모든 잎사귀가 떨어지는 가을이 바로 그 시간. 특히 꽃피는 봄날이 무르익어갈 즈음, 나의 책 읽기가 시작된다. 나에게 봄은 그렇게 가슴 떨리는 희망과 기대와 시간적인 여유와 평온한 마음과 안정된 생활을 알리는 계절인데, 올해는 전혀 다른 모양으로 다가와서 예상치 못하게 흘러가고 있다.

체험학습을 떠나는 날에도 피어있지 않던 꽃들이 일주일 새에 흐드러지게 피었다가 벌써 나무가 휑할 정도로 지고 있으니, 일주일 동안 무슨 이상한 일이 있었던 걸까. 급기야 오늘 날씨는 봄이 아니라 여름으로 한참 진입한 날씨다. 아직 겨울옷으로 가득 찬 내 옷장에 봄옷 하나 없건만, 봄을 건너뛰고 여름옷으로 정리해야 할 듯하다. 어떻게 된 거지?? 왜 예상하고 기대하던 대로 흘러가지 않는 걸까.

'봄'이라면 1년의 시작이고 만물이 소생하는 빛나는 계절이고 누구나 가슴 떨리는 희망을 품어보는 밝음의 계절인데, 때로는 예상치 못한, 전혀 기대하지 않던, 이 찬란한 봄과는 전혀 전혀 어울리지 않는 일들이 우리 인생 가운데에 생겨서, 이 아름다운 봄을 느끼지 못하게 하기도 한다. 차라리 지금이 가을이거나 겨울이라면 좀 더 이해되고 받아들이기 쉬울 텐데, 왜 지금이 봄인 걸까. 왜 지금인 걸까. 왜 그럴까.

마치 모든 이들이 잔칫상 앞에서 밝게 웃고 떠들고 있을 때 나는 함께 웃지 못하는 상황인 듯한, 마치 온 세상은 찬란한 태양 빛으로 가득 차 있지만 나의 현실은 눈을 감고 싶은, 그 태양을 가리고 싶은 심정, 아무 생각도 나지 않는 멍한 상태라고나 할까.

- 춘래불사춘(春來不似春) : 봄은 왔지만, 봄 같지 않음을 일컫는 말

언젠가 B가 말했던 저 문구가 생각나는 요즘, 차분하게 책을 붙들고 앉아 있을 수 없는 요즘, 나는 이 계절을 어떻게 보내야 할까.

이 봄을, 이 아름다운 봄을, 모든 게 가벼워지고 산뜻해지고 빛나고 살아나고 꽃피며 찬란해지고 있는 이 봄을, 나는, 나는 정말 어떻게 보내야 할까.

C~, 너는 알고 있을까.

****

* 금요일 야간 자기주도학습 감독을 마치고
함께 퇴근하던 D 선생님이 나에게 질문하셨다.

- 선생님, 이번 주말에 뭐 하세요?
- 아, 음악회를 가요.
- 아?? 좋으시겠다!
- 네~*^_^*….
- 음악회를 가 본 적이 언제인지….
- 예쁜 애들이랑 있으면, 그게 음악회죠! 그것도 2명이나 있으니!
- 하하하~ 네~*^_^*….

(2024.04.13.(토))에 (2024) 교향악 축제 중 대전시립교향악단 공연을 관람했다. 주로 피아노 협연을 보았었는데, 이번에는 첼로 협연이었다. 콘서트홀을 가득 채우는 첼로의 깊은 음색이 정말 마음에 들었고, 첼로를 배워야겠다는 생각을 다시 한번 해보게 되었다.

드물게 보는 여자 지휘자 E의 뒷모습을 보면서, 다른 건 몰라도 짧은 커트 머리와 바지 정장 때문에 지휘는 못 하겠다는 엉뚱한 생각이 들었다. 또 스트라빈스키의 〈봄의 제전〉을 모두 외워서 지휘하는 E의 역량에 깜짝 놀라면서도, 지휘만 하면 좋았을 텐데 사람들을 다루는 리더로서 힘든 일이 많지 않았을까? 하는 생각도 잠깐 하게 되었다.

〈봄의 제전〉에서는 타악기가 아주 중요한 역할을 하는데, 강렬한 연주를 선보였던 4명의 타악기 주자 중 2명이 여자들이었던 것도 주목받았고, 몸을 던지는 듯한 놀라운 연주를 보여주어서 큰 박수를 받았다. '그녀들은 어떻게 타악기를 접하게 되었고 전공을 하게 되었으며 이 음악계에서, 특히 타악기 세계에서 어떻게 견디고 있을까?' 등 온갖 생각을 하면서 그들의 격렬한 몸짓을 감상했다.

2024년에 들어도 이토록 엄청난 음향과 불규칙한 리듬과 역동성을 보여주는 〈봄의 제전〉이 초연되었던 1913년의 파리에서는 진짜 난리가 났었겠다는 것과 이 시끄러운 음악을 발레 음악으로 만들어 낸 대단한 창의력의 소지자, 스트라빈스키에 대해 다시 생각하게 되었다.

스트라빈스키가 표현하고자 했던 '봄'은, 비발디의 '봄'과는 전혀 다르다. 마치 'Deep Red'와 'Light Yellow'의 대비 같은 느낌.

나에게 2024년의 봄은, 'Deep Red'를 넘어서 '버건디(Burgundy)'라고 할 수 있을 듯. 버건디는, 자줏빛은, 강한 색상인데.

스트라빈스키가 생각했던 '봄'처럼, 신에게 제사 지내는 심정으로, 마음 강하게 먹고 격렬하게 싸우다 보면, 이 봄을, 이 시간을 무사히 지낼 수 있지 않을까. 그럴 수 있지 않을까. 책 한 권 못 읽더라도….

* (2024.04.13.(토)) 대전시립교향악단 공연

- 지휘 : 여자경
- 첼로 협연 : 율리우스 베르거

제8화
행간(行間)을 읽어야지
2024.04.20.(토)

- 행간(行間)을 읽어야지.

출근길에 듣는 라디오 방송 A 프로그램에서 이런 이야기를 한다.

- 요즘 청취율 조사를 하고 있으니, '02'로 시작하는 전화가 오면, 받아 주셔서, 저희 프로그램을 듣는다고 말씀해 주세요.

청취자들은 이런 답변을 보내왔다.

- 저장되어 있지 않은 전화는 받지 않는데, 청취율 조사일지도 몰라서 모르는 전화번호인데도 받았더니, 부동산 전화였어요.
- 받으려고 며칠 동안 내내 기다렸는데 한 번도 오지 않던데요?

퇴근길에 듣는 B 방송에서는 이렇게 말했다.

- 청취율이 0인 저희 프로그램에서~~

　두 프로그램 모두 내가 좋아해서 매일 듣는 프로그램인데, 나 또한 청취율 조사 전화를 받은 적도 없고, B 프로그램의 청취율이 0이라는 것도 믿을 수가 없었다. A 프로그램 진행자가 이렇게 말했다.

- 이 청취율 조사는 도대체 누가 시작했을까요?

　아침에 일어나자마자 라디오를 켜고 잠자리에 들기 전에 라디오 끄는 일을 가장 마지막으로 하는 나로서는 '라디오가 있어서 정말 다행이야'를 늘 생각한다. 일주일 동안 TV 앞에 앉아 있는 시간이 전혀 없는 나에게 라디오는 정말 생명줄과 같은 매체다. 늘 무언가를 들으면서 음악이, 어떤 문구가, 또는 누군가의 말이 머릿속에, 마음에 새겨지고 깨닫게 되며 배우게 되는 것이 정말 감사하다.
　무엇보다 한정된 프로그램 시간 안에 그 시간에 진행해야 하는 것들을 남김없이 다 보여준다는 것이 좋다. 또 다음 시간을 기다리지 않아도 되고 명쾌하고 또렷하게 직접 들려준다는 것도 좋다. 아마 보이지 않아서일까. 보이지 않으니, 귀를 더 쫑긋하게 되고 '소리'로서 '보여준다'라는 것이 정말 좋다. 식사 중에 선생님들과 이런 이야기들을 나누었다.

- 요즘 아이들은 드라마를 제대로 못 본다고 해요.
- 30분을 못 넘긴다네요.
- 그러니, 2시간 넘는 영화는 당연히 못 보죠.
- 제 동생도 O플릭스에서 드라마를 안 보고, 짧은 영상만 보더라

고요.
- 길게 흘러가는 드라마를 견디지 못하겠대요.
- 누가 누구랑 결혼하는지 결론만 알면 된다네요.
- 책은 어떻게 보는 걸까요?
- 그러니, 책도 두꺼우면 안 되는 거죠.

'쇼츠(Shorts)'라는 단어가 있다.

- 짧은 영상 보통 1분 이내 ~ 최대 3분 안의 짧은 영상

'핵심'만 모아놓은 짧은 영상에 환호하는 요즘 세대가, 2시간이 넘는 영화의 흐름에 집중하지 못하는 것이 어쩌면 당연한 일. C가 말했다.

- 나도 어느 순간 쇼츠를 보고 있더라고요.
- 잠깐 본 것 같았는데, 1시간이 훌쩍 지나가 있어서 깜짝 놀란 적이 있어요.
- 중요한 건, 보고 나서도, 하나도 기억이 안 난다는 거죠.

3분의 영상 안에 서론-본론-결론을 다 넣는다는 것이 불가능할 수 있어서, 중간중간의 온갖 과정을 생략하고 좀 더 자극적이고 강렬하게 결론만을 강조하게 되는 것이 요즘의 트렌드라고 하니, 이에 익숙한 아이들에게 어떤 방법으로 접근하고 교육해야 하는 걸까. 고민하지 않을 수 없다. 수업은 50분이니까. 오래전 어떤 글을 읽고서 D와 이런 이야기를 나누었다.

- 이게 E라는 뜻이죠?

- 행간을 읽어야지.
- 그럼, F라는 뜻인가요?
- 행간을 읽으라고.

 무언가 뚜렷하게 나타나 있어야 제대로 이해하는 나로서, 글과 글 사이에 있는 '보이지 않고 숨어있는 메시지를 읽는다'라는 것은 굉장히 힘든 일이다. 행간을 읽는 것도 잘 못하니, 사람의 어떤 행동을 보고서도 잘 이해하지 못하는 경우도 허다하다. 이것은 이런 의미이고, 저것은 저런 의미였을 텐데, 한참 지나고 나서야 깨닫게 되는 경우가 비일비재하다고나 할까. 그것도 새 발의 피 정도를 깨닫는다. 휴. 그래서 D에게는 이렇게 말했다.

- 왜 행간을 읽어야 하나요? 눈에 보이게 다 적어주면 좋을 것을!

 2시간 동안 단지 '소리'로 의미를 전달하는 라디오에는 환호하지만, 3분의 쇼츠에는 거부감을 가지고 있고, 행간을 읽어서 숨어있는 뜻을 알아내야 하는 것에는 또 버거워하는 나는 여전히 옛날 사람일 뿐만 아니라 똑똑한 사람이 아닌 것도 분명하다.
 무엇이든지, 귀에 똑똑히 들리고 눈에 선명하게 보이면 좋겠는데. 귀에 들리지 않고, 눈에 보이지 않는 것을 읽어 내고 이해하는 것은 너무 힘든 일이다. 귀에 다 들리고 눈에 다 보여도 엉뚱하게 오해하게 되는 불투명한 세상인데….
 아, 차라리, 3분짜리 쇼츠가, 분명한 것을 좋아하는 나에게 더 맞을까?

****

* 예전 같으면 3박 4일의 주제별 체험학습 기간에 사진이나 동영상을 많이 찍었을 텐데, 제대로 정리하기에 시간이나 능력이 부족하다는 것을 알기에 이제는 꼭 필요한 것이 아니면 잘 찍지 않는다.

또 전문적으로 잘 찍는 분들이 많아서 그분들에게서 받는 것이 더 수월하기도 하고 이번 주제별 체험학습을 다녀온 뒤 3박4일의 추억을 담은 사진 동영상을 G에게 받고 나서 큰 감동을 받았다. 아이들과 함께했던 그 순간들을 모아놓은 사진으로 다시 한번 보니 그 시간이 다시금 기억나면서 감사함이 몰려왔다.

3박 4일을 27분으로 모아놓으니, 행복한 순간만 담겨있었고, 힘들었던 것은 아예 기억도 나지 않았다.

우리의 일생을, 우리의 인생을, 어떤 한편의 영상으로 모아본다면, 아마, 이런 느낌일까….

힘듦, 슬픔, 절망과 아픔은 사라져서 기억도 안 나고, 결국은 모든 것이 합력하여 선을 이룬다는, '여호와는 나의 목자시니 내게 부족함이 없으리로다'라는 말씀처럼, 선하고 아름답고 부족함이 없이 꽉 찬, 완벽한, 감동과 감사가 넘치는 어떤 그림, 음악 또는 글로 완성이 될 수 있을까.

행간을읽어야지

#행간읽기 #청취율 #출발_FM과_함께 #당신의_밤과_음악 #라디오 #쇼츠 #Shorts #합력하여_선을_이룬다 #여호와는_나의_목자시니_내게_부족함이_없으리로다 #완성된_삶 #인생

제9화
일희일비(一喜一悲) 하지 말라니까
2024.04.27.(토)

- 일희일비(一喜一悲)하지 말라니까.

A 방송에서 이런 이야기가 나왔다.

- 오늘 남편이 두바이로 출장을 가는데 여권을 놓고 갔다고 해서 지금 김포공항으로 가고 있습니다. 여기는 제주도입니다.

이 메시지를 듣고 깜짝 놀란 것은 나만이 아니었나 보다. 사람들이 계속 메시지를 보냈다.

- 제주도에서 김포로요? 와우!
- 다행히 비행기 시간을 넉넉하게 잡으셨나 봐요.
- 잘 도착하셨나요??
- 잘 만나시기를 바랍니다.

출장을 가는 남편이 놓고 간 여권을 챙겨서 제주도에서 김포로, 또다시 인천으로 가는 사람의 심정이 어떠했을까? 연락받았을 때 처음에는 아마 황당했을 것이고 화도 났겠지만, 그다음은 정신을 차려서 신속하게 움직였을 것이다. 아무리 화가 나도 다른 방법이 없었을 테니까. 하지만, 서울에서 인천공항으로 여권을 갖다주러 가는 것도 주저할 수 있는데, 제주도에서 인천이라니, 다시 생각해도 대단한 일이다. DJ는 이렇게 말했다.

- 남편분을 정말 사랑하시나 봐요.
- 남편분은 선물을 많이 사 오셔야겠습니다.

물론, 남편을 사랑하지 않아도 저렇게 할 수밖에 없는 일이었지만, 듣는 이를 모두 다 깜짝 놀라게끔 했던 놀라운 내용이기는 했다. 비행기 시간에 늦지 않게 서로 잘 만났을까? 궁금하다.

지난 2월에 개봉했지만, 전혀 보고 싶지 않았던 B 영화. 그런데 지난 3월 말에 천만이 넘었다는 뉴스를 듣고 직접 평가해 보아야겠다는 생각이 들었다. C 영화관에 사전 예매를 하고 30분 전에 도착해서 티켓을 뽑는 기계에서 티켓을 출력하려는데 몇 번이나 예매 내용이 없다는 메시지만 나왔다. 이상하다 싶어서 창구로 갔는데, 깜짝 놀라는 이야기를 들었다.

- 여기 지점이 아닌데요.
- 그럴 리가요!
- D 지점에 예매하셨네요.
- 네??

머리를 한 대 맞은 것 같은 느낌이었다.

- 이게 무슨 말이지??

마우스를 잘못 내린 것인지 어떻게 한 것인지 모르겠지만, 내가 온 곳은 C 지점이건만, 예매는 D 지점에 했다고 하는 이야기를 들은 시각은, 영화 시작 15분 전. 영화 값이 만만치 않은 가격인 데다 D 지점까지 갈 수도 없는 시간이었기에 머릿속이 하얘져 있었다. 그때 직원이 친절하게 말해 주었다.

- 다행히 예매 취소할 수 있는 시간이네요. D 지점 건을 취소하고 저희 C 지점으로 예약할까요?
- 아! 할 수 있나요??? 그렇게 해 주세요!
- 두 곳 모두 자주 이용하시는 곳으로 설정되어 있어서 스크롤이 내려갔나 봅니다. 처리했습니다.
- 아! 고맙습니다!

C 지점이나 D 지점이나 내가 자주 이용하는 근거리의 영화관들이지만, 직원의 차분한 안내 덕에, 'D 지점까지 어떻게 날아가지?'라는 황당한 생각을 하며 멍하게 서 있던 나는 그제야 정신을 차렸고 제시간에 맞춰 영화를 볼 수 있었다. '어떻게 천만이나?'라는 생각을 하면서 중간에 졸기도 했지만, 호연을 했던 E나 F 배우의 연기는 대단했다고 생각한다. 하지만 B 영화를 생각할 때마다 나에게 떠오를 것은 C 지점의 직원일 듯하다. 그녀는 어떻게 그렇게도 침착하게 나를 진정시키고 맡은 일을 진행했을까? 감정이 요동쳤던 나와 달리 그녀는 잔잔하고 부드러운 미소로 나를 바라보았다.

고마울 뿐이다.

　G와 H 나라를 여행할 때 이야기다. 커피를 주문하기 위해 거의 1시간도 넘게 줄을 서서 겨우 내 차례가 되었고, 커피 2잔을 주문한 뒤 결재하기 위해 카드를 내주었다. 그런데 결재가 안 된다며 카드를 되돌려 주었는데 받아서 보니 국내용 카드였다. 너무 당황해서 가방과 지갑을 몇 번이나 뒤졌지만 트래블 월렛카드가 없었다. 생각해 보니 오전에 다른 곳에서 사용한 뒤 거기서 받아오지 않은 것 같았다. G에게 말했다.

　- G~, 카드를 아까 I 상점에서 사용하고 가져오지 않은 것 같아요.
　- 아? 일단 커피는 내 카드로 지불하고.

　완전히 당황한 나를 진정시키고 결재를 한 뒤 자리에 앉은 G는 차분하게 생각해 보도록 했고 나는 오전부터의 일정을 돌아보고 있었다. 분명히 I 상점에서부터 잘못된 것 같았다.

　- I 상점까지 어떻게 가지? 아까 그 카드를 카드 리더기에 꽂아놓고 그냥 온 거야. 어떻게 해.
　- 누가 내 카드로 막 사용했을 거 같아. 카드사로 정지해 달라고 전화해야 하나?

　그러면서 다시 가방을 막 뒤졌는데 다행히 가방 안 주머니에서 영수증 종이에 싸여 있던 트래블 월렛 카드를 찾았다. G에게 말했다.

- (큰 소리로) 여기 있어요!!!

어린아이를 보는 것 같이 나를 보던 G의 눈을 잊을 수가 없다. 마치 이렇게 말하는 것 같았다.

- 어이구! 이 똘탱아!

영수증과 카드를 아무렇게나 넣어놓는 사람이 아닌데 내가 왜 그랬을까? 아무리 바빠도 지갑에 잘 넣어놓는 사람인데, 그때는 왜 그렇게 당황스럽게 일을 했을까? 그 여행에서 돌아와 집으로 가는 공항버스 티켓을 산 뒤 그 티켓을 어디에 두었는지 몰라 가방을 길바닥에 다 쏟아서 버스 도착하기 5분 전에 겨우 찾았던 일도 덤으로 적어본다. 지금 생각해도 평소의 나 같지 않았던 모습이다. 내가 쓴 책을 읽은 J는 나에게 말했다.

- MBTI에서 'F' 시죠?
- (놀라며) 제가 'F'로 보여요?
- 쓰신 글을 보면 'F'로 보이는데요?
- 글은 모르겠지만, 저는 'T'인데요.
- 'T'라고요?? 글만 보면 딱 'F'던데….

J의 말을 듣고 보니, 현실에서 내 모습은 전형적인 'T'이지만, 나의 글에서는 'F'의 느낌도 난다는 생각이 들었다. 평소에는 감성적인 것이 드러나지 않도록 밑으로 누르면서 냉정하고 이성적으로 행동하려고 하지만, 글을 쓸 때는 숨겨져 있는 온갖 감정이 위로 올라오며 마음과 생각을 가득 채우면서 글 속으로 쏟아지기 때문이

아닐까, 생각해 본다. 어떤 모습이 내 진짜 모습일까?

　- K는 이런 점이 좋아요.
　- L 사건은 저런 점이 불편한 것 같아요.

　어떤 한 가지를 보고 좋은 사람이라고 생각해 버리고, 또 다른 하나를 보고는 나와 맞지 않다고 느끼며, 누군가를 쉽게 좋아하고 또 쉽게 불편해하며, 예상치 못하거나 계획하지 않은 상황이 닥치면 당황하고 굳어버리는 나에게, 언젠가의 M은 늘 이렇게 말했다.

　- 일희일비(一喜一悲)하지 말라니까. 쉽게 판단하지 말고, 계속 지켜보아야 해요.

　- 일희일비(一喜一悲) : 기뻐했다 슬퍼했다 함. 상황에 따라 좋아했다 슬퍼했다를 반복하는 모습. 순간순간 닥쳐오는 상황에 따라 감정이 변화하는 모습. 이랬다저랬다 감정 기복이 심한 상태.

　아마도 여권을 갖다주기 위해서 제주도에서 김포공항으로 가야만 한다는 말을 들었다면 펄쩍 뛰면서 '네가 가져가!' 아니면, '거기서 알아서 해!'를 외친 뒤, 그 말을 내뱉은 것에 대해 내내 후회하면서 결국은 김포행 비행기를 탔을 것이다. 또 엉뚱한 지점에 예약한 것이나 카드나 티켓을 잃어버렸다가 다시 찾은 것이 다른 사람이었다면 '뭐야!' '쯧쯧!'을 연발했겠지만, 나에 대해서는 '뭐, 그럴 수도 있지!'라고 생각해 버리고 말았을 것이니, MBTI에서는 'T'로 나오기는 했으나, 실제의 나는 전혀 이성적이지 않은, 'F'가 아닌가 생각하게 된다.

즉, 나는 잔잔하고 고요하고 냉정한 이성을 갖춘 감정의 흔들림이 없는 사람이 아니라, 이랬다저랬다 감정이 왔다 갔다 하는, 매 순간 일희일비(一喜一悲)하는 사람일 수밖에 없다는 것을 다시금 확인하며 오래전의 N에게 말해본다.

- N~, 나는 전혀 이성적인 사람이 아닌 것 같아.
- 좋았던 사람이 싫어지기도 하고, 싫었던 사람이 좋아지기도 해.
- 예상치 못한 일이 일어나면 여전히 머리가 굳어지고 행동이 멈춰.
- 그런데 웃을 일보다 눈물 나는 일이 더 많아진 것 같아.
- 일희일비(一喜一悲)하지 않으려면 더 시간이 필요한 것 같아.

어떻게 하면 일희일비(一喜一悲)하지 않을 수 있을까??

****

* 수업을 마치고 올라오는데,
2학년 여학생 2명이 1학년 남자 학급 앞에서
누군가를 불러내어 무언가를 전해 준다.

- 뭔가요??
- 네! 동아리 후배 챙겨주려고요!

'무엇을 받았을까?' 하고 O와 P를 불러내었더니 얼굴에는 화색이 돌고 손에는 음료수가 들려 있었다.
본인들도 시험을 앞두고 있을 텐데, 1학년 후배들을 챙겨주는 이 마음은 무엇을 뜻하는 걸까.

다음 주 시험 때문에 심란하기는 하지만, 작은 음료수를 준비하고 후배의 이름을 써서 붙이면서 기운이 났을 것이고, 작은 음료수를 받으며 선배의 따뜻한 격려에 시험 걱정을 잠시 잊을 수 있었을 것이다.

작은 음료수 하나에 일희일비(一喜一悲)했겠지.

선배나 후배나, 모두 다 부러운 아이들~

#일희일비(一喜一悲) #출발_FM과_함께 #파묘 #트래블_월렛 #Travel_Wallet #MBTI #감정과_이성 #여행_에피소드 #선배와_후배 #격려 #시험응원

제10화
쓸데없는 건
기억하고 있어
2024.05.04.(토)

- 쓸데없는 건 기억하고 있어.

　수업이 끝난 후, 음악실 정리하는 아이들과 이런저런 이야기를 했다.

- 중학교 때 음악 수행평가는 어떤 것을 보았나요?
- 곡 제목 알아맞히는 음악감상 시험 봤어요.
- 소금 연주했어요.
- 교가 노래 시험 봤습니다.
- 2학기 때 기악 시험, 재미있을 것 같아요.
- 재미있지는 않을걸요.
- 선배들이 힘들지만, 재미있다던데요?

　논술형 시험에 관해서도 이야기했다.

- 논술형 시험은 어땠을까요?

- 서양음악사랑 국악사에 관한 내용으로 시험 봤어요.
- 힘들었겠네요.
- 네. 했었는데 지금은 하나도 모르겠어요.
- 맞아요. 외우는 시험은 그 시간만 지나면 하나도 기억 안 나요.
- 암기과목은 모두 다 그렇죠. 대부분 기억이 안 나는 게 당연하죠.

아이들은 이렇게 마무리했다.

- 〈할렐루야〉는 나중에 기억이 안 날 수가 없을 거예요.
- 선배들도 같이 노래하면서 지나가던데요?

이미 지나간 과거와 오지 않은 미래에 대해 신나게 이야기하는 아이들에게 이렇게 말해 보았다.

- 선배들이, 후배들은 〈할렐루야〉를 외워서 시험을 보게 해 달라고 했었는데!
- (큰 목소리로) 안 돼요!
- 왜요? 다들 악보도 안 보고 잘들 노래하고 있던데?
- 악보 안 보고 시험을 보면 머릿속이 하얘질 거예요!
- 맞아요!

옛날 어느 해에는 〈할렐루야〉를 외워서 시험을 봤던 적이 딱 한 번 있었지만, 그 후로는 외워서 시험을 보지는 않는다. 이유는 단하나! '보기에 예쁘지 않아서!'. 외워서 노래하는 모습도 나쁘지는 않았지만, 악보를 들고 노래하는 모습이 훨씬 더 예뻤다. 콘서트콰이어(학교 합창 동아리)에서나 교사 성가를 할 때도 악보를 들고 노래하는 모습이 나에게는 더 아름답게 보인다. 그래서 지난달 교향악 축제에서 A 지휘자가 보면대에 아무것도 없이 30분이 넘는 B곡을 외워서 지휘했던 모습은 내 눈에는 좋아 보이지 않았을 뿐만 아니라, 연주하는 내내 나에게 불안감을 주었었다. 물론 대단한 기억력과 도전력에 경탄하며 꽤 긴 시간 동안 큰 박수를 보냈지만 말이다. C 선생님과 대화 중에 이런 이야기를 하게 되었다.

- 선생님이 다녔던 대학원이 D 대학원이잖아요?
- 별걸 다 기억하고 있네요.
- 그러니까요. 그런 게 기억이 나네요, 지금.
- 아주아주 오래전인데.
- 그때 선생님이 제 옆 반, (1-2) 담임이었고, 대금 배우러 다니고 있었는데….
- 진짜, 별걸 다 기억하고 있네요….
- 왜 그런 게 다 기억이 나죠??

아주아주 오래전의 이야기인데, 갑자기 이런 것들이 확 떠오르는 때가 있다. 나와 별로 상관이 없는 일인데 너무도 또렷하게 떠오르는 그 무엇들…. 이어지는 대화.

- C 선생님이 의외로 음악에 관해 관심이 있는 것 같아요.
- 관심은 있지만, 음악에 대해 전혀 몰라서 좀 알아야겠다는 생각으로 평상시에 클래식 음악을 듣는데, 여전히 잘 모르겠어요.
- 진·짜요?? 언제부터요?
- 선생님(나)이 나에게 선물해 주었던 책, 〈박종호의 내가 사랑하는 클래식〉이라는 책을 보면서 음악에 대해 좀 알아보아야겠다는 생각이 들었죠.

- 제가 그런 책을 선물했었다고요?? 선생님이 나에게 〈모모〉라는 책이랑, 〈반 고흐〉에 대한 책을 생일 선물로 주었던 것은 기억하고 있어요.
- 정말, 필요한 건 기억하지 못하고, 쓸데없는 건 기억하고 있네요. 하하하!
- (모두) 하하하!
- 박종호 씨는 의사이면서 오페라 전문가인데, 그 사람이 쓴 책을 선물로 주었다니, 어려웠겠어요.
- 어려웠지만 도움이 되었어요.
- 그럼, 평상시에 블루투스 이어폰으로 듣는 음악이?
- 네. KBS 클래식 라디오를 들어요.
- 와우! 그 정도일 줄은 몰랐어요.

동료 선생님에게 책을 선물로 받았던 것이 신선해서 확실하게 기억하고 있는데, C에게 책을 선물했다는 것은 왜 그렇게 낯설었을까? 그 책이 C를 음악의 세계로 인도했다니 더 놀라울 뿐이다. 받은 것은 기억하고 준 것은 기억하지 못하고 있으니, 다행이라면 다행일 듯. 방송에서 어머니에게 보내는 메시지라며 이런 이야기가 나왔다.

- 엄마! 나도 알아보지 못하고 남동생도 알아보지 못해서 속상했어. 하지만 '예수님은 기억나?'라고 물어보았을 때, '아, 예수님! 나를 집에 데려다주실 분!'이라고 해서 정말 다행이야. 나랑 남동생은 몰라도, 예수님을 기억하고 있으면 된 거지! 엄마, 천국에서 만나!

치매에 걸린 어머니에 대한 안타까운 이야기에 출근하던 내 눈에서는 눈물이 와르르 흘러내렸다. 다른 사람은 기억하지 못해도 예수님은 기억하고 있다니, '이런 일이 있을 수 있구나' 싶었다.

인간의 정신 능력은 사고능력, 기억력, 이해력, 추리력, 계산력, 창의력 등의 이성 능력과 감정을 통제할 수 있는 인내심, 지구력, 충동억제력, 만족지연 능력, 용기 절제, 감정 이입 능력 등의 정서 능력으로 구분할 수 있다고 한다. 이 많은 능력 중 가장 먼저 갖추었으면 하는 능력은 무엇일까. 학문적으로는 잘 모르겠지만 아마도 이해력과 기억력이 아닐까 한다. 이해하고 기억하기부터 공부가 시작되니까. 물론 어떤 것은 이해가 되지 않아서 일단 외우는 것부터 하는 아이들도 있으니, 기억력이 이해력보다 더 낮은 수준일 수 있겠다.

어떤 것을 기억해야 할까. 사실 꼭 필요한 것들만 기억하면 좋겠는데, 혹시 쓸데없는 것들만 기억하는 것은 아닐지 걱정이 되기도 한다.

좋았던 것들, 감사했던 것들, 받았던 것들. 아름답고 예쁜 것들, 사랑했던 사람, 그 감정들은 모두 다 기억하고, 아프고 슬프고 나빴던 것들, 주었던 것들, 잊어도 되는 것들, 잊으면 더 좋은 것들은 머릿속에서 사라지면 좋을 텐데…. 아니면, 아프고 슬프고 나빴던 것들, 주었던 것들, 잊어도 되는 것들, 잊으면 더 좋은 것들도 또렷하게 기억하고 있고, 좋았던 것들, 감사했던 것들, 받았던 것들, 아름답고 예쁜 것들 그리고 사랑했던 사람과 그 감정들은 더 확실하게 각인되어 버리면 정말 좋을 텐데!

- 쓸데없는 건 기억하고 있어.

쓸데없는 걸 기억하고 있더라도, 쓸데없는 것만 더 잘 기억하고 있더라도, 슬프고 아팠던 것들에 대한 기억은 희미해지기를 그리고, 다 잊어버리더라도 사랑했던 기억과 감정과 사람은 남아있기를.

무엇보다 과거에 대한 기억은 좀 더 아름답게 기억되기를.

과거는 아름답게 회상되니까.

기억은, 과거에 대한 거니까.

****

* 2024학년도 1학기 1차 지필고사가 끝났다.

5월에 시험이 끝났던 적도 없었고, 시험이 끝나자마자 연휴였던 적도 없었던 듯하다. 처음 시험이어서 그런지, 시험이 제법 쉬웠나 보다. 점수는 높아도 등수가 걱정되겠지만 일단, 시험이 끝나고 연휴까지 겹쳐서, 아이들이 모두 환호하니 다행이다. 아이들 말처럼, 애써서 공부했는데, 벌써 다 까먹어버린 것은 아니기를 바라며.

1차 지필고사가 끝난 날, 어느 학급에 쓰여 있었던 글귀 하나.

- 시험 끝!
2차 지필시험 시~작!

1차가 끝났지만, 곧바로 2차 시험 준비를 해야 하니까.

#기억 #수행평가 #논술형_시험 #할렐루야 #기억력 #박종호_내가_사랑하는_클래식 #모모 #반_고흐 #음악 #치매 #예수님 #이성_능력 #정서_능력 #이해력 #과거 #사랑 #감정 #추억

제11화
내가 도와준다고 했잖아!
2024.05.11.(토)

- 내가 도와준다고 했잖아!

음악 수업은 음악실에서 아이패드와 TV를 미러링해서 수업한다. 별 이상이 없이 진행되던 수업인데 이번 주 수요일에 수업하기 위해 아이패드와 TV를 미러링해서 음악을 클릭한 순간, TV에서 음악 소리와 함께 잡음이 너무도 크게 났다. 깜짝 놀라서 연결을 끊고 이것저것 다시 시도해 보았지만 역시 마찬가지였다. 할 수 없이 HDMI와 아이패드를 연결하는 어댑터를 가지고 와서 수업을 진행했다. 무선 동글의 문제인가 싶어서 담당이신 A 선생님께 연락드렸더니 신속하게 답장을 주셨다.

- 제 생각에는 스피커의 문제일 것 같으니, 시간이 날 때 보러 가겠습니다.

빠른 답장에 깜짝 놀랐는데, 선생님께서는 또 이렇게 답변을 주셨다.

- 내일 기사님께서 가 보시도록 부탁을 드리겠습니다.

그리고 그다음 날, A 선생님께서는 또 이렇게 답변을 주셨다.

- 무선 동글을 새것으로 드릴 테니 설치하시면 될 것 같습니다.

무슨 일이 발생했을 때, 담당자분께 연락드리게 되는데 이렇게 신속한 답변과 처리는 처음이었다. 특히나 A 선생님은 너무나도 일이 많아서 시간이 없는 분이었기에 더 놀랐다. 다음 날 B 기사님께서 오셔서 아이패드와 TV를 살펴주셨고 무선 동글을 연결해 주셨으며, 무엇보다도 2018년부터 오로지 아이패드 자료를 보여주기로만 사용하던 음악실 TV가 인터넷도 된다는 놀라운 사실을 알려주시면서 인터넷 연결도 해 주셨다. 1시간 동안 서서 이것저것을 살펴보시고 연결하시고 찾아보시는 기사님이 얼마나 고마웠던지! 내가 가지고 있는 음료수 중 제일 맛있는 것을 두 손 모아 정성스럽게 드렸다.

그다음 날 A 선생님과 같은 교무실에 계시는 C 선생님께서 복도에 지나가는 나에게 물으셨다.

- 선생님! 음악실 무선 동글은 연결이 잘 되었나요?

나는 깜·짝 놀랐다. 음악실 무선 연결이 이렇게 소문이 날 일도 아니었고, 무엇보다도 나와 C 선생님은 복도에서 마주치면 잠깐 목례만 하던, 한 번도 대화해 본 적이 없던 분이셨다. 나는 놀라면서 이렇게 답변했다.

- 네! 선생님! 잘 연결이 되었는데요, 미러링 연결이 어찌고저찌

고~~

　무선 동글을 연결하지 않고 곧바로 TV와 미러링을 할 수 있을 텐데 이상하게도 되지 않아서 B 기사님도 고생하다가 멈춘 상태라는 것을 말씀드렸다. C 선생님께서 이렇게 답변하셨다.

　- 제가 2교시 후 음악실로 가 보겠습니다.

　C 선생님의 흔쾌한 말씀에 나는 또 한 번 깜짝 놀랐다. 당연히 '네!'라고 신나게 말씀드렸고, C 선생님은 2교시 후 쉬는 시간에도, 3교시 후 쉬는 시간에도 내려오셔서 이것저것 살펴주셨다. 결국은 TV가 예전 버전이어서 안 되는 것으로 결론을 내었지만, 본인의 담당업무도 아니고, 말 한마디 나누어 본 적도 없는 나를 위해서 3층에서 1층까지 몇 번이나 내려와서 애를 써 준 C 선생님을 발견하게 된 놀라운 경험이어서 음악실 문제가 해결되지 않은 것은 아예 안중에도 없었다. C 선생님은 안되는 이유를 해결해 보려고 3교시 내내 인터넷으로 자료를 검색하셨다고 한다. 얼마나 감사한지! 내가 늘 하는 말이 있다.

　- 아무나 보내지 않으신다는 거죠!

　정말 그랬다. 우리 학교에는 아무나 오지 않으신다는 걸 늘 깨닫고 확인한다. 오래전 D 선생님과 E 선생님의 대화 중 나왔던 이야기.

　- 선생님! 이거 어떻게 해야 하나요?
　- 이렇게 하면 되지.

- 감사합니다!
- 내가 도와준다고 했잖아!

나는 이토록 감동적인 이야기를 들었던 적이 없었다. 다른 일을 하고 있다가 내 귀에 들렸던 이 문구에 고개를 들어서 선생님들을 바라보았었다. 그리고 말했다.

- 너무나도 멋진 말인데요! '내가 도와준다고 했잖아'라니! 보통은 '내가 언제 도와준다고 그랬어!' 일 것 같은데요.

음악실 문제를 이야기했을 때 수많은 일 속에서 나를 기억하시고 신속하게 일을 처리해 주셨던 A 선생님, 선생님들의 수많은 노트북 수리 속에서 음악실로 내려와 1시간 넘게 살펴주셨던 B 기사님, 나와 말 한마디 해 본 적도 없지만 귀한 시간을 내서 음악실을 내려왔다 올라갔다 하면서 해결해 주려고 노력하셨던 C 선생님까지, 모두다. 나에게 이렇게 말한 듯한 느낌이다.

- 내가 도와주고 싶었어!

아주 오래전 무언가 결정하지 못해서 오랜 시간 고민하던 나에게 F는 이렇게 말했었다.

- 내가 도와줄게! 걱정하지 마!

물론 나는 그 말을 '믿고' 어렵게 일을 시작했고 잘 마무리했었으며, F는 때때마다 나를 잘 도와주었었다. 늘 이렇게 말하면서.

- 내가 도와주고 싶었어!
- 내가 도와줄게! 걱정하지 마!
- 내가 도와준다고 했잖아!

이렇게 말해주는 누군가가 지금의 나에게도 있다면 정말, 얼마나 좋을까.

****

* 윌리엄 셰익스피어(1590~1613, 영국) 원작,
세르게이 프로코피예프(1891~1953, 러시아) 음악,
케네스 맥밀런(1929~1992, 영국) 안무로 구성된,
〈로미오와 줄리엣〉 발레 공연을 보았다.

셰익스피어의 원작에 걸맞은 프로코피예프의 음악도 무척 좋았고 마치 연기자들의 연극을 보는 것 같은 맥밀런의 안무가 특히 눈을 사로잡았다. 깃털같이 가녀린 몸으로 무대를 휘젓는가 하면, 파워풀한 단체 펜싱 경기를 보여주기도 한다. 고급스러운 색상의 의상과 정교한 무대 세팅도 마음에 들었다.

무엇보다 말 한마디 없이 오로지 표정, 손짓과 발놀림, 그리고 연기만으로 3시간 동안 드라마를 끌어간다는 것 자체가 놀라웠고, 관련된 이야기를 모르고 무심코 보더라도 이야기에 푹 빠질 수밖에 없는 구성이라는 것이 대단했다. 공연을 보면서 내내 생각했다.

- 살아가는 데 말이 필요한가?
- 누군가를 사랑하는 데에 손짓, 표정, 몸짓만으로도 충분한 것 같아.

특히 누군가에게 도움을 청하기 위해서는 손을 내밀어야 하고, 누군가에게 도움을 주기 위해서도 손을 내밀어야 하는데, 발레는 공연 내내 양손을 가만히 두지 못한다. 항상 상대방에게 손을 내미는 것이 특징이다.

누군가에게 손을 내밀어 도움을 청하는 것도, 누군가의 손을 잡아서 도움을 주는 것도 용기가 필요한 일인데, 나에게도 그런 용기가 있었으면….

로미오와 줄리엣의 사랑은 비극으로 끝났지만, 손끝부터 발끝까지, 표정과 온몸으로 서로에게 끊임없이 이렇게 표현하고 있었다.

- 너를 사랑해!

  * (2024.05.11.(토)) 케네디 맥밀런의 〈로미오와 줄리엣〉 발레 공연 중 커튼콜

#내가_도와준다고_했잖아 #미러링 #아이패드 #무선_동글 #내가_도와주고_싶었어 #내가_도와줄게 #걱정하지_마 #셰익스피어 #프로코피예프 #케네스_맥밀런 #로미오와_줄리엣 #발레 #예술의전당 #용기 #손 #도움

# 제12화
# 금요일은 일찍 가나요?
2024.05.18.(토)

- 금요일은 일찍 가나요?

졸업한 A가 금요일 오후에 메시지를 보내왔다.

- 선생님은 오늘 금요일이라 주말 편지 쓰느라 바쁘신가요?

학생과 학부모에게 학교 소식을 포함한 다양한 내용을 담은 주말 편지를 매주 금요일 오후에 보내는데, 일주일 동안 조금씩 정리한 내용을 몇 번씩 확인한 후 보통 오후 4시 30분경에 보내게 된다. 회의가 있거나 다른 일이 몰려있으면 저녁 7시가 넘어서 보내게 되기도 한다. 여하튼 금요일의 가장 중요한 과제는 주말 편지를 보내는 것이어서 오전부터 몸과 마음이 바쁘다. 이런 나를 꿰뚫어 보는 듯한 A의 메시지에 약간은 깜짝 놀라기도 했다. 스승의 날이 있는 주여서 감사 인사를 하기 위한 서두였지만 말이다.
　시간을 들여 애써서 진행했던 학교 업무들이 그냥 스쳐 지나가고 기억에서 사라지는 것을 아쉬워하는 나로서는 기록으로 남겨서 소장해 놓겠다는 생각으로 만들고 있는 주말 편지에는 다양한 내용이 들어간다. 학교 소식뿐만 아니라 선생님들의 글과 학급 소개, 에피소드와 나의 글까지 넣어서 학기마다 한 권의 책으로 제본한 지 벌써 4년째가 되어가고 있다. 학교에서는 비슷한 시기에 비슷한 일들이 진행되고 있어서 이전에 했던 업무에 대해 알아보기 위해서 과거의 주말 편지를 찾아보기도 하는, 나에게는 백과사전 같은, 자료의 보고(寶庫)같이 귀한 책이 되었다. 그러니 정성을 들일 수밖에.

이렇게 주말 편지를 작성하던 금요일 일과에 올해에는 또 하나의 일을 더 하게 되었는데, 매주 금요일 1교시에 진행되는 채플에 대한 자료를 모아놓는 것이다. 매주 금요일 채플을 위해서 학급별로 성가를 하고 있는데, 한동안 음악 수업 카페에 탑재했다가 시간이 없어서 한동안 멈춰 있었다. 그러다가 학년 부장을 하면서 학급별 성가를 학년 학생들하고만 공유하고 있었는데, 올해는 이 자료를 다시 모아보자는 생각이 불현듯 들어 매주의 성가나 사진을 드라이브에 모아놓는다. 학생과 학부모에게 주말 편지 탑재 주소와 채플 주소까지 보내고 난 뒤, 커피 한잔을 마시기 위해 그제야 자리에서 일어나는데, 대략 1시간 30분 동안 움직이지 않고 하는 이 작업을 마무리하면서 나의 공식적인 일주일 업무가 끝난다고 보면 된다.

월요일부터 시작되는 5일 동안의 일을 마감하는 금요일은 누구나 기다리는 시간이다. 열심히 빡빡하게 일하고 금요일은 가능하면 일찍 퇴근하거나 칼퇴근해서 쉬고 싶은 마음들이다. 그래서 학기 초에 시간표가 주어졌을 때 선생님들은 몇 가지를 확인하는데 선생님마다 중요성은 다르겠지만, 1교시 수업이 언제 있는지, 4교시 수업이 몇 번 있는지, 7교시까지의 수업이 며칠이나 있는지를 확인한다. 그중 가장 중요하게 생각하는 것은 아마도 금요일 오후 수업,

즉 5, 6, 7교시 수업이 있는지일 것이다. 금요일 오후 수업이 없으면 담임이 아닌 경우, 조퇴를 할 수도 있고 무엇보다 마음이 가벼워지니까.

4교시가 시작되는 12시경부터 점심을 먹을 수 있는데, 매일 4교시가 있어서 점심을 늦게 먹게 되기도 하고, 매일 7교시가 있어서 늦게까지 피곤한 몸으로 수업해야 하는 때도 있으며, 금요일에 오후 수업을 몰아서 하게 되는 때도 있다. 여러 가지 조건에 맞추어 시간표가 나오게 되니 어디에 하소연할 수도 없다. 대부분은 1교시가 없어서 좀 더 여유 있게 하루를 시작하고 싶고, 4교시가 없어서 따뜻한 점심을 먹고 싶기도 하고, 7교시가 없어서 오후를 편하게 맞이하고 싶기도 하며, 무엇보다 금요일 오후 수업이 없어서 가뿐한 마음으로 일주일을 마감하게 되기를 바란다. 이 모든 것을 종합해 보면, 2, 3교시, 5, 6교시를 수업하면 최상의 시간표가 아닐까 싶다. 또는 수업이 오전에 몰려있어서 5교시 이전까지만 수업이 있기를 바라기도 하고. 하지만 금요일 7교시까지는 수업이 진행되어야 하니, 적어도 36명(36개 학급이니까)의 선생님은 금요일 7교시까지 남아있어야 한다. 아쉽지만 어쩔 수 없는 일이다.

교사가 수업만 하면 그나마 나을 텐데 야간 자기주도학습 감독도 해야 한다. 보통 한 달에 1번 정도 하지만, 부장의 경우 한 달에 2~3번 정도를 하게 된다. 누구나 늦게까지 남아있고 싶지 않고 특히 금요일은 더 원하지 않아서 금요일 순번만 따로 돌리기도 한다. 하지만 나는 오후 10시까지의 감독을 마치고 집에 돌아간 뒤 다음 날 출근하는 것이 너무 힘들어서 평일보다 금요일을 더 선호한다. 그래서 금요일의 주된 업무가 끝나고도 오후 10시까지 남아있는 날이 많이 있다. 즉, 주말 편지와 대부분의 일주일 업무가 끝났더라도 금요일에 오후 10시 넘어서까지 남아있는 것이다. 이런 나의 일정을 잘 모르는 B가 며칠 전에 질문했다.

- 금요일은 일찍 가나요?

그래서 대답했다.

- 아뇨. 오늘은 특히 야간 자기주도학습 감독 날이네요.
- 피곤하겠어요.
- 그렇죠. 뭐….*^_^*….

그래서 금요일인데도 선생님들께서 일찍 퇴근하지 않고 남아계시면 신기해서 질문한다.

- 선생님들, 금요일인데, 아직 퇴근도 하지 않으시고…?? 저야 감독이어서 남아있지만….

가끔은 아침에 이렇게 기도한다.

- 하나님, 월요일이에요. 휴….
- 하나님, 아직 수요일이네요. 2일이나 남았어요.
- 하나님, 드디어 금요일입니다.

학교 가는 것이 즐겁지 않은 것은 아니지만, 가끔은 4일만 나가도 되지 않을까 하는 생각을 해 본다. 식사하고 같이 산책하던 C가 말했다.

- 3주 동안 일주일에 4일만 근무하다가 5일 내내 근무해야 하는 다음 주부터가 두려운데요.

정말 그랬다. 5월 초부터 4일만 나오다가 다음 주부터는 5일 내내 나와야 하니 갑자기 머리가 띵해지기도 한다. 4일만 나와서 너무 좋았는데, 다음 주부터는 어떻게 버텨야 할까?

****

* 제본한 주말 편지 6권

(2021~2023)까지의 주말 편지를 모아보았다.
그때 그 시절을 눈에 보이게 담아놓은 것.
잊히고 싶지 않은 그 시간, 그리고 나의 모습이다.
금요일에 일찍 가지는 못하지만, 금요일 하면 떠오르는 단어, 주말 편지….

#금요일 #주말_편지 #주말 #채플 #성가 #칼퇴 #조퇴 #수업 #시간표 #야간자기주도학습 #감독 #금요일은_일찍_가나요 #퇴근

제13화
거짓말
2024.05.25.(토)

- 거짓말….

어느 주일날 목사님께서 이런 말씀을 하셨다.

- 저희 어머님께서는 새벽기도와 주일예배를 생명처럼 귀하게 생각하셨고 언제나 열심이었습니다. 하지만 일평생 늘 가난하고 힘든 생활이었습니다. 그런데도 기도를 멈추지 않으셨죠. 저는 그게 항상 이상했습니다. 저렇게 열심인데도 생활은 왜 더 나아지지 않는 것인가.

매일 오전에 듣는 라디오 방송에서 짧은 메시지를 전하는 A는 항상 이런 말을 덧붙이며 끝낸다.

- 모든 일이 형통하고 잘될 것입니다.

이 말을 들으면서 생각한다.

- 정말 그랬으면 좋겠지만, 세상일이 그렇지 않다는 거, 다 알고 있잖아요.

별생각 없이 일을 하고 있었는데 입에서 이런 찬양이 자연스럽게 흘러나왔다.

- 하나님 사랑의 눈으로 너를 어느 때나 바라보시고….

그러다가 이 지점에 이르렀을 때 나는 하던 일을 멈췄다.

- 너의 작은 신음에도 응답하시니….

그러고는 이렇게 말해 버렸다.

- 거짓말….

가끔 그런 생각이 들 때가 있다.

- 읽었던 말씀, 늘 노래하는 찬양 가사대로 삶이 흘러가지 않는 건, 왜일까….
- 착하고 신실한 사람이 왜 어려움을 겪는 걸까….
- 도대체 왜 이러는 걸까….

음악 관련 전문 카페인 B를 알게 되어 가입신청을 했는데 첫 번째 가입 질문을 읽고는 자판 위에서 손가락이 멈추어 버렸다. 이런 질문이었다.

- 삶의 목표가 무엇입니까?

아니, 인터넷 카페에 가입하는데, 이런 철학적인 질문이라니! 깜짝 놀랐다. '음악 카페 가입과 삶의 목표가 무슨 상관이 있다는 거지?'라는 생각에 잠깐 머뭇거리다가 그냥 이렇게 답변했다, 처음에는.

- '하나님의 영광을 위하여'라고 생각하고 살아왔습니다만, 지금은 글쎄요, 제 삶의 목표가 무엇일까요.

그런데 질문에 부연 설명이 있었다.

- 성의껏 답변하지 않으면 가입이 거절될 수 있습니다.

어쩔 수 없이 답변을 수정했다.

- 하나님의 영광을 위하여 살고 있습니다.

사실, 아무렇게나 대답을 한 것이지만, 너무나도 오랜만에 들어본 '삶의 목표'라는 단어가 일주일 내내 내 머릿속에서 떠나지 않았다. '삶의 목표'에 대해 한참 생각했었던 젊은 날이 이제는 지나가고 있고, 왜 살고 있는지, 이 일을 왜 하고 있는지 등등에 관한 생각 자체를 하지 않고 무덤덤하게 하루하루를 살고 있는 내 모습을 다시 확인하게 되어서, 얼마나 슬프고 속상했는지….

개교 29주년 기념 예배에서 C 목사님께서 이렇게 말씀하셨다.

- 선생님들께서 교사를 직업으로만 생각하지 않게 하시고….

'월급 받는 직장인'의 모습을 넘어서 좀 더 넓은 의미로서의 '교사'를 지향했으면 하는 바람을 담은 내용인데, 사실 요즘 많이 듣는 말은 이것이다.

- 요즘 사람들은 자기 것을 잘 챙기는 것 같아요.

옛날 사람이나 요즘 사람이나, 모두 '요즘 사람들'로 살아가야 '현명한' 사람으로 생각되는 시대이기에, 덜 해서 다른 사람을 불편하게 하지도 않고, 내 것을 손해 보면서까지 구태여 시간을 들이지도 않는, 주어진 시간 안에 내가 맡은 일을 '똑소리' 나게 해내는 '요즘 사람들'이 점점 많아지는 것 같다. 딱! 똑똑한 직장인의 모습! 이도 저도 아닌 어중간한 직장인인 내가 갖춰야 하는 모습이 아닐지 생각도 해 본다. 하지만 무언가 받아들이기 불편해서 나와 어울리는지 모르겠다는 것이 고민이다.

작은 신음에 기적같이 응답받기를 바라고, 열심히 기도하고 예배드리면 풍성하고 형통한 삶이 펼쳐지고 건강하고 행복하게 되기를 바라는, 그 기쁨을 누렸으면 하는 가련한 우리지만, 그 바람대로 삶이 쭉쭉 펼쳐지지는 않는다는 것도 알고 있는 우리….

삶의 목표가 무엇이냐는 질문에 '하나님의 영광을 위하여 살고 있습니다'라고 (약간의 거짓말을 넣어서) 얼렁뚱땅 답변한 카페의 가입 승인 메시지를 받으며, 정말로 내 삶의 목표를 무엇으로 잡고 살아야 하는지, 아니 삶의 목표까지는 아니더라도, 내가 이 일을 왜 하고 있는지를 다시 한번 짚어보아야겠다고 생각하게 되는 주말 오후를 보내고 있다.

****

  * 몇 주 전, 졸업생 4명이 찾아왔다.
  S대 물리교육과와 수의학과,
  Y대 의대와 K대 의대 등,
  과로 보나 학교 이름으로 보나
  멋진 타이틀을 지닌 녀석들이었다.
  그 4명이 모두 친한 친구들이라고 해서 더 보기 좋았다.
  의대생 2명에게 질문했다.

- 의대 증원에 대해서 어떻게 생각하나요?
- (잠깐의 멈춤도 없이) 반대입니다!
- 이유는요?
- 제대로 교육받지 못하는 의사들이 배출되니까 어쩌고저쩌고….
- 다른 이유 때문이 아니고요??
- 그건 아닙니다!

 그중에 선교단이었던 녀석이 있어서 무심코 다시 질문했다.

- 하나님께서는 어떻게 생각하실까요?
- 음, 반대하실 것 같습니다!
- 아? 하나님께서도 의대 증원을 반대하실 것 같다고요??

- 하나님께서도 이렇게 부실한 의사들이 나오는 것을 좋아하시지 않을 것 같습니다.

영리한 직장인으로서의 '요즘 사람'에는 절대 들어가지 않는 두 사람을 소개한다. 지금은 영등포로 이전했지만, 신림동에 가난한 사람들을 위한 무료 병원, 요셉의원을 열었던 의사 선우경식과 하월곡동에서 사회적 약자들을 위한 약국을 30년째 운영 중인 약사 이미선.

'의사 선우경식' 책을 읽으며, '건강한 약국 이미선'의 기사를 읽으며, 감히 엄두도 내지 못할 이들의 삶의 목표를 생각해 본다. 이들은 그들이 믿는 것이 거짓말이라고 생각하지 않았던 것 같다.

차마 이렇게 살 수는 없지만, 흐트러진 삶의 목표를 다시 세워야 하지 않을까 생각해 본다.

어떻게 살아야 하는 걸까.

의사 선우경식

약사 이미선

#거짓말 #설교 #극동방송 #하나님의_사랑을_사모하는_자 #뒤포르 #삶의_목표 #교사 #직업 #의대 #의사 #의대_증원 #선우경식 #요셉의원 #이미선 #건강한_약국

제14화
안 쓰던 때로
돌아갈 생각 없음!
2024.06.01.(토)

- 안 쓰던 때로 돌아갈 생각 없음!

날씨가 더워지고 있는 한 달 전부터 교무실 냉장고의 냉장실이 작동되지 않아 결국은 새 제품을 주문했지만, 주문이 밀려서 아직도 배송되지 않고 있다. 냉장고에 대해 별생각 없이 생활하다가 갑자기 냉장고의 중요성을 실감하고 있는 요즘이다. 냉장고가 없던 옛날에는 어떻게 살았을까. A가 말했다.

- 어디서 아이스박스라도 가지고 올까 봐요.

요즘 일반 가정의 필수 가전제품으로 문 4개형의 대형 냉장고뿐만 아니라 대형 TV, 로봇청소기, 건조기, 스타일러 그리고 식기세척기 등이 기본이 된 듯하다. 대부분 있는 제품들이겠지만, 이중 우리 집에 있는 것은 냉장고와 TV 정도다. 로봇청소기는 고장이 난 뒤 다시 구매하지 않고 있고, 나머지는 구태여 필요하지 않다고 할까. 건조기와 스타일러는 옷감이 상하고 사이즈 변형이 올 것 같다는 생각에, 또 식기세척기는 그릇을 씻으면서 힐링 되는 기쁨이 크기 때문에 필요성을 느끼지 못하고 있다.

언젠가 친구 문제로 힘들어하는 A와 상담하면서 이런 이야기를 했다.

- 친구들 때문에 힘들 때마다 몸을 쓰는 일을 해 봐. 심리학에서도 그렇게 말하거든. 스트레스를 받을 때 청소하거나 설거지하면 스트레스가 풀린다고 해. 몸을 움직이는 일이 도움이 될 거야.

이 말이 정답이다. 정신적인 문제로 힘들 때 몸을 움직이면 그 스트레스가 감해진다는 것을 경험자로서 말해 둔다. 식기세척기를 사용하지 않는 이유 중의 하나라고 할 수 있다. 그릇이 깨끗해지면서 몸과 마음이 가뿐해지는 것이 확실하게 느껴지니까! 그런데도, 연예인 B가 식기세척기 광고에서 이렇게 말한다.

- 진작 쓸 걸 후회 중!
- 안 쓰던 때로 돌아갈 생각 없음!

이런 말이 있다. '한 번도 사용하지 않은 사람은 있어도, 한 번만 사용한 사람은 없다'라는 말이 진리가 아닐까 싶다. 아마 언젠가는 나도 식기세척기를 사용하면서 B의 말을 회상하고 있을 수도 있겠다.

- 진작 쓸 걸 후회 중!
- 안 쓰던 때로 돌아갈 생각 없음!

사실 요즘, 이 말을 실감하고 있는 일이 있다. 2,500원을 내고 C 터널을 통과하여 출퇴근할 수 있었지만, 그렇게까지 (과용)하고 싶지 않아서 일반도로로 20년 동안 출퇴근해 왔었다. 그러다 얼마 전 C 터널을 통과하여 외출해 본 뒤, 출근도 해 보자는 생각이 들었는데 그때 들었던 생각은 딱! 이것이었다.

- 한번 편리한 것을 경험하면 다시 돌아갈 수 없을 텐데….

역시 예상이 맞았다. 그동안 수많은 차량을 뚫고 지각을 걱정하며 D를 지날 생각에 출근 전에는 항상 마음이 바빴던 내가 이제는 30분이나 먼저 도착하고 있다. C 터널을 통과하면서 신세계가 펼쳐지는 것을 경험한 뒤로는 계속 이렇게 다니기로 마음을 정해버렸다. E가 말했다.

- 지금까지 D를 통해서 왔던 건가요, 정말?
- 네!
- 와! 엄청 힘들었겠네요!
- 네! 그랬어요….
- 그래서 피곤해 보였던 거구나. 이상하게 아침에만 피곤해 보이더라고요.

앞으로 어떻게 할지 고민하는 나에게 F 여사가 말씀하셨다.

- 너를 위해서 하루에 2,500원을 쓸 수 있잖아?
- 다른 통행료 900원까지, 총 3,400원이고, 퇴근까지 하면 6,800원인데요?

- 열심히 일하고 피곤한 너 자신을 위해서 충분히 쓸 수 있는 돈이야! 그냥 써!

B의 말처럼 '더 일찍 하지 않은 걸 후회'하고 있지는 않지만, D를 지나면서 그 수많은 차 속에서 좌회전하기 위해서 끼어드는 일을 하던 때로 돌아가고 싶지는 않다는 생각, '안 쓰던 때로 돌아갈 생각 없음!'은 해 본다.

새롭고 빠르고 편한 것보다 옛날 방식과 고풍스러움을 추구하며 느리고 불편한 것을 감내하던 나인데, 이제는 바뀌어 가고 있는 걸까….

****

* 일반도로로 다닐 때는
수많은 신호등이 있어서
빨간 불이 들어올 때마다
집에서 내린 커피를 잠깐씩 마실 수 있었는데,
이제는 3/4지점까지는 신호등이 없어서
커피를 마시지 못하고 달려온다.

이렇게 계속 달리는 게, 좋은 걸까….

(2024.05.10.(금)) 채플 설교 때 나왔던 신호등 사진.
어떻게 보면, 아름답게 보이기까지 했던, 강렬한 색감….

인생의 빨강 신호등, 멈춤이 때로는 필요하기도 하지 않을까….

#안_쓰던_때로_돌아갈_생각_없음 #냉장고 #건조기 #식기세척기 #힐링 #설거지 #청소 #몸_쓰기 #스트레스 #이효리 #진작_쓸_걸_후회_중 #우면산터널 #신호등 #빨강_신호등 #멈춤

제15화
모든 좋은 일은 꿈꾸는 데서
2024.06.08.(토)

- 모든 좋은 일은 꿈꾸는 데서 시작된단다. 그러니 꿈을 잃지 마.

온통 '아이들 상담'과 '수련회' 일로 바쁘고 정신없던 1학년 담임선생님들께 4월 초까지 이렇게 말하며 날뛰었었다.

- 선생님! 4월 초에 수련회만 끝나면, 이제 룰루랄라 놀기만 하게 될 거예요! 조금만 힘을 내요!

하지만, 기대했던 '룰루랄라'의 시간은 온데간데없었고, 또 다른 일들로 여전히 분주했던 교무실 생활에서 A 선생님은 나에게 말했었다.

- 선생님! 수련회만 끝나면 놀 수 있다고 하셨잖아요!
- 그러니깐요. 그게 아니네요. 아주 조금만 더 참아 보아요.

스프링 피크(Spring Peak)라는 단어가 있다. 직역하면 '봄의 절정'이라는 뜻이지만, 봄철에 자살률이 증가하는 것을 일컫는 말이다. 차가운 겨울이 끝난 뒤 찾아오는 '봄'이라는 단어에 내포된 '시작', '꽃'과 '햇볕'이라는 단어가 오히려 불안, 우울과 자살로 연결이 되어서, 3~5월은 자살 고위험 시기라고 한다. 강한 햇볕으로 인해 점점 증가하는 일조량이 감정과 충동성을 증가시킨다고 한다. 밝고 따뜻한 계절에 오히려 우울감이 상승한다는 것이 아이러니한 일이지만, 대부분 경험해 보지 않았을까 한다. 찬란한 햇빛 이면에 드리워진 그림자 안에 있던 내면의 짙은 고독과 외로움을….

계절에서의 스프링 피크 현상처럼 밝고 화사한 느낌의 사람들이 많으면 조용한 사람들은 오히려 더 우울한 느낌이 강해질 수 있기에 활달하고 적극적인 학급의 담임선생님은 아이들을 더 세심하게 살펴보아야 한다. 선생님끼리는 이런 이야기를 자주 한다.

- B 학급 아이들은 아주 밝고 쾌활해서 수업하기가 좋아요!
- 정말 B 학급은 재미있는 녀석들이 많아요!
- 하지만, 그런 분위기일수록 조용한 아이들이 더 위축될 수 있으니 잘 살펴야 해요!
- 아, 그럴 수 있겠네요!

아직은 봄이라고 생각했던 5월의 아침인데도 벌써 직선으로 내리쬐는 강렬한 햇볕에 운전하는 팔이 탈까 봐 예쁜 꽃무늬 레이스 토시를 1+1로 장만했다. 햇볕이 차단되는지는 모르겠지만, 손등까지 덮어주니 얼마나 좋은지! 늦은 봄이 아니라 초여름이라고 해야 하나 싶었는데 한낮에는 벌써 31도까지 올라가고 있으니, 이제는 아예 5월도 여름이라고 해야 할 듯싶다.

온갖 일들로 괜히 내가 더 미안했었던 스프링 피크, 5월까지의 시간이 지나고 아주 조금 여유로워진 6월이 되었다. 어느새 1학기를 정리하는 시즌으로 접어든 이제야 몇 달 전 C가 했던 말이 생각났다.

- 영화 〈웡카〉 봤나요??
- 아뇨.
- 쉬는 동안 보고 와 봐요.
- 어떤 영화인가요?
- 〈찰리와 초콜릿 공장〉 봤나요??
- 네! 초콜릿 영화?
- 그 영화의 전편 이야기….
- 이 영화를 추천하는 이유는요?
- 일단 보고 오세요.

몇 달 동안 제목만 기억해 놓고 내내 미뤄왔던 영화를 이제야 보게 되었는데, 낙천적이고 긍정적인 성격을 지닌 주인공은 그 어떤 고난도 지혜롭게 또 (내가 보기에는 무척) 가볍게 이겨내어 결국 원하던 꿈을 이루어 낸다. 보는 내내 '달콤한 초콜릿을 먹을 때의 기분 좋음'처럼 늘 함께하고 싶은 행복감을 주는 사람이었는데, 현실에서는 보기 드문 동화 속 캐릭터였다는 것이 안타까울 뿐이었다. 영화를 본 뒤 낙천적인 성격의 영화배우 D가 했던 말이 생각났다.

- 생각이 좀 깊으면 안 돼요. 좀 얕게 생각해야 하고, 다 훌훌 잘 털어버리는 그런 성격입니다. 기억력이 아주 나쁘면 굉장히 낙천적

인 성격이 됩니다. 안 좋은 것들을 다 기억하고 있으면 아주 비관적인 사람이 되겠죠. 그리고 잠을 좀 잘 자는 게 중요한 것 같아요. 그리고 굉장히 잘 웃는 편이고요. 아주 시답잖은 농담에도 빵빵 터지는 성격입니다. 웃으면 복이 온다고 하잖아요. 여러분, 쓸데없는 일에 많이 웃고 사세요. 나 자신이 속아요. '괜찮네~' 하고.

오래전에 읽었던 이 말이 생각났던 것은 생각을 깊게 하지 말고 안 좋은 것들은 잊어버리고 털어버리라는 말이 무척 인상적이었기 때문이었는데, 왠지 주인공 윙카와 D가 비슷한 느낌이었다. 객관적으로 그렇게 갖추어진 삶은 아니었지만, 긍정적인 가치관만으로 거친 세상이 아무렇지도 않게 거뜬히 넘어갈 수 있을 것 같은 느낌이라고 할까.

- 모든 좋은 일은 꿈꾸는 데서 시작된단다. 그러니 꿈을 잃지 마.

영화 속 대사를 읽어보며, 나는 어떤 꿈을 꾸고 있는지, 그 꿈은 좋은 일을 위한 것인지, 그 꿈을 잃지 않고 계속 간직할 수 있는지 아니, 지금의 나에게 과연 '꿈'이란 것이 있는지 생각해 본다. C는 왜 이 영화를 보라고 했던 것일까. 꿈에 관해서 이야기하고 싶었던 것일까.
아, 생각을 깊이 하지 말라고 했던가. 어렵다.

****

* 영화 〈윙카〉는 뮤지컬 영화처럼
　많은 노래와 춤이 있었다.

그야말로 볼거리도 들을 거리도
많았던 예쁜 영화.
좋은 음악이 많았는데
그중에서 내 귀에 딱 꽂혔던 음악 하나.
멜로디도 좋았지만, 가사가 특히 마음에 들어왔다.
나에게도, 이런 순간이 있지 않았을까….

- 잠시, 인생이 그다지 나쁘지 않게 느껴졌어요.
잠시, 슬퍼하는 걸 잊어버린 것 같아요.
잠시, 내 삶은 완전히 바뀌었고,
잠시, 날아갈 듯한 기분이죠.
그는 내 삶에 처음으로 찾아온 하나의 행운과 같은 사람이죠.
잠시, 인생이 그다지 나쁘지 않게 느껴졌어요.
잠시, 슬퍼하는 걸 잊어버린 것 같아요.

- 영화 〈웡카〉 중 〈For A Moment〉

ForA Moment

#모든_좋은_일은_꿈꾸는_데서_시작 #웡카 #Wonka #스프링_피크 #Spring_Peak #봄의_절정 #봄 #우울 #찰리와_초콜릿_공장 #초콜릿 #낙천적 #김태리 #생각 #꿈을_잃지_마 #꿈 #뮤지컬 #For_A_Moment #인생 #영화

제16화
누구에게 말하겠어요
2024.06.15.(토)

 - 출장으로 일주일 동안 자리를 비웠던 과장님과 팀장님이 이제 돌아오십니다. 이제 천국이 끝나고 다시 지옥이 시작되었어요. 어떻게 해야 할까요?

 얼마 전 '반려돌'을 키우는 사람들에 관한 기사를 읽으며 깜짝 놀란 기억이 있다. 아기를 키우듯이 돌멩이를 씻기고 옷을 입히고 산책하고 심지어 1주년 돌잔치를 계획하고, 무엇보다 잠들기 전에 고민이나 즐거웠던 일 등을 반려돌에게 털어놓으며 하루를 마무리하면서 힐링이 된다는 내용이 무척 인상적이었다.
 인간관계 속에서는 늘 갈등과 상처가 생기지만, 사물은 있는 그대로 나를 받아 주고 거부하지 않으며 상처를 주고받을 일이 없기에 오히려 피드백을 받을 수 없는 사물로부터 상상력을 통해 정서적 만족감을 채울 수 있다고 한다. 무척 씁쓸하고 안타까운 세상이 되었다.
 언젠가 라디오 방송에서 청취자 한 명이 이런 사연을 보냈다.

- 아들 자랑을 하고 싶은데 여기라면 마음 놓고 말할 수 있을 것 같아요.

본인의 생일에 미역국을 끓여주고 이런저런 예쁜 일을 했다는 아들이 무척 대견하고 자랑스럽다는 사연을 들으면서 이런 생각이 들었다.

- 사람에게 직접 이야기하는 것보다 차라리 라디오를 통해서 불특정 다수에게 이야기하는 것이 훨씬 나을 거야. 내가, 이 이야기를 하면 어떻게 반응할까를 생각하면서 사람과 이야기를 골라야 하니 힘든 일이야. 어떤 사심 없이 있는 그대로 받아 주는 사람이 있다는 건 축복이지.

진짜 친구와 가짜 친구를 구별하는 법에 대한 수많은 글 중 몇 가지가 기억에 남는데, '친구'를 '사람'으로 바꿔 봤다.

1. 내가 잘됐을 때 배 아파하지 않는 사람
2. 나의 아픔을 물어줄 줄 아는 사람
3. 내 선택을 존중해 주는 사람
4. 솔직하게 조언해 주는 사람

또 이런 글도 있었다.

- 진지하게 나의 인생 목표와 비전을 이야기했을 때.
1. 진심으로 내 꿈을 응원해 주는 사람
2. 내 꿈을 비웃고 부정적인 이야기를 늘어놓는 사람

생각해 보면, 좋았던 일에 진심으로 축하해 주거나, 안타까웠던 일들에 함께 속상해하고 아파해 주었던 고마운 사람들이 많았다. 반면 너무 솔직하게 조언해 주어서 상처를 받았거나 내 꿈이나 내 선택을 기꺼이 응원해 주지 않았던 사람들과의 관계가 소원해지는 것은 어쩔 수 없었던 것 같다. 그래서 그럴까. 이 글이 나에게 위로가 된다.

- 내 편인 줄 알았던 사람이 내 편이 아니었고, 전혀 생각도 못했던 사람이 내 편이 되어주는 것이 바로 세상사다.

혼자 남아있던 어느 날, 교무실에 서류를 가지러 왔던 (내가 평소에 엄청나게 좋아하는) A와 자리 한번 뜨지 않고 또 물 한 모금 마시지 않고 2시간 30분 동안 인생 이야기를 나눈 뒤, A에게 이야기했다.

- 생각지도 않았던 시간이었어요. 이런 걸 하나님의 인도하심이라고 하는 거죠!
- 너무 놀랍고 대단해요! 정말 더 좋아졌어요!

대화를 이어 가려고 해도 잘되지 않는 사람이 있지만, 의도치 않게 이야기가 술술 진행되는 사람도 있다. 다음 날 더 일찍 출근해야 하는 날이 아니었다면, 또 그 시간이 늦은 시간만 아니었다면 아마도 더 이야기꽃을 피웠을 텐데, 아쉽게도 억지로 끊어내야만 했었다. 왜 그렇게 A의 이야기가 좋았을까? 아마도 어떤 환경에도 굽힘 없이 쉼 없이 달려온 A의 열정적이고 긍정적인 삶의 자세가 나를 일깨웠기 때문이 아닐까, 생각해 본다. 그의 인생과 그의 꿈에 계속 격려하며 박수를 쳐 주고 싶었다. A에게 말했다.

  - A! 시도해 보기를요!

  나와 A의 말을 오며 가며 들었던 B가 이튿날 말했다.

  - 선생님! 선생님이 눈을 똥그랗게 뜨고 손뼉을 치고 크게 웃으면서 즉각적인 반응을 보이니까 더 이야기하고 싶은 분위기였어요!
  - 앗! 제가 그랬나요?? 하하하!
  - 두 분이 너무 재미있게 이야기하시더라고요!
  - 제가 좋아하는 사람이어서 감정표현을 그대로 했던 것 같아요. 좋은 시간이었어요.

  내 감정을 다 표현할 수 없는 사회생활을 하면서 아주 가끔 찾아오는 이런 시간, 이런 무장해제의 시간이 얼마나 귀한지 모른다. 이런 글을 읽었다.

  - 출장으로 일주일 동안 자리를 비웠던 과장님과 팀장님이 이제 돌아오십니다. 이제 천국이 끝나고 다시 지옥이 시작되었어요. 어떻게 해야 할까요?

  뭔지 모르게 불편해서 뭐라고 받아치고 싶지만, 꾹 참으면서 쿨한 척 답장을 보내기도 하고, 직설법으로 적나라하게 말하고 싶지만 에둘러서 다르게 표현하기도 하고, 누가 보인 반응에 기분이 상했지만 아무렇지도 않은 척 얼굴에 웃음을 머금고 다니던 요즘, 늦은 퇴근길임에도 도로에 꽉 찬 차들을 바라보며 이런 생각을 했다.

- 사람들이 얼마나 힘들게 사는 걸까.
- 웃고 있어도 웃는 게 아닐 텐데….
- 겉은 멀쩡해도 속은 다 찢겨 있는 거 아닐까….

오래전 C가 했던 말이 생각난다.

- 누구에게 말하겠어요. 누구에게도 말할 수 없는 일들이 점점 많아지고 있어요.

사회생활을 한다는 것은, 자식 자랑하는 것도 조심해야 하고, 싫은 감정도 불편한 감정도 숨겨야 하고, 웃고 싶지 않지만 아무렇지 않은 척 웃어야 하고, 쓴소리 던지고 싶은 것도 속으로 참아야 하니, 모두 외롭고 고독하고 힘들게 지옥 같은 직장 생활을 하는 것이 아닐까.

나도 이참에 예쁜 돌 하나를 구해서 말 한번 걸어볼까 하는 생각을 잠깐 해 본다.

****

* (2024.06.14.(금)) 채플 시간에 나왔던 그림

아마도 요즘 사람들의 마음이 이렇지 않을까.
공허하고 뻥 뚫린 것 같은 마음을 가지고 살아가는 사람들이 보인다. 내 눈에는…

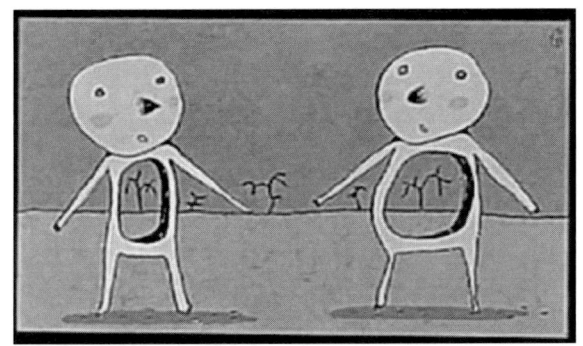

#누구에게_말하겠어요 #반려돌 #애완돌 #진짜_친구 #가짜_친구 #응원 #격려 #꿈 #비전 #사회생활 #직장_생활 #공허

제17화
# 돈만 있다면
2024.06.22.(토)

- 돈만 있다면 말이죠!

선생님들과 이런 이야기를 나누었다.

- 비싸 보이는 물건인데요?
- 아, 전혀 비싸지 않은 거예요.
- 그런가요? 별로 비싸지 않은 것인데 비싸고 좋아 보인다고 하면 어떤 느낌인가요?? 제가 아는 A는 좋아하더라고요!
- 당연히 좋죠! 저는 10만 원짜리 1개보다, 만 원짜리 10개를 사는 사람이어서 대부분 저렴한 것들이에요.

가장 좋은 말은 B가 했던 이 말이었다.

- 선생님이 하는 것들은 비싸게 보여요.
- 진짜요?

특정한 몇 명의 이야기이기에 객관화할 수는 없지만, 기분 좋은 내용이었다. 나름의 가격대를 가지고 일상을 가꾸는 직장인으로서 이렇게 마무리했다.

- 적은 돈으로 그 이상의 느낌이 나도록 하려면 안목이 있어야 해요!

C 복지관에서 다양한 음악 활동을 하는 D가 말했다.

- 우리 E 선생님은 수강료를 받지 않는다고 해요.
- 그게 가능한가요?
- 자기는 돈을 받고 가르치지 않겠다고 했대요.
- 여유가 있으신 분인가 보네요.
- 가르치는 것 자체를 즐기는 거라고 해요.
- 쉽지 않은 일인데, 대단하신 분인데요?
- 그래서 저희가 회비를 모아서 감사의 마음을 전하려고요.

어린 시절의 어려웠던 가정 형편을 나타내는 예시로 가장 많이 나오는 예는 이것이다.

- 육성회비(등록금)를 못 내서 담임선생님께 맞았었죠.

1959년부터는 초등학교 무상 의무교육이 실시되었고, 1985년부터 시작하여 2005년부터는 전면적인 중학교 무상교육이, 또 2021년부터는 고등학교 무상교육이 시작되었으니, 적어도 2021년 이전까지는 (고등)학교에 다니기 위해서 육성회비 즉, 등록금을 마련할 수 있어야 했다. 등록금을 내지 못했다면 선생님께 불려 가서 난처한 일을 당하기도 했을 테고.

　일반 고등학교가 아니기에 무상교육의 혜택을 받을 수 없는 우리 학교 학생들에게는 다행스럽게도 1년 동안 지급되는 장학금이 꽤 많다. 기본적으로 등록금 전액 또는 일부를 지원해 주는 것부터 심지어 생활비를 지원해 주는 것까지 있다. 정기적으로 매달 몇만 원씩 주거나 1년에 몇백을 한꺼번에 지원하는 예도 있으며, 3년 동안 꾸준하게 지원해 주는 때도 있다. 보통은 다른 장학금과 중복되는 학생은 추천에서 제외된다. 성적이 우수한 학생에게 주는 장학금도 있지만, 경제적인 어려움이 첫 번째 조건인 경우가 많다. 물론 우리가 알고 있듯이 대부분의 장학금이란, 경제적으로는 어렵지만 성적이 우수하고 모범적인 학생이 지급 대상으로 되어 있다.

　장학금 공지가 되면 담임선생님은 학급 학생 중에서 대상자를 찾는데, 자기 학급의 아이를 주고 싶어서 가위바위보를 하거나, 이번에는 우리 반 학생, 다음에는 다른 반 학생 식으로 순서를 정해서 진행하는 때도 있다. 가장 안타까운 것은, 실제로 많이 어렵고 도움이 절실하지만, 서류상으로 그것을 증명할 수 없는 경우다. 상담을 통해서 학생의 형편을 알고 있지만, 까다로운 조건으로 지원받지 못하게 되어 담임선생님들만 발을 동동 굴리는 때도 많다.

　반면, 서류상으로는 분명히 어려운데 실제로는 굉장히 풍족하게 지내는 같아 선생님들이 헷갈리기도 하고, 무엇보다 밀린 등록금을 납부하지 않고 졸업을 해 버린 뒤 학교 전화도 받지 않고 해결도 하지 않은 채 고등학교 생활을 마무리하는 어처구니없는 일도 있다고 하니, 학급 아이들의 장학금 혜택을 위해 불꽃 튀는 경쟁을 하여 학생 한 명을 도와주려는 선생님들이나 온갖 회의를 통해서 어떻게 하면 어려운 아이를 도와줄지 고민하던 학교는 가끔 허탈함을 맞보기도 한다. 이런 생각을 해 본다.

- 장학금을 받으면 고마워할까?
- 장학금을 주는 게 맞는 일일까?
- 진짜 어려운 아이들이 제대로 혜택을 받아야 할 텐데!

가끔은 작년에 추천해서 혜택을 받았던 장학금을 올해는 왜 추천해 주지 않는지 따지는 일도 있고, 장학금을 받았으면서도 알리지 않는 경우도 있지만, 놀랍게도 이렇게 인사하는 예도 있었다.

- 장학생으로 추천해 주셔서 정말 고맙습니다. 많이 어렵기는 하지만, 그래도 제 아이는 제가 직접 해결해 보도록 하겠습니다. 저희보다 더 어려운 학생에게 주시면 좋겠어요.

나보다 더 어려운 사람을 생각하는 이런 대단하신 분도 있지만, 사실 요즘은 부족함이라는 단어를 잘 모르는 때이기도 하다.

- 우리나라가 이렇게 풍족한 때가 없었다고 합니다.
아이패드를 학교에서 무상으로 나눠주는데, 아이들은 그걸 또 안 받겠다고 한다면서요.

S그룹 장학금으로 공부하던 장학생이 S그룹에 입사해서 S그룹의 비리를 감싸주는 사람으로 묘사되는 드라마나 영화를 보면서 깜짝 놀랐었다. 자기 회사의 장학금으로 키운 인재를 고작 그런 일을 하는 사람으로 만들어버리려고 그런 '달콤한 돈'을 뿌렸던 것인가 하는 생각을 해 본다. 무서운 세상이다. 이런 글을 읽었다.

- 우리나라는 정말 살기 좋은 나라입니다.
  돈만 있다면 말이죠!

이렇게 생각하는 사람들이 많다고 한다.

- 10억을 준다면 범죄를 저지를 수 있나요?
- 네! (교도소에) 잠깐 들어갔다 나오면 되죠!

 '돈의 힘'을 무슨 말로 더 서술할 수 있을까. 돈만 주어진다면 무슨 일이든 할 수 있다는 요즘 사람들의 말에 어떻게 교육해야 할지, 무엇이 중요하다고 가르쳐야 할지 생각하지 않을 수 없다.
 화창한 볕과 기분 좋은 바람을 맞으며 밖을 바라보면 밝고 푸른, 정말 살기 좋은 멋진 세상으로 보인다. 아무것도 하지 않고 산 좋고 물 좋은 곳으로 놀러 가면 어떨까 하는 생각이 드는 좋은 날들이다. 여기에 '돈만 있다면 좋을 텐데!'라는 (짧은) 생각하고 있는 나에게 들리는 정말 놀라운 사람들의 이야기.
 '부를 대물림하지 않겠다'라는 말로 515억을 KAIST에 기부한 F, 상속받은 재산 약 360억 원을 사회에 환원하겠다는 오스트리아의 G, 지금까지 57억 원을 기부하고 루게릭병 요양병원을 짓고 있는 H.
 2차 지필고사를 위해 공부하고 있는 아이들을 보면서 생각한다.

- 돈을 어떻게 다루어야 하는지를 가르쳐야 하지 않을까.
- 즐겁게 돈을 벌고, 의미 있게 돈을 쓰는 법을 가르쳐야 하지 않을까.

****

* 좋은 대학교에 가기 위해 모인 아이들에게,
나무 심기를 시켰다.

학년 나무로 블루베리를, 학급 나무로 사과나무를, 그리고 작은 화분에는 강낭콩과 방울토마토를 심게 했는데, 아이들이 좋아한다.

- 어떤 과목을 선택해야 하고, 국·영·수 공부를 어떻게 해야 하며, 수시와 정시 준비는 어떻게 해야 하는지를 배우고 싶어 할 텐데, 나무 심기, 식물 키우기를 시킨 것이 잘한 일일까.

내심 이렇게 걱정하던 나에게 아이들은 이렇게 말해주었다.

- 초등학교랑 중학교 때까지도 한 번도 해 보지 않은 일이에요!

강낭콩과 방울토마토 중에 어떤 것을 심고 싶은지 물었더니 이렇게 대답했단다.

- 방울토마토요!
- 왜요?
- 따먹으려고요!

I가 이렇게 말했다.

- 2주 정도 키우면 사과를 따 먹을 수 있지 않을까요?

- 무슨 근거인가요??
- 제 생각인데요!

잘 키우지 못하면 어떻게 할지 걱정하는 J에게 이렇게 말했었다.

- 이 모든 것들이 당장 죽는다고 하더라도, 의미 있는 일입니다!

'돈'과 상관없는, '대학'이나 '진학'과 상관없는, '의미 있는', '가치 있는' '생명을 다루는 일'이어서 그런가.
가슴이 뛴다.

#돈만_있다면 #육성회비 #등록금 #무상교육 #장학금 #고등학교 #부족함 #풍족 #정문술 #마를레네_엥엘호른 #션 #루게릭병_요양병원 #기부 #의미 #돈 #돈_쓰는_법 #나무_심기 #블루베리 #사과나무 #강낭콩 #방울토마토 #식물_키우기 #가치

제18화
반짝반짝 작은별 2023
2024.06.29.(토)

- 욕하는 분위기가 아니라는 걸 아는 거죠.

초등학교 3학년 때인 것으로 기억한다. 같은 반 아이들에게서 처음 들었던 단어늘.

- 바O!
- 병O!

그 단어를 처음 들었던 그때의 이미지도 생생하다. 아마도 청소시간이었던 것 같고, 수돗가에서 물장난하는 아이들이 말하던 단어였던 것으로 기억한다. 그런데 신기하게도 나는 그 아이들이 너무 멋있어 보였다. 그래서 그 단어를 혼자 읊조려보기도 했다.

- 바O!

지금도 내가 그 순간과 이미지를 뚜렷하게 기억하는 이유는, 아이들이 그런 단어를 서로에게 내던지는 모습이 '멋있어 보였다'고 느꼈던 나 자신이, 너무 신기했기 때문이다. 왜 그런 것이 멋있어 보였을까??

　아마도 예쁘지 않은 그 단어를 다른 사람들이 함께 있는 곳에서 '아무렇지도 않게' 말하는 그 '용기'가 놀라웠기 때문이었던 것 같다. 아니 어쩌면 다른 사람을 향하여 그런 단어를 내뱉으면서 보이는 자기 모습에 아무렇지도 않은 척하는 모습이 대단하게 느껴졌기 때문이었던 것 같기도 하다. 여하튼 놀라웠던 경험이었다. 욕하는 모습.

　얼마 전 들어갔던 A 학급에서는 '거친 단어'를 말하는 학생들 이름을 칠판에 적어놓고 있었다. 일명 '욕한 자들'. 어떤 단어를 사용해서 걸린 것인지 물었더니, '뒤O래?' '닥O!' '꺼O!' 와 같이 불편한 단어를 말하면 칠판에 적어놓는다고 했다. 그리고 순화된 용어를 사용해야 한다고 했는데 그 내용이 너무 재미있었다.

- '잠잠히 묵상해 줄래?'로 말해야 해요.
- '광야로 걸어가 줘!'로 말해야 하죠.

　무슨 뜻인지 물었더니, '잠잠히 묵상해 줄래?'는 '닥O!'를, '광야로 걸어가 줘!'는 '꺼O!'라는 뜻이라고 했다. 놀라운 아이들! 오래전 B 학생과 이런 대화를 했다.

- 우리 학교 애들은 착한 애들만 모인 것 같아요.
- 그럴 리가요.
- 중학교 때 애들은 욕을 많이 했는데 우리 학교 애들은 욕을 안 하는 것 같아요.
- 밖에서는 여전히 하겠지만, 안에서는 조심하는 것이겠죠.

- 그럴까요?
- 그럼요. 어떻게 착한 애들만 모였겠어요. 욕하는 분위기가 아니라는 걸 아는 거죠.

그런데 C는 이렇게 말했다.

- 아이들이 욕을 많이 해서 힘들어요.

그때는 또 이렇게 말해주었다.

- 그래도, 중학교 때보다는 덜하지 않아요?
- 그렇기는 하지만, 완전히 하지 않을 줄 알았죠.
- 아직은 아이들이니까요. 아직은 중학생 모습이 많이 남아있고, 여러 아이가 모여있으니, 한 귀로 듣고 한 귀로 흘려보내요.

물론 복도에서 큰 소리로 울려 퍼지는 '욕'을 들을 때마다 교무실에서는 걱정하는 목소리가 가득하다.

- 아, 뭐야, 저 소리….

보고 싶은 영화가 있으면 평점을 확인하는 것과 함께 '가족 또는 부모님과 함께 볼 수 있는 영화'인지를 반드시 체크한다. 평점이 높더라도 가족이 함께 볼 수 있는 영화가 아니라면 보거나 듣기에 불편하다는 이야기니까. 특히 우리나라 영화인 경우는 조금 더 조심스럽고 신중한 것이 사실이다. 외국영화라면 잘 알아듣지 못하니 불편한 단어가 나와도 넘어가게 되지만, 우리나라 영화는 곧이곧대로 다 들려버리니 심사숙고하여 고르게 된다. 그래서 이런 생각을 한 적이 있다.

- 남녀노소 불문하고 온 가족이 다 보게 되면 거뜬히 천만을 넘기게 될 텐데, 그런 내용으로 좋은 영화는 어려운 걸까?

좋아하는 단어 중에, '재치(才致)'라는 단어가 있다. 영어로는, 'wit(위트)'라고 할 수 있는데, 'humor(유머)'보다 한 수 위로 느껴진다.

- humor : 남을 웃기는 말이나 행동
- 재치(才致) : 눈치 빠른 재주. 또는 능란한 솜씨나 말씨
- wit : 말이나 글을 즐겁고 재치 있고 능란하게 구사하는 능력

웃기는 말이나 행동을 나타내는 유머러스하다는 말보다 '재치 있고 위트가 넘친다'라는 말이 훨씬 더 지혜롭고 똑똑하고 빛나는 느낌으로 다가오기에, 담임교사일 때 아이들의 생활기록부에 나만의 '특별 칭찬 멘트'로 적어주던 단어다.

- 재치 있고 위트가 넘치는 학생으로~~

아이들에게는 이렇게 말한다.

- 서로를 비하하지 않고 서로를 기분 좋게 하면서 빵빵 터지는 웃음을 주는 것이 좋은 유머입니다. 그래서 좋은 유머를 구사하기 위해서는, 머리가 좋아야 합니다. 또 좋은 유머를 구사하기 위해서는 머리를 굴려야 하고요.

이런 글을 읽었다.

- 혹시라도 저속한 대화를 듣게 된다면 어리석은 사람이 연기하는 희극을 본다고 생각하고 넘겨라.

일상에서 욕하게 되거나 듣는 일은 거의 없지만, 아직은 성장하고 있는 중고등학교 시절에는 순간적으로 드는 일차적인 감정은 간단한 단어, 일면 '욕'으로 표현하는 일들이 많이 있는 것 같다. 적어도 중고등학교 12년 동안, 또는 대학교까지 16년 동안, 웃을 일보다 힘든 일이 더 많을 수 있지만, 웃을 일을 좀 더 애써서 만들어 보면 어떨까.

머리를 쓰도록 노력해 보자.
'욱'하는 불편한 감정을 잠깐 참아 보고, 거꾸로 재미있게 승화해 보도록 하자.
혹시라도 '저속한' 단어를 듣게 된다면, 서로가 기분 좋은 유머와 재치와 위트로 가볍게 받아쳐 보자.
또 머리를 거치지 않고 단번에 나갈 수 있도록 연습해 보자.

자꾸 연습하다 보면, 유머와 재치와 위트가 넘치는 사람으로 바뀌어 있을 테니!

****

* 이번 주에
〈반짝반짝 작은별 2023〉이 출간되었다.

2023년 3월부터 2024년 2월까지 아이들과 또 선생님들과 있었던 재미있는 에피소드들, 287개를 책으로 만들었다.

학교가 즐겁고 재미있는 곳이 아닌 것은 누구나 알고 있는 사살이지만, 그런 학교생활 중에 있었던 즐겁고 재미있으며 기발한 순간들은 가능한 한 모두 활자로 남겨놓고 싶었다.

그래서 2023년 11월과 12월에 각각 출간된 〈반짝반짝 작은별 2021〉 〈반짝반짝 작은별 2022〉보다 내용이 훨씬 더 많아졌다. 의도하지 않고 가볍게 적어놓았던 2021년과 2022년을 아쉬워하며, 2023년에는 아예 작정하고 보석을 모으듯 애써서 귀하고 소중하게 모아보았다.

수업 시간과 교무실에서 '하하 호호'했던 일들을 매주 짧게 적으면서 다시 웃었고, 수십 번의 교정을 하면서 또 한 번 웃었으며, 책이 나온 후에 제목만 보면서도 얼굴에 미소가 퍼지고 마음이 따뜻해지면서 다시 한번 소리 내 웃고 있는 나를 발견한다.

삭막했던 학교생활에 웃음 가루를 흩뿌려주었던 작은별들!

유머와 재치와 위트가 넘쳤던 그 순간들!

2023년에 나의 삶을 빛나게 해주었던 반짝반짝 작은별들이 계속 빛나기를 바라며….

반짝반짝작은별2023

#반짝반짝_작은별_2023 #학생과_교사 #학교생활 #재치 #위트 #wit #유머 #humor #웃음 #언어와_감정 #즐거운_학교 #쇼펜하우어

제19화
왜, 걷고 있는 거야!
2024.07.06.(토)

- 제 인생의 기조는 '허무함'입니다만….

　인생이 허무하다는 것을 알고 있지만, 모든 것이 사라져 버린다는 것을 모르지 않지만, 그런데도 하나님을 믿고 진실한 삶을 살려고 한다는 A가 저 말을 했을 때, 왜 내심 기분이 좋았을까. 인생이 헛되지만 그런데도 살아내 보려 한다는 말이 왜 기억에 남았을까.
　매년 5월경에 열리는 학교 체육행사는 오전 8시 30분부터 오후 3시 30분경까지 진행된다. 줄다리기와 같은 학급별 경기도 있지만, 대부분은 팀별로 진행되기에 학년과 학급이 달라도 서로 응원하고 아쉬워하며 같은 마음을 가지고 함께 할 수 있는 행사다. 오전부터 진행되는 프로그램을 내내 보고 있을 수는 없어서 놓치고 싶지 않은 경기를 표시해서 보는데, 아마도 모든 사람이 꼭 보고 싶어 하는 하이라이트는 계주가 아닐까. 행사의 제일 마지막 순서인 계주 경기는 언제나 손에 땀을 쥐게 한다.
　1학년 여자, 1학년 남자, 2학년 여자 그리고 2학년 남자 순으로 진행되는 계주를 보면서, 같은 색상으로 옷을 맞춰 입은 아이들이 바통을 주고받으며 뛰는 모습은 교실에서 보던 모습과는 전혀 다른 모습들이어서 늘 새롭고 신선하며 때로는 경탄을 자아내기도 한다. '땅' 소리와 함께 총알처럼 온몸을 던져서 달리는 아이, 신발을 벗고 맨발로 달리는 아이, 바깥에서 달리다가 안쪽으로 들어오는 아이, 달려오는 이전 주자의 바통을 재빨리 받기 위해 미리 앞서서 달려 나가는 아이 등 팀의 승리를 위해서 아이들은 물불을 가리지 않는 모습을 보여준다.

발이 꼬여서 넘어지거나 받았던 바통을 놓쳐버리는 등 안타까운 일들도 있는데 가장 속상한 일은 맨 앞에서 달리다가 추월을 당하는 모습이지 않을까 한다. 또한, 뒤에 있다가 앞사람을 차례로 추월하며 앞으로 쭉쭉 나아가는 모습은 보는 이들이 더욱 즐겁게 함성을 지르며 응원하게 된다.

보통 4명의 주자가 한 팀이 되어 뛰는데, 얕은 지식을 가진 내가 보기에는 앞 차례로 뛰는 주자가 어느 정도 앞서 나가주어야 그 팀이 승리하게 되는 경우가 많아 보인다. 아마 주자의 순서도 그렇게 정할 것 같은데, 첫 번째 주자와 마지막 주자는 좀 더 스피드가 있어야 할 듯싶다. 마지막 주자가 뛰기 전에 어느 정도 팀의 승부가 결정 나 있을 수 있는데, 팀의 순위가 너무 많이 뒤떨어져 있으면 즉, 5위나 6위가 되어 있으면 마지막 주자는 힘을 내기가 어려울 듯싶다.

1등에게만 허락된 결승점 테이프를 끊을 수 없다는 것을 알고 있는 5위나 6위의 마지막 주자는 어떤 자세로 계주에 임해야 할까…. 아무리 열심히 뛰어도 1등은커녕 2등도 되기 어렵다는 것을 알고 달리게 되는 마지막 주자는 어떻게 해야 할까…. 달려야 할까…. 멈춰야 할까…. 아니, 열심히 달리지 않아도 용서가 되는 걸까. 멈추거나 걸을 수는 없으니….

하지만, 바라보는 사람의 입장에서는 천지개벽이 일어나기 전에는 절대 바뀌지 않는 6위의 마지막 계주 주자라도 열심히 달리는 모습을 보고 싶어 한다는 것을 이번 학교 체육행사를 보고 깨달았다. 당연히 승리할 수 없지만, 2위도 어렵지만, 적어도 '열심히 뛰는 모습'을 보면서 손뼉을 치고 싶어 한다는 것을 알았다. 꼴찌가 확정되어 있다고 '뛰지 않고 걸어가는 마지막 주자의 모습'은, 나를 슬프게 한다는 것을 알아버렸다. 1등이 아니어도 달려야 하지 않았을까…. 모든 사람이 테이프를 끊는 1등 주자에게 손뼉을 치고 있을 때 내 눈은 걸어오고 있는 마지막 주자 B를 계속 바라보면서 생각했다.

- 왜, 걷고 있는 거야!
- 꼴찌라도, 뛰어야지!

그가 뛰는 것이 의미가 없는 일이었을까. 그가 뛰었어도 1등을 할 수 없었으니, 그냥 걷는 것도 괜찮았던 걸까. 아무리 생각해도, B는 뛰어야 했다.

- Meaningless! Meaningless! Everything is Meaningless!

성경의 전도서 1장 2절에 나오는 말씀, '헛되고 헛되며 헛되고 헛되니, 모든 것이 헛되도다'라는 말씀이다.

- Meaningless
1. (목적·가치 등이 없어서) 의미 없는[무의미한] (=pointless)
2. 중요하지 않은, 아무 의미가 없는 (=irrelevant)
3. (이해할 수 있는) 의미가 들어 있지 않은

전도서의 1장 초반부터 나오는 이 말씀은, 마지막 장인 12장 8절에도 나오면서 'vanity(헛됨)', 'futile(소용없는)' 등과 같은 의미로 '인생의 허무함'에 대하여 계속 반복하고 있다. 살아보았자 결국 허무하게 끝나는 인생을, 살아가야만 하는 걸까…. 어쩔 수 없이 살아야 한다면 과연, 어떻게 살아가야 하는 걸까…. 허무함으로 끝나버릴 텐데….

'Meaningless'를 반복하여 외치는 전도서에서의 '인생의 허무함'에 대한 질문에, 타락한 세상에 살고 있는 짧은 인생이지만, 우리의 평범한 삶에서 기쁨을 찾고 누리라는 것이 인생에 대한 하나님의 선물이라고, 학자들은 말한다. 결국은 모든 것이 허무하고 헛되지만, 그래도 짧고 평범한 삶에서 기쁨을 찾으며 살라는 것이라는 말일까….

〈누구보다도 아내와 아이들을 사랑했고, 재능이 있었고, 열심히 살았고, 한때 행복을 거머쥐었지만, 결국 시대의 파도에 휩쓸리고만 페르메이르, 죽을힘을 다해 살았는데도 그의 이름은 사후 까맣게 잊혔고, 남긴 작품 대부분은 빚을 갚기 위해 팔려나갔습니다. 아내는 남편이 죽고 혼자 어렵게 아이들을 키우다 12년 뒤 세상을 떠났습니다. 자식들은 뿔뿔이 흩어져서 어떻게 됐는지 알 수 없게 됐습니다. 그래서 그의 삶에 대한 연구 대부분은 법원 문서 등 공문서에 남은 몇 줄의 기록에 의존합니다.

그나마 페르메이르는 작품이라도 남겼습니다. 사실 대부분의 평범한 사람들이 맞을 운명은 그보다 훨씬 허무할 겁니다. 운이 좋으면 유전자 몇 조각은 남길 수 있겠지만, 세상을 떠나고 난 뒤에 금세 잊히겠지요. 우리가 무슨 날씨를 좋아했고, 어떻게 웃었는지, 주말이면 뭘 했는지 기억하는 사람은 아무도 남지 않을 겁니다. 우리가 존재했다는 사실을 증명할 수 있는 자료는 건조한 공문서들 속 숫자, 아무도 들춰보지 않는 몇 줄의 기록뿐일 겁니다. 아등바등 산 결과가 그뿐이라니, 어찌 보면 시시합니다.

하지만 페르메이르의 생각은 달랐던 듯합니다. 그가 그린 〈우유

따르는 여인〉을 보면 알 수 있습니다. 우유를 따르는 일 자체는 그저 매일 같이 반복하는 아무것도 아닌 일입니다. 하지만 달리 생각하면 이런 평범한 일상 하나하나가 쌓여 삶을 구성하고, 이 세상을 돌아가게 하고, 비록 조그마할지언정 다음 세대에 흔적을 남기며, '나'라는 존재를 더 크고 위대한 무언가와 연결하게 합니다. 그 어떤 신화나 종교의 그림보다도 숭고하게 느껴지는 이 작품은 이 같은 진리를 백 마디 말보다 더 잘 전달합니다.〉
- 〈명화의 탄생 - 그때 그 사람(성수영 지음)〉 중 (p278~280)

 미술사에 이름을 남긴 화가 27명의 삶, 인생, 사랑 그리고 작품에 얽힌 이야기를 서술한 〈명화의 탄생 - 그때 그 사람〉을 읽으며 깨달았던 사실 하나는, 행복했던 순간이나 시절뿐만 아니라, 죽을 것같이 힘들고 괴롭고 지치는 삶의 어느 지점 또는 일평생 내내, 이들은 모두 그 어느 것에도 흔들림 없이 묵묵히 그림을 그렸다는 것이다. 붓을 꺾고 삶을 포기하고 싶을 때도 일단은 물감을 잡았다는 것이 너무나도 감동이었다.
 350여 페이지의 글에서 몇 번을 더 읽게 만들었던 부분은 요하네스 페르메이르 즉, 베르메르(네덜란드, 1632~1675)에 관한 글이었다. 〈진주 귀걸이를 한 소녀〉로 유명한 페르메이르는 15명의 아이를 키웠던 생활인이었기에 43세로 죽기까지 고작 35점의 그림밖에 남기지 못했지만, 천문학에도 관심이 있었던 실력 있는 화가였다.
 그에 대한 저자의 서술이 나에게 유독 뚜렷하게 다가왔던 것은, '우리가 무슨 날씨를 좋아했고, 어떻게 웃었는지, 주말이면 뭘 했는지 기억하는 사람은 아무도 남지 않을 겁니다.'라는 슬픈 글귀 때문. 또 우리가 죽고 난 뒤 아무것도 남지 않고 허망하지만, 우유를 따르는 것 같이 반복되는 평범함이 모여서 삶이 구성되고 세상이 돌아간다는 말이 가슴을 울렸기 때문이다. 저자가 의도한 바는 아니었을 텐데 왜 저 문구가 마음에 남았을까.

- Meaningless! Meaningless! Everything is Meaningless!

'헛되고 헛되며 헛되고 헛되니, 모든 것이 헛되도다'라는 말이 사실이고 진실이지만, 아무리 뛰어도 꼴등인 것이 사실이고 진실이지만, 어떤 일을 한다고 결과가 뚜렷한 것도 아니고, 인정을 받는 것도 아니며, 어쩌면 거꾸로 욕을 들을 수도 있지만, 지금 너무 힘들어서 모든 것을 내려놓고 눈을 꼭 감고 고개를 돌려버리고 싶지만, 그런데도 지금 내가 할 수 있는 일을, 해야 하는 일을 하려고 책상에 앉아보려 애쓰는 너와 나의 모습이, 우리의 모습이 결과론적으로는 헛될 수 있어도, 지금을 살아가는 나의 삶에서는 '가치'가 있는 일이기를, 시간이기를, 의미 없음이 아닌 '유의미함'이기를 간절히 바라보며 소망해 본다. 그것이 보잘것없고 평범한 그 무엇일지라도….

- 왜, 걷고 있는 거야!
- 꼴찌라도, 뛰어야지!

뛰기를 포기하고 걸었었던 B에게, 아니 어쩌면 B가 나로 보였기에 더 안타까웠는지도 모르겠다는 생각에 몇 마디를 덧붙여 본다.

- 움직이라고!
- 욕을 먹더라도 뛰라고!
- 다른 사람을 위해서가 아니라, 바로 너를 위한 거니까!

****

* 2024학년도 1학기 2차 지필고사까지 마친 1학년 아이들이 이런 말들을 한다고 한다.

- 내신 포기!
- 정시 올인!

어떤 선택을 하건, 지금 할 수 있는 일을 하고 있기를….

* (2024.05.14.(화)) 한마음 운동회 계주에서 달리고 있는 아이들

1등이 아니어도, 뛰어야 하는 자리에서 열심히 뛰고 있는 모습이 아름답다.
꼴등이 확실하더라도 뛰고 있으니, 의미 없는 일이 아니라는 것을, 분명 의미 있는 일이라는 것을 믿어본다!

##허무함 #한마음_운동회 #계주 #달리기 #걷기 #꼴찌 #1등 #왜_걷고_있는_거야 #뛰다 #meaningless #Everything_is_meaningless #전도서 #헛되고_헛되며 #모든_것이_헛되도다 #페르메이르 #베르메르 #우유_따르는_여인 #명화의_탄생_그때_그_사람 #성수영 #진주_귀걸이를_한_소녀

제20화
이걸요?
2024.07.13.(토)

- 이걸요?
- 제가요?
- 왜요?

 법조인 아버지와 의사인 형, 서울대 법대 출신, 판사를 거쳐 현재 유명 법무법인의 변호사인 A에 관한 이야기를 읽은 후 가장 기억에 남았던 것은, 태생부터 금수저인 데다 온갖 엘리트 코스를 밟아온 수재로서의 이야기가 아니었다. 아쉬울 것 하나 없는 오만방자한 성격으로 하고 싶은 것을 마음껏 이루며 살아왔던 그에게 갑자기 찾아온 2가지의 암 선고가 삶을 잠깐 돌아보게 했다는 내용도 아니었다. 어떤 실패도 없이 승승장구하며 살아온 성공스토리였다면 사실 끝까지 읽지도 않았을 것이다. 아니 A의 경우는 하늘에 떠 있는 상태에서 태어났기에 성공 운운할 필요도 없었다. 이제는 진부해진 용어인 금수저도 아닌 다이아몬드 수저였으니까.
 내가 A를 기억하는 이유는 단 한 가지, 그가 암 선고를 받았을 때 맡고 있었던 모든 직책을 내려놓고 조금 편하다는 가정법원으로 자리를 옮겨서 하게 되었던 소년 재판을 통해 그의 인생이 송두리째 바뀌었다는 내용 때문이었다. '마음으로 재판해야 한다'라는 동료들의 말에 콧방귀를 뀌었지만, 하루에 만나는 60여 명의 아이들에게 소리를 지르고 야단을 치면서 아이들의 딱한 이야기를 듣고 공감하며 눈물을 흘리는 판사로 바뀌게 된 A.

- 주기적으로 시설에 있는 아이들을 방문하고, 숙제로 내준 애들 편지에 일일이 답장하다 보면 결국 형사 단독 때보다 더 고된 업무에 시달렸다. 그래도 아침에 눈만 뜨면 한시라도 빨리 법원에 가고 싶었다. 나아지는 애들을 보는 게 너무 좋았다.

아침에 눈만 뜨면 빨리 법원에 가서 아이들을 보고 싶어 했다는 기사를 읽으며 내 얼굴에 미소가 퍼졌다. 너무나도 공감이 되는 이야기였기 때문이다. 아이늘을 한 번이라노 가르쳐 본 사람들은 아마도, 이 내용을 충분히 이해할 수 있지 않을까 생각해 본다. 아이들이 보고 싶어서 빨리 학교에 가고 싶었던 경험이 나에게도 있다, 다행스럽게도! 그리고 아직도!

사범대학을 졸업했지만, 교직에 관한 생각이 전혀 없었다는 B에게 물었다.

- 사범대학에 다니면서 왜 교사에 관한 생각을 가지지 않았어요?
- 요즘 시대에 교사가 무척 힘들게 느껴졌고, 저와 교사는 특히 맞지 않는 것 같았습니다.
- 같은 과 친구들은 어떤가요?
- 친구들도 교직에 대해서 긍정적으로 생각하지 않아요.

- 지금도 그런가요?
- 음, 지금은 아이들이 좋아져서 교직에 대해 다시 생각하게 되었어요. 도전해 볼까, 생각 중입니다.

C와 이런 이야기를 나누었다.

- 교사인 D 녀석이, 가르치는 것은 하겠는데, 학생 지도가 무척 힘들다고 해요.
- 요즘 학생 지도가 힘들죠.
- 그래서 교사라는 일을 계속 해야 하는지 심각하게 고민하고 있더라고요.

전국적인 의대 쏠림 현상과 진학으로부터 시작된 이야기가 다양한 직업군을 거쳐 특히 유O브의 구독자 수로 몇십억, 몇백억을 번다는 이야기까지 나오자, E가 말했다.

- 우리는 이런 이야기에 귀 닫고 눈을 감아야 해요.
- 왜요?
- 속상하니까요.
- 그렇기는 하죠.
- 이제 교사는 '방학'이 있다는 것 말고는 할 이야기가 없어요.

가장 슬픈 이야기는 이것이었다.

- 전에는 우리 학교 선생님들을 보면서 '교사'가 되고 싶다고 생각하는 아이들이 많았는데….

- 이제는 그런 아이들이 없는 것 같아요.
- 교사를 어떻게 생각하는지 어렸을 때부터 봐왔기 때문이죠.
- 어려운 시대예요.

언젠가 학교 수업에 참여하지 않고 본인 공부만 하는 F에게 질문했다.

- 학교 수업에 참여하지 않으면서 왜 자퇴도 하지 않고 전학도 가지 않는 건가요?
- 졸업장이 필요해서요.
- 네??
- 고등학교 졸업장은 있어야 할 것 같아서요.
- 그럼, 전학을 가는 것은요?
- 우리 학교 졸업장이면 좀 낫지 않을까 해요.

좋은 생활기록부를 받기 위해서는 과목별 세부능력 및 특기사항을 잘 받아야 하는데, 세부능력 및 특기사항을 잘 받기 위한 6가지의 비법 중, '선생님과 우호적인 관계 구축'이 있다고 한다. 얼마나 놀랐던지! 아마 그래서 수행평가 하기 전의 아이들의 모습과 수행평가가 끝난 후의 아이들의 모습이 달라지는 걸까?? 그나마 좀 낫다는 우리 학교 아이들도 예전과 다르게 변하고 있어서 선생님들이 힘들어하고 있는데, 학교에서 무엇을 배우고, 무엇을 가르쳐야 하는 걸까? 학교의 존재 이유가 뭘까?

'교사'라는 '직업'에 대해 G와 이런 이야기를 나누었다.

- 요즘 젊은 사람들은 교사라는 직업을 갖지 않으려고 한대요.

학생들과도 힘들지만, 특히 학부모들하고도 너무 힘드니까요.
- 힘들죠….
- 하지만 무엇보다도 월급이 너무 적으니까요.
- 다른 일에 비해서 많지는 않죠.

사실, 많지 않은 월급도 어느 정도 감내할 수 있을 정도이고, 지도하기가 점점 힘들어지는 아이들이나 대하기 까다로운 학부모들도 기대 수준을 확 낮추면 적절한 거리를 두고 평화롭게 지낼 수 있겠다고 생각한다. 방법은 간단하다. 깔끔한 직장인으로서의 터치만 하면 되니까. 무슨 일이든지 평균 이상으로 관심을 쏟아부어서 문제가 생기는 것이지, 관심을 조절하면 그다지 문제가 생기지 않는다. 즉, 관심을 덜 주면 된다.

가장 아쉬운 것은, 좋은 세부능력 및 특기사항과 상관없이 아이들에게 마음껏 사랑을 주고 때로는 혼내기도 하고 그 안에서 진심이 담긴 존경과 애정으로 따르는 모습을 바라는 (조금은 순진한) 교사들과 달리, 대학 진학에 꼭 필요한 내용만 콕 집어서 알고 싶어 하고 유리한 관계를 맺을 수 있는 교사인지를 저울질하는 학생들과 학부모들이 많아지는 요즘이라는 것, 또 이 사이에서 어떻게 '처신' 해야 지혜로운지를 자주 생각하게 되는 시대라는 것이다.

- 이걸요?
- 제가요?
- 왜요?

요즘 MZ 세대가 자주 하는 말인데 거기에 '싫어요!' '못해요!'가 더 들어간다고 한다. 이런 말을 늘 외치는 아이들과 함께 지내다

보니, 예전 같으면 깜짝깜짝 놀랐을 법한 대답에 이제는 꿈쩍도 하지 않는 나를 보며, 시대가 우리를 점점 강하게 만들고 있는 것은 아닐지 생각해 본다.

- 하지만 무엇보다도 월급이 너무 적으니까요.
- 다른 일에 비해서 많지는 않죠.

G와 이야기하던 이 지점에서 나는 약간 상기된 목소리로 강하고 자신 있게 말했다.

- 하지만, 저는 이 세상에 있는 어떤 일보다도 '교사'가 가장 의미 있는 직업이라고 생각해요. 교사는, 미래를 바라보며 할 수 있는 일이니까요!!!

'방학'이 있다는 것 말고도 이것저것 내세울 수 있는 것이 많은 '교사'가 되면 좋겠지만, 설사 그렇지 않다고 하더라도, 아직은 '~요?' '~요!'를 외치는 아이들을 만나는 것이 기쁘고 재미있고 유쾌해서 다행이고 감사하다.
아직은 그래도, 의미 있고 가치 있는, 미래를 바라보며 할 수 있는 일이라고 생각하니까!!!

****

* 매 학기 말에 진행하는 학부모 연수를
이번 주 금요일에 진행했다.

저녁 7시부터 9시 30분까지 200여 분의 학부모가 함께했던 뜨거운 시간이었다.

1학년의 모든 강의에서는 '아직 늦지 않았다는' 메시지와 '격려와 응원'이 포함되어 있어서 학생이나 학부모, 또 1학년 담임까지도 '하면 된다'라는 소망을 품게 된다.

H 선생님이 했던 강의 중 격려의 메시지 하나.

하루하루가 길이
되어가는 그 걸음을
응원합니다.

#이걸요? #제가요? #왜요? #김성우 #판사 #변호사 #가정법원 #소년_재판 #사범대학 #교사 #교직 #학생_지도 #유튜버 #방학 #과목별_세부능력_특기사항 #생활기록부 #직업 #관심 #월급 #대학 #진학 #미래 #의미_있는_일 #가치_있는_일 #학부모_연수 #응원 #교육 #학교_현실 #교육철학

제21화
우린 선생님을 많이 도울 거예요
2024.07.20.(토)

- 우린 선생님을 많이 도울 거예요.
- 절대 힘들지 않게 도울게요.

노트북 C 드라이브에 데이터를 모아놓있다가 노드북에 이상이 생겨서 모든 자료를 날렸던 적이 있다. 컴퓨터에 일가견이 있는 A가 말했었다.

- C 드라이브에 자료를 모아 놓으면 안 돼요. D 드라이브를 만들어서 저장해야죠.

그래서 포맷을 한 뒤, D 드라이브로 분할해서 그곳에 중요한 자료를 넣어놓았었는데, 랜섬웨어로 인해서 자료 일부분이 묶여버렸던 일까지 겪은 후, 외장 하드 저장 시스템을 사용하고 있다. 몇 개의 외장 하드를 거친 후 지금의 빨간색 외장 하드까지 왔는데, 평일에는 학교에 놓고 다니는 외장 하드이기에 금요일에는 따로 챙겨야 하는 번거로움이 있다. 물론 주말에 일하지 않고 쉬어야 하는 것이 맞지만, 토요일에 글을 쓰거나 다양한 일들이 생길 수 있어서 꼭 챙겨야 하는 필수품이다.

그러다 보니 집에서나 학교에서 꼼꼼하게 챙기지 못하고 출근하거나 퇴근하는 일들이 몇 번 있었다. 언젠가는 집으로 가져간 외장 하드를 월요일에 챙겨오는 것을 까먹어서 B 여사님에게 전화로 부탁해서 겨우겨우 진행했던 일도 있었다. 또 외장 하드를 평일처럼 서랍에 고이 넣어놓고 그대로 퇴근한 뒤 2/3지점에서 갑자기 생각이 나서 학교로 다시 돌아왔던 일도 있었다. 바로 어제도 그런 실수를 했던 날. 학교에서 30여 분 거리에 있는 E 지점에서야 갑자기 생각이 나서 처음 보는 길로 우회하여 학교로 돌아오면서 생각했다.

- 가지러 가지 말고 그냥 집에 갈까?

아주 잠깐의 고민을 했지만 결국 30여 분을 다시 달려서 학교까지 갔던 이유는 나의 분신 같은 물건을 신경 써서 챙기지 않았다는 미안함 때문이었다. 토요일에 쓰는 글은 집에 있는 노트북에 저장해서 받아놓으면 되는 일이지만, 외장 하드가 없이는 집중되지 않을 듯했다. 서랍을 열고 외장 하드를 꺼내서 다시 가방에 넣으면서 눈물이 핑 돌았다. 왜 눈물이 났을까. 잠깐 자리를 비웠던지 F 선생님이 들어와서는 눈물범벅이 되어 있는 나를 보고는 깜짝 놀란다.

- 선생님! 무슨 일 있으세요??
- 아, 아니에요!

정말 많은 일들이 있었던, 그래서 너무도 힘든 한 학기를 보내고 이제 딱 일주일 남은 방학만을 간절하게 고대하고 있는 나에게 올해 담임 선생님들은 큰 힘이 되어주고 있는 분들이다. 매해 장단점이 있었지만, 이번 학기는 그 어느 해보다도 가장 행복함이 넘치는 교무실 생활 중이다. 무엇보다도, 수시로 '~~을 하는 것은 어떨까요?'를 외치는 나의 제안에, '그렇게 해 보죠!', '생각해 보죠!', '해 보죠!', '하면 되죠!', '같이 하죠!', '잘하자!'라는 말로, 그야말로 '흔. 쾌. 하게' 동의하고 동조해 주는 긍정적인 분위기라는 것이 정말 좋다.

앞에 선 리더가 힘을 얻는 방법은 그렇게 복잡하지 않다. 힘든 일이든 어려운 일이든, 팀원들이 단지, 'Yes!'를 외치기만 해도 된다는 것! 굳이 물리적인 힘을 보태지 않아도 된다는 것! 단지, '꼭 해야 하나요?', '할 필요 있어요?', '그렇게 하지 말고 이렇게 하죠?', '저는 하지 않을게요!' 등 '말'로 기운을 빼지만 않아도 된다는 걸, 늘 경험한다. 즉, 함께 날아오르고자 하는 리더의 두 날개를 꺾는 것은, 단순한 말 몇 마디면 된다는 것을 늘, 늘 경험한다.

매 학기 한 번씩 있는 학부모 연수는 주로 금요일 저녁 7시에 있기에 행사의 처음부터 마지막까지 선생님들도 시간을 내기가 쉽지 않다. 그런데 올해는 모두 다 함께하자는 분위기였기에 지난주 금요일 학부모 연수가 끝난 뒤 선생님들에게 말했다.

- 200명의 학부모가 왔다는 게 중요한 게 아니고요, 모든 담임 선생님들께서 함께해 주셔서 의미가 있는 일이었다고 생각해요. 이 일이 '내 일'이라고 생각하고 마음을 모아 준 것이 의미가 있는 것이죠. 혼자서 하는 일이 무슨 의미가 있겠어요. 연수 전, 음료수를 카트로 나르는 것부터 연수가 끝난 뒤 현수막을 떼고 문을 닫고 나오는 마지막까지, 함께 해 주셨던 선생님들, 고맙습니다!

특히 올해 선생님 중에는 긍정적인 분위기와 온갖 즐거운 일들로 선생님들을 모이게 하는 몇몇 분이 계신다. 아침과 점심의 커피 타임과 담소 시간, 낚시 모임, 운동시간, 청소 시간, 수박파티, 화채 파티, 끊이지 않는 간식, 텃밭 이야기, 이번 주에 있었던 초밥과 라면파티까지, 내가 제안했던 것도 주도한 것은 더더욱 아닌데도 교무실이 항상 즐겁고 화기애애하다. 거기에 학교에서 주최하는 탁구대회와 축제의 댄스와 노래 무대에서도 우리 1학년 담임 선생님들이 주인공이다. 그래서 생각한다.

- 힘든 나에게 〈선물 같은 선생님들〉을 주셨어….

특히 내가 '선물 같은 선생님들'로 명명한 선생님 중 G가 이렇게 말했다.

- 우린 선생님을 많이 도울 거예요.

곧바로 H가 또 이렇게 말했다.

- 절대 힘들지 않게 도울게요.

교무실에서 외장 하드를 넣으면서 눈물이 핑 돌았던 것은, 그때 도착한 이 메시지들을 읽은 후였기 때문이었다. 나는 지금까지 이런 감동적인 메시지를 들어본 적이 별로 없다. 나를 많이 도와줄 거라니, 절대 힘들지 않게 해 줄 거라니! 이런 달콤하고 따뜻한 위로의 말을 들어본 적이 언제였지….

노트북 자체에 저장할 수 있지만, 따로 중요한 데이터를 모아놓고 없어서는 안 되는 나의 분신 같아서 아무리 먼 거리라도 시간을 내어 가지러 갈만한 가치가 있는 외장 하드처럼, 자기가 해야 하는 일만 딱! 하고 그만일 수 있는 교무실에서 할 일도 똑 부러지게 할 뿐만 아니라 교무실 분위기를 화기애애하게 만들어 주며 나의 정신적인 힘과 격려가 되는 선생님들, 나에게 〈선물 같은 선생님들〉이라고 명명되어 '따로 관리되고 있는' 선생님들, 그분들 덕분에 이 끔찍한 한 학기를 이렇게나마 터벅터벅 걸어가고 있음에 감사드린다.

어쩌면 말하고 까먹었을지도 모르는 G와 H에게 말해 본다.

- 날 많이 돕겠다는 말, 힘들지 않게 하겠다는 말, 잊으면 안 돼요!
- 행여 말로만 끝나더라도, 잊지 않을게요! 선생님들과 함께했던 2024년도 1학기를!

아, 이 말도 해야겠다.

- (큰 소리로) 2학기에도 도와주어야 해요! 알겠죠??

****

* 가장 많은 행사가 있었던 일주일이었다.
학업 역량 및 진로 탐색 프로그램,
마음 세우기, 한마음 큰잔치, 성극 공연,
융합프로젝트와 진로 체험 활동까지….
이런 일들이 별 특이한 일 없이 잔잔하게
진행이 되었다는 것이 놀랍다.

하지만 나에게 가장 기억에 남는 것은, 1학년 교무실에서 있었던 초밥과 라면파티. 낚시했던 생선으로 회를 준비해 오고 밥을 준비해서 함께 만들었던, 학교에서 단 한 번도 먹어 본 적이 없었던 즉석 초밥! 맛도 얼마나 뛰어났던지!

이런 일을 기획한 1학년 선생님들과 함께 할 수 있도록 해 주셔서 얼마나 감사한지 다시 한번 돌아보는 저녁.

#도움 #외장_하드 #긍정적인 #행복함 #리더 #함께하기
#초밥_파티 #라면_파티 #선물_같은_사람들 #격려 #교무실 #교사
#팀_워크 #감사

제22화
슬기로운 고등학교 생활 2023
2024.07.27.(토)

- Q. 안 읽는 책을 사놓는 사람을 부르는 말은?
- 오답 : 지적 허영

아주아주 오랜만에 A와 긴 시간 이야기를 나누었다.

- A가 타는 B 자동차는 어떤가요??
- 아주 마음에 들어.
- 저에게 추천해 줄 수 있는 차가 있을까요??
- B보다는 C가 좋을 것 같은데….
- C?? 비싸지 않을까요??
- 돈 있잖아.
- (화들짝 놀라며) 제가 돈이 어디 있어요??

아직은 멀쩡하지만 12년이 되어가고 있는 지금의 차 D도 거의 1년 동안 알아보고 선택했었기에 미래를 위해서 주변 사람들에게 차에 대해서 알아보는 중이었다. 무언가 선택하는 데 오래 걸리는 나로서는 마음에 확 와닿는 무언가가 있어야 빨리 결정하는데, A가 말해준 C가 왠지 마음에 쏙 들었다. 전체적인 크기도 괜찮고 고급스러운 색상도 좋았다. C를 타게 된다면, 지금의 내 차처럼 다시 한번 레드 색상을 골라도 괜찮을 듯했고 아니면, 좀 더 묵직한 그린으로 해도 괜찮겠다는 생각이 들었다. 사실 그다음 차의 색상으로 블루를 생각하고 있었지만, C의 블루는 내가 바라는 계열의 블루가 아니었다.

C가 내 마음에 들었던 것은 사실 앞모습보다 뒷모습을 중요하게 생각하는 나에게 부드럽게 마감된 뒷모습이 특히 매력적으로 다가왔기 때문이었다. 차를 선택하는데 성능이나 유지비보다 뒷모습의 디자인이 마음에 들어야 하는 나의 기준이 좀 우습기는 하지만, 나를 혹하게 할만한 가장 중요한 것은 뒷모습이다.

한번 C를 생각하니, 그동안 운전하면서 전혀 내 눈에 띄지 않던 C가 눈에 들어오기 시작했다. 내 차 옆으로 지나가는 C의 뒷모습을 보고서는 내 시야를 벗어나는 그 차를 보기 위해 고개를 옆으로 돌린 채 운전하는 나를 발견하고는 깜짝 놀라기도 했다. 일단 C가 내 마음에 들어오기는 했는데 무슨 돈으로, 언제 사야 할지가 고민해야 하는 포인트다. 어떻게 하지?? 이런 나에게 E가 말했다.

- 내 차는 15년이 다 되어가는데 아직 바꿀 생각 없어요.
- 아? 진짜요?
- 아직 멀쩡한데 왜 바꿔요?
- 하긴, 그렇기는 하죠.

일반적으로 남자들은 차나 시계에 돈을 쓰고 여자들은 옷, 가방과 신발에 돈을 쓰는 것으로 알고 있다. 나 또한 다른 사람들과 비숫한 소비를 하고 있거나 어쩌면 더 과한 소비를 하는 쪽에 들어갈 것이다. 물론 시계에는 관심이 없지만, 차에 대해서는 관심이 많기도 하고, 가방이나 명품 등에는 그다지 관심이 없는 여자이기도 하다. 여하튼 한정된 수입 내에서 요모조모를 따져가며 소비를 하는 사람인 것은 분명하다. 이런 내가 요즘 가장 많은 지출을 하는 부분이 있다. 바로 책이다.

'글을 쓰고 싶다'라는 생각이 가득 차서 매주 글을 쓰며 내 생각을 풀어내고 있는데, 언젠가부터 '책을 읽고 싶다'라는 생각이 나를 가득 채우고 있는 것을 느낀다. 아무것도 하지 않고, 그야말로 아무것도 하지 않고 '책 읽기'만 하면 얼마나 좋을까를 생각하고 있다. 방학식이 있었던 어제, F가 물었다.

- 선생님~ 방학에 뭐 하고 싶으세요?
- 책을 읽고 싶어요. 정말 책만 읽었으면 좋겠어요.

이 말을 하고 매주 금요일에 나가는 주말 편지의 1학기 마지막 작업을 하고 있었는데, G 사이트에 탑재가 되지 않아서 근 1시간 동안 같은 일을 반복하고 있었다. 마지막이라고 생각하고 다시 한번 완료를 눌렀는데, 페이지가 없어져 버리자, 내 입에서 이런 말이 튀어나왔다.

- Oh, Shit!

이 말을 들은 F가 말한다.

- 책을 읽고 싶다는 고상한 말 다음에 'Oh, Shit!'라고 하시니,

반전 매력인데요. 멋있어요!
- 하하하!

저번 주에도, 이번 주에도 책을 샀더니 지금 내 책상 위에는 6권의 안 읽은 책이 놓여 있다. 언젠가 H가 말했었다.

- 이삿짐 옮길 때 일하시는 분들이 제일 힘들어하는 것이 책이더라고요.

도서관에서 책을 빌려서 읽는 것도 많이 해 보았지만, '내 책'이 아닌, '남의 책'이어서 그런지 손에 잘 잡히지 않았고, 읽었던 내용도 책을 반납하면서 그대로 사라지는 듯한 느낌이었다. 짐이 될 수도 있는 책들이지만, 또 지금 당장 읽을 수는 없지만 일단, 읽고 싶은 책을 사고 있다. 그리고 읽어야 하는 책들을 보면서 배가 부른 것 같이 풍족하고 앞으로 해야 할 일이 있다는 사실이 기쁘고 기다려지고 기대가 되는 것도 신기한 일이다.

Q. 안 읽는 책을 사놓는 사람을 부르는 말은?
오답 : 지적 허영
정답 : 출판계의 빛과 소금

2024년 6월 말에 5일 동안 있었던 〈제66회 서울국제도서전〉이 역대급 흥행으로 문전성시를 이루었다고 한다. 예상외의 성공으로 출판사들이 놀랐나 본데, I 출판사가 홍보부스에 붙여 놓았다는 문구가 재미있었다. 안 읽는 책을 사놓는 사람에 대한 답변 중 나는 어느 쪽에 속하는 걸까? '지적 허영'을 보이는 사람일까 아님, 출판계의 빛과 소금인 사람일까. 이 기사에 대한 댓글들을 요약하면, 읽지 않아도 책을 구매한다는 것 자체가 의미가 있다는 의견들이 많았고 나도 그 의견에 동조하는 사람이다.

차를 구매하는 것에는 오랜 고민이 필요하지만 결국 때가 되면 사게 될 것이고, 옷과 가방과 신발은 꼭 필요하지 않아도 큰 고민 없이 혹해서 산 뒤에 후회할 수도 있겠지만, 안 사고 후회하는 느낌을 남겨놓는 것보다는 살 수 있는 형편이라면 후회함 없이 사라고 하고 싶다. 몇 번을 반복하다 보면 꼭 필요한 소비인지를 배울 수 있으니까.

책은 다른 것들과 달리, 일단 '읽고 싶다는 마음이 드는 책'을 발견했다면 지금 당장 읽지 않아도 사놓을 것을 권하고 싶다. 갖고 싶어서 구매하건, 읽고 싶어서 구매하건, 일단 사놓고 보면, 언젠가는 읽게 될 것이고, 행여 읽게 되지 않더라도 가끔 그 제목만 보더라도 깨닫게 되는 그 무엇이 있게 되지 않을까. 전시용이라도 말이다.

지적 허영이라고 불리더라도, 출판계의 빛과 소금이 아니더라도, 책상 위에 널브러져 있는 책들을 조금이라도 펼쳐볼 수 있는 시간, 기다리고 기다리던 여름방학이 시작되었다. 책에 푹 빠져 있을 시간이 기대된다. 자, 오늘부터 시작!

****

* 2023년 3월부터 2024년 2월까지
매주 한편씩 썼던 글이
책으로 나왔다.
일명 〈슬기로운 고등학교 생활 2023〉.

예년보다 조금 늦어졌기에 더 뿌듯하고 감사하다. 단번에 쓸 수 없는, 매주 한편씩 썼던 나의 귀한 일상, 2023년의 시간, 그 일상과 시간의 기록, 이야기.

J가 이렇게 말했다.

- 작성하시면서 즐거우셨기를, 그리고 읽는 사람들에게도 선생님의 마음이 잘 전해지기를….

J의 말을 듣고 이렇게 기도하게 되었다.

- 쓰고 싶은 마음을 주셔서 글을 쓰게 되었고, 썼던 글을 책으로 만들고 싶은 마음을 주셔서 책으로 만들게 되었으니, 만든 책들이 꼭 필요한 사람들의 손에 들려져서 읽히도록 해 주시고 위로와 격려를 할 수 있도록 해 주세요.

지적 허영을 가지고 있거나, 출판계의 빛과 소금인 사람들은 빨리 구매하시기를!

슬기로운고등2023

#슬기로운_고등학교_생활_2023 #책 #지적_허영 #자동차 #디자인 #소비 #지출 #글쓰기 #책_읽기 #출판계의_빛과_소금 #서울국제도서전 #여름방학 #일상_기록 #이야기 #책_출판

제23화
면접관이 정상이 아닌 것 같은데
2024.08.03.(토)

- 어떡하죠? 아무래도 면접관이 정상이 아닌 것 같은데.

    내가 접하고 있는 극소수의 사람 중 '따뜻한' '진실한' '좋은'이라는 단어를 붙일 수 있는 집단은 대략 2곳이 있는데, 그중의 하나가 대학교 동기들이다. 함께 있을 때는 소중함을 잘 알지 못하고 지나치다가, 몸이 떨어진 다음에야 그 가치를 제대로 깨닫고 땅을 치며 후회하는 일을 반복하는 나로서는 가끔 만나는 이 친구들을 보면서 늘 생각한다.

- 좋은 아이들이야, 여전히.

    대학교 다닐 때도 실력이 출중한 학번으로 소문이 자자했었는데, 만난 지 30여 년이 넘어가는 지금도 음악계와 학계에서 중요한 역할을 하고 있을 뿐만 아니라 소탈한 성격에 신실한 신앙인들이다. 주로 여름에 모임이 있는데 여름방학 시작 전일 때는 종종 이렇게 말해야 한다.

- 우린 아직 방학 전이야.

내가 이 말을 하면 친구들은 늘 놀란다. '아직도 방학을 안 했다고?' 그러니깐 말이다. 왜 이렇게 방학이 늦은 걸까. 6월 중순이나 말부터 방학하고 9월에 개강하는 대학교와 달리 고등학교는 주로 7월 중순이나 말부터 8월 중순까지 여름방학인 경우가 많다. 늦게 시작하기도 하지만 빨리 끝나기도 하는 여름방학. 돌아보면 여름방학은 주로 3주 정도였던 것 같은데, 최근 몇 년은 공사로 인해 4주까지 했던 때도 있었다. 그래서 그런지, 올해의 3주 여름방학은, 무척, 아주아주 무척, 짧은 방학으로 생각된다. 그래서 방학 전 자주 사용했던 구절은, '길지 않은 방학'이라는 단어였다.

- 길지 않은 방학, 잘 보내고 오세요!

올해의 3주 방학을 잘 보내야 하는 이유는 3주밖에 되지 않기 때문이기도 하지만, 내년은 '여름방학이 1주일 수도 있다는' 놀라운 말을 어디선가 들었기 때문이다. 겨울방학에 공사가 있을 수도 있기에 여름방학이 짧아진다는 말. 그러니 올해 여름방학을 더 꿀맛같이 보내야 할 텐데 하는 것 없이 1주일을 보내고 말았다. 거기에 전·편입생 면접이 있어서 중간에 학교에 출근해야 하기도 했다.

매년 1학기 2차 지필고사까지 끝나고 여름방학이 시작되기 전, 또는 2학기가 시작되기 전 여름방학 기간에는, 전학이나 자퇴하는 학생들이 생긴다. 2학년인데 움직이는 아이도 있지만 주로 1학년인 경우가 많다. 갑작스럽게 전학이나 자퇴하는 경우보다 1학기의 1차 지필고사가 끝난 이후부터 고민하기 시작해서 2차 시험이 끝난 뒤에 결정하는 경우가 많은데, 예전에는 여러 번의 상담을 하면서 학생을 붙들었다면 요즘에는 학생과 학부모의 결정에 그냥 따르는 편이다. 1학년 때 한번 고민한 학생은 2학년이 되어서 결국 전학이나 자퇴를 하는 일이 많았고, 오랜 시간 전학을 고민하면서 되려 별 고민 없던 다른 학생을 흔들어 놓는 경우도 많았기에, 가능하면 빨리 결정하도록 하는 것이 학급 담임으로서는 여러모로 지혜롭게 여겨진다.

하지만, 내가 겪었던 1학년 담임선생님들은 전학이나 자퇴로 상담을 청해오면, 시간을 들여서 정성스럽게 여러 차례 상담해 주는 분들이 많다. 같은 학생과 몇 번이나 상담한다. 그런데 요즘에는 아침에 전화로 이렇게 간단하게 알려서 아예 상담하지 못하기도 한다.

- 저 오늘 자퇴하려고요.
- 저 이번 주에 전학하려고요.

갑작스럽게 이렇게 말하면 놀라지 않을 담임 선생님이 있을까. 그래서 나는 담임을 할 때 아예 3월부터 이렇게 말했었다.

- 전학이나 자퇴는 오랜 시간 저와 상담을 한 후 결정하셔야 합니다. 결정한 다음에 통보하는 것은 받아들이지 않겠습니다.

행정적으로 문서로 처리만 하면 될 일이지만 한번 학교에 들어온 아이를 그냥 보내는 것은 아니라고 생각이 되어서, 부장을 하게 된 이후로는 담임 - 부장 - 교감 - 교장의 순으로 상담하고 결정하는 시스템이 운용되고 있었고, 그 과정을 통해서 흔들리던 마음이 진정되어 다시 학교에 정착하는 학생들이 많았다. 그런데 요즘에는 이미 결정을 한 상태로 일을 진행하는 예도 많아서 아쉬움을 자아내는 경우가 많다.

전학을 가는 학생 즉, 전출생도 있지만, 반면 전입생 즉, 다른 학교에서 들어오는 학생도 있다. 그래서 그 학생들을 면접하기 위해 학교에 나갔던 것. 전출을 고민하던 아이들은 2학기에 들어오는 전입생을 보면서 신기하게 생각한다.

- 나는 나가려고 고민했는데, 들어오는 저 아이는 뭐지?

아마도 우리 학교에 다니는 아이들은 가능하다면 3학년까지 잘 버티고 버텨서 졸업까지 하기를 바랄 것이고, 좋은 성적은 아니더라도 좋은 대학교에 가고 싶어 할 것이다. 고등학교 3년을 다니는 동안 전학을 고민해 보지 않은 학생이 있을까? 아마도 90%는 전학이나 자퇴를 고민해 보았을 것이고 그걸 꿋꿋이 참고 3학년까지 올라가 있는 것이고 졸업까지 한 것이 아닐까? 그래서 1학년 아이들에게 이야기한다.

- 저기 3학년을 보면서 늘 생각하기를 바라. 전학이나 자퇴를 고민했겠지만 그걸 참고 지금 3학년까지 가 있는 거니까.

전학을 가는 가장 큰 이유는 다른 학교에 가서 좀 더 좋은 성적을 받기 위해서이고, 전학을 가지 못하는 가장 큰 이유는 다른 학교 분위기에 적응하지 못할 것 같기 때문으로 알고 있다. 몇 년 전, A 학교로 전학을 갔던 B가 하루 만에 다시 학교로 돌아온 적이 있다. 다 알아보고 다짐한 뒤 전학을 갔지만, 전학 간 첫날 그 학교 분위기에 깜짝 놀란 B는 하루 만에 다시 돌아왔고, 그 이야기는 내내 회자하였다. 그때 전학을 고민하던 우리 반의 C는 전학 갔다가 다시 돌아온 B를 만난 후 마음을 다잡고 공부하여 졸업까지 했다.

중3 지원자 중에서 신입생을 뽑는 입학사정관은 수도 없이 했지만, 다른 학교에서 우리 학교에 지원하는 전입 지원자들의 생활기록부와 자기소개서를 보면서 채점하고 질문을 만들고 또 직접 면접하는 전·편입생 면접관은 처음이었다. 생각지도 않게 신기하고 새로운 느낌이어서 즐거웠다고나 할까. D에게 말했다.

- 오! 입학사정관과는 또 다른 기분인데요?

E를 질문했는데 F에 대하여 장황하게 설명하기에 다시 E를 질문했더니 이제는 G를 설명하는 신상된 학생들을 보녀 귀엽고 애처롭고 예쁘게 보이기도 했다. 아이들은 자기소개서의 글에서 또 면접하면서 이구동성으로 말했다.

- 이 학교에 꼭! 들어오고 싶습니다. 저를 꼭! 뽑아주세요!

면접관을 하고 온 다음 날, 기사를 읽다가 이런 제목을 발견했다.

- 어떡하죠? 아무래도 면접관이 정상이 아닌 것 같은데.

'면접관이 모두 정상적일 수 없다. 우리가 사회에서 또라이를 만나듯 면접장에서도 그럴 수 있다.'라는 글로 시작되는 기사를 읽으면서 '크크크'하고 웃을 수밖에 없었다. 전·편입생 면접관으로서의 신선한 기분을 가진 채 읽으니 더 우스웠고 맞는 말도 많아서 함께 면접관을 했던 선생님들에게도 보내드렸다. 합격생들을 신 학급에 배정하면서 이렇게 말해본다.

- 여러분들도 느끼셨겠지만, 면접관들은 정상이었고 또라이는 아니었어요.
- 오고 싶었다는 그 간절한 마음을 계속 품을 수는 없겠지만, 얼마나 오고 싶었던 학교였는지, 기억은 해 주기를요.
- 너무 큰 기대는 하지 마시고요!

****

* 먹는 것을 중요하게 생각하는 나로서는
방학을 맞이하는 아이들에게
언제나 먹는 것을 들려 보냈었다.
여름에는 아이스크림으로,
겨울에는 떡으로.
올해 여름방학 하는 날에도 아이들에게
아이스크림을 들려 보내주었다.

내가 얼마나 기다리는 순간, 시간, 그림인지, 아이들은 모를 것이다. 어떤 결과이건, 한 학기를 끝내고 학교를 내려가는 아이들의 뒷모습이, 터벅터벅 내려가는 힘 빠진 모습이 아닌, 아이스크림을 입에 물고 들썩거리며 즐겁게 뛰어 내려가는 모습이기를 바란다는 것을 말이다.

 길었던 1학기를 보내고 방학을 보내고 있는 아이들에게 몇 마디 해 본다.

 - 전입생이 있어. 새로운 느낌일 거야. 그 친구들에게 물어봐.
 - 왜 온 거야??

  * 아이스크림을 담고 있는 모습

#면접관 #면접 #대학교_동기 #여름방학 #방학 #전·편입생 #전학 #자퇴 #전입 #전출 #상담 #졸업 #입학 #입학사정관 #방학식 #아이스크림

제24화
# 이전했다고요?
2024.08.10.(토)

- 이전했다고요?

 이야기를 좋아하고 주말연속극을 좋아하는 우리 가족은 영화관에 자주 가는 편이다. 유명하다는 영화가 왜 유명한지 가능하면 직접 확인하려고 하는데, 무엇보다 가족이 함께 보기에 무난한 영화인지가 중요하다. 근래에는 비행기에 관련된 영화 2편을 연이어 보고 왔는데, 비행기 조종사가 나오는 두 영화 모두 비행기 사고 장면들이 나와서 비행기를 타고 순조롭게 여행하는 것이 얼마나 감사한 일인지 다시 한번 생각하게 되었다.

 영화와는 다르지만, 우리 가족이 특히 더 선호하는 장르는 연극인데, 배우의 살아있는 연기를 눈앞에서 직접 볼 수 있다는 점 때문에 음악회보다도 자주 찾게 되는 장르다. 유명한 배우 특히 원로 배우들의 공연이 많아진 근래에는 더 자주 연극을 찾아보고 관람하는 일이 많아졌다.

 음악회나 영화나 연극이나 또 식당까지도, 내가 좋아하는 순간은 예약, 예매하는 순간이다. 그 순간이 그렇게 좋을 수 없다. 날짜와 시간을 정해서 예매하고 그날을 기다리기까지의 그 기간이 정말 좋다. 특히 보통 몇 달 전, 적어도 몇 주 전에 일을 진행해야 하는 (성격 급한) 나로서는 공연을 보기 전까지 그날을 손꼽아 기다리며 '설레는 두근거림'이 정말 좋다. 그 공연을 보기 위해서 더 열심히 살아갈 수 있는, 아니 더 열심히 살아야 할 것 같은 힘과 자신과 위로를 얻는다고나 할까. 추석이나 크리스마스가 오기 전까지의 그 설렘이나 기쁨과 비슷하다고 할 수 있겠다. 아, 행복한 그 시간!

- 아, 다음 주에 공연이 있어. 며칠만 참으면 돼! 조금만 더 힘내자!

 A 연극을 예매할 때도 그랬다. 평상시에 그렇게 마음에 들지도 않았고 주로 영화나 TV에서 활동하던 여자 배우 B와 남자 배우 C가 갑자기 연극에 나온다는 것도 생소해서 예매하기를 주저했지만, 처음 접하는 A 연극 내용이 마음에 들어서 직접 보고 싶다는 생각이 들었다. 사실 음악회, 연극은 예술의전당에서, 영화는 D에서 하는 것만 고르기 때문에 장소에 대한 걱정은 없었다. 그런데 이번 연극 A는 조금 다른 곳, LG아트센터에서 하는 연극이었다. 하지만, 근거리에 있는 곳이기에 별생각 없이 어떤 공연이 있는지 사이트를 찾아보기도 하고 회원가입도 하면서 앞으로는 이곳으로도 많이 다녀야겠다고 마음먹은 터였다.
 한 달 전에 예매한 A 공연을 설레는 마음과 함께 하루하루를 손꼽아 기다리는 재미로, 더디게 지나가는 한 달을 보내고 드디어 공연을 보러 가기 하루 전, 공연을 알리는 메시지가 왔는데 끝에 붙어 있는 글을 보고, 내 눈이 휘둥그레졌다.

- [LG아트센터 서울 관람안내 D-1]
LG아트센터 서울, 강서구 마곡중앙로 136
주차장이 협소하여 상시 만차되오니 대중교통을 이용해 주시기를 바랍니다. 지연 입장 방지를 위하여 만차 예상 시 '마곡 광장 주차장'으로 현장 안내해 드릴 수 있으며…. 지하철 9호선 및 공항철도 '마곡나루역' 3-4번 출구를 통하시면 공연장 로비와 바로 연결됩니다.

나는 깜. 짝. 놀랐다.

- 이게 무슨 말이지?? 강서구 마곡중앙로?? 마곡 광장 주차장??

내가 알고 있는 LG아트센터는 역삼동에 있는 것이었는데, 강서구 마곡동이라는 말에 너무 당황해서 시험 감독을 들어가야 하는 마음을 애써 다잡고 재빨리 사이트를 찾아보았더니, 역시 강서구 마곡동이었다. 놀란 채 시험 감독을 들어갔다가 나와서 황급히 전화를 걸었다.

- LG아트센터 서울인가요??
- 네!
- 그곳이 무슨 동에 있나요??
- 강서구 마곡동입니다.
- 네?? 그럼, 역삼동에도 있는 건가요?
- 아! 2022년 3월에 마곡동으로 이전했습니다.
- 네?? 이전했다고요?

역삼동에 있는 LG아트센터로 알고 예매한 연극이었는데, (나도 모르게) 2022년 3월에 강서구 마곡동으로 이전했다는 LG아트센터로 토요일 3시까지 대중교통으로 갈 엄두가 도저히 나지 않아서 그토록 오래 기다렸던 A 연극을 취소할 수밖에 없었다. 그것도 오후 3시 전이었기에 수수료를 내고서라도 취소할 수 있었지, 오후 6시 이후에는 아예 환불도 받지 못하는 것이었다. A 연극도 기대가 되었지만, 몇 년 만에 가보는 LG아트센터이기에 얼마나 들뜬 마음으로 한 달을 보냈던지! 예술의전당이 아닌 장소이기에 가족들을 겨우 설득해서 가기로 한 것이건만, 장소를 잘못 알았다는 나의 이야기에 모두 다 실소하며 어이없어했다.

'인생은 기다림의 연속'이라고 한다. 월요일 아침에는 토요일을 기다리고, 3월에는 여름방학을, 8월에는 겨울방학을, 고등학생 때는 대학생 때를, 대학교를 졸업해서는 안정된 직장과 결혼과 아이를, 50대가 넘어서는 안정된 노후를, 그리고 평안한 죽음을 기다리며 한평생을 살아간다. 월세와 전세를 거쳐 사기 집에 살면서 선물주를 꿈꾸기도 하고, 경차를 몰면서 외제차를 모는 자기의 모습을 꿈꾸는 것을 보면, 기다림은, 꿈꾼다는 말과 같은 말일까. '인생은 꿈꾸는 것의 연속'이라고 해야 할까. 그리고 그 기다림이 있기에, 꿈꾸는 것이 있기에, 내 인생을 힘이 있게 하고 생동감 넘치게 하고 역사가 이루어지게 할 수 있는 거겠지.

1월의 신입생 연수를 기다리며 작년 11월과 12월을 보냈고, 4월의 수련회를 기다리며 2월과 3월을 보냈고, 5월, 6월과 7월의 온갖 행사를 위해서 1학기 내내 보냈던 나, E와의 식사를 기다리며 일주일을 보내고, 중간중간의 음악회와 영화와 발레와 연극과 책 읽기를 기다리며 힘겹게 버겁게 매일 매일을 보냈던 나, 퇴근을 기다리며 출근했던 나, 아무 말도 없이 오롯이 혼자 앉아서 생각하는 시간을 갖기만을 기다렸던 나. 그리고 글쓰기는 시간만을 기다리며 살아왔던 나.

그리고 무엇보다 그토록 기다리고 꿈꾸던 여름방학을 보내고 있는 나는 지금, 무엇을 기다리고 꿈꾸고 있는 걸까. 무엇을 기다리고 꿈꿔야 하는 걸까. 기다리는 것이 있는 걸까. 꿈꾸는 것이 있는 걸까. 뭐라도 있어야 힘을 낼 수 있을 텐데…. 지금의 내 마음은, 2학기가 빨리 흘러가기를, 2024년이 빨리 지나가기를, 2025년이 속히 오기를 간절하게 기다리는 모습이다.

아니 일단은, 러시아 작가 안톤 체호프의 연극은 놓쳤지만, 인도 이야기를 담은 발레가 어떨지를 기다리며 8월과 9월을 꿈꾸듯 보내면, 어떻게든 견딜 수 있겠지. 그리고 2학기가 좀 더 빨리 지나가겠지.

****

* 두바이 초콜릿이 유명하다는 기사에
여기저기 업체를 뒤져서
두바이 초콜릿을 주문해 보았다.
아니 엄밀하게 말하자면,
두바이 초콜릿을 흉내 낸
아류 초콜릿이라고 해야 할 듯하다.

아류라고 하더라도 워낙 주문이 밀려서 한 달 넘게 기다려야 한다는 말에도 전혀 아랑곳하지 않고 기대하는 마음으로 신나게 주문했다. 하지만 한 달이 넘어가니 들뜬 마음도 사라지고 주문한 것 자체를 까먹고 있었다. 업체에서 이렇게 연락을 주기 전까지는.

- 기다려 주셨던 두바이 초콜릿이 출고되십니다!

정말 이렇게 보내왔다. '출고되십니다'. 딱 한 조각 먹을 만큼의 양이었건만 우리 가족은 설레는 마음으로 둘러앉았다. 이렇게 말하면서.

- 와! 한 달을 기다렸던 두바이 초콜릿이야! 어떤 맛일까?

단 한 번의 짧은 달콤함을 위해서 길고도 긴, 쓰디쓴 시간을 보냈지만, 여한이 없다.

#이전 #영화 #하이재킹 #파일럿 #비행기 #연극 #음악회 #예매 #예약 #벚꽃_동산 #전도연 #박해수 #LG아트센터 #예술의전당 #기다림 #꿈 #꿈꾸기 #발레 #안톤_체호프 #라_바야데르 #두바이_초콜릿

제25화
365일 연중무휴 야간진료
2024.08.17.토

- 365일 연중무휴 야간진료, 오전 8시 ~ 오후 10시

  A 목사님의 휴가로 B 부목사님이 설교하게 되었다. 여느 때 같으면 오후 12시 30분에 끝났을 예배가 12시에 끝났다. 보통 20분~25분 동안 점심을 후다닥 먹고 오후 1시부터 성가 연습을 했을 텐데 다른 때보다 30분이 더 주어진 것을 처음 경험한 사람들이 안절부절못하며 헤매고 있었다.

- 왜 이렇게 시간이 남지?
- 예배가 일찍 끝나서 그래.

  C와 D가 이렇게 말했다.

- 점심시간이 1시간은 돼야지.
- 좀 쉬었다가 성가 연습을 하니까 너무 좋다!

밤낮없이 푹푹 찌는 날씨임에도 감기에 걸린 가족이 있어서 E병원에 가게 되었다. 사람이 너무너무 많아서 오랜 시간 순서를 기다리며 병원을 둘러보다가 벽면에 붙어 있는 글자를 보고 깜. 짝. 놀랐다.

- 365일 연중무휴 야간진료, 오전 8시 ~ 오후 10시

돌아오면서 F와 이야기했다.

- 오전 8시부터 밤 10시까지, 365일 내내 운영한다는 게 가능한 걸까?
- 몇 명이 돌아가면서 하겠지.
- 대단하기는 하지만, 너무 힘들겠다. 처음 시작하는 병원인 건가?

인터넷을 들어가 보니 더 흥미로웠다.

- 365일 매일 야간진료 (07:45~22:00)
- 점심시간 : 1 진료실 14시~15시 / 2 진료실 13시~14시 / 3 진료실 12시~ 13시

점심시간에 오는 환자가 발길을 돌리지 않도록 점심시간을 조절하고 있는 것을 보니 왜 그렇게 사람이 많은지도 알 수 있었다. 다만 머리를 질끈 동여매고 화장기 없는 얼굴로 (친절하게) 진료하던 마스크 쓴 의사의 피곤해 보인 모습이 기억에 남을 뿐이다.

내가 가지고 있는 것 중에 오래된 것들이 많은데, 그중에 신발, 구두류가 있다. 좋은 구두도 없지만, 일단 돌아다닐 일이 많이 없다

보니 구매한 지 한참 된 신발들이 많이 있다. 구두를 신을 일이라고 해 보았자 집에서 주차장까지, 주차장에서 학교 교무실까지 그리고 주일날 정도가 다인데, 운전할 때도 운동화로 갈아신으니 정말 구두를 신고 돌아다니는 일이 많지 않다. 하지만, 많이 신지 않았다고 하더라도 가끔 뒷굽을 교체해야 하거나 수선해야 하는 일들이 생긴다. 특히 제일 많이 신는 학교 슬리퍼의 뒷굽을 갈아야 하는 일은 자주 있는데, 평일에는 구두 수선방에 갈 시간을 도저히 낼 수가 없어서 토요일에 가야겠다는 생각을 1학기 내내 하다가 결국 놓쳐버리고 방학하는 날 학교 슬리퍼를 집으로 가져오면서 생각했다.

- 방학하면 구두 수선방에 가야겠어.

한쪽에 놓아둔 슬리퍼를 쳐다보면서 3주의 방학을 내내 보내고는 개학을 3일 앞둔 어제서야 (어쩔 수 없이 드디어) G 구두 수선방에 가게 되었다. 역 주변에 총 3곳이 있었는데 잘한다는 이야기를 듣고 고른 곳이었다. 슬리퍼를 포함해서 이것저것 다른 구두들도 챙겨서 총 6켤레의 신발을 맡기면서 아저씨와 이야기하게 되었는데, 나를 깜. 짝. 놀라게 하는 말씀을 하셨다.

- 새벽 4시면 일어나서 아침 6시에 출발, 7시 10분 정도에 도착해요. 오전 7시 30분부터 오후 6시경까지 합니다. 부천에서 오토바이를 타고 다니는데, 멀기는 하지만 힘들지는 않아요. 점심을 주변 식당에서 먹으면 되지만, 만 원이 넘기도 하고 식당에 가서도 혼자 먹는데 '그냥 여기서 혼자 먹으면 되지'라는 생각에 주먹밥을 싸 와서 먹습니다. 그래서 점심시간에 문을 닫지 않아요. 비가 오면 사람

들이 구두를 닦지 않으니까 열지 않고요, 예전에는 토요일에도 했지만, 이제는 토요일도 하지 않아요. 일요일과 공휴일은 당연히 하지 않고요.

토요일에 갔었다면 바람맞을 뻔했다는 안도감과 함께 그날따라 오랜만에 짜장면을 먹었기에 '주먹밥'이라는 단어에 찔리기도 했지만, 작은 공간에서 하루를 보내는 아저씨의 일상 이야기에서 뿜어져 나오는 '욕심 없음', 능숙하게 구두를 다루는 손놀림 그리고 무심한 듯하면서도 편안하던 표정이 기억에 남는다.

- 저는 H 활동은 빠질게요. I와 J에 집중하기 위해서는 반드시 쉼이 있어야 하거든요. 저에게는 휴식이 중요해요.

연속되는 활동에 '집중을 위한 쉼'을 위해서 하나는 빠지겠다는 나의 말에 K는 아쉬워했지만, 쉬지 않고 계속되는 활동이 나에게 어떤 상태를 줄지를 알기에 더 중요한 일들을 위해 과감하게 무언가는 하지 않는 용단, 어쩌면 '욕심'이라고 할만한 것들을 이제는 큰 고민 없이 내려놓을 수 있게 되었다. 반드시 '쉼'이 있어야 한다는 것을 삶으로 배웠으니까.

인생을 살아가는 사람들의 다양한 모습을 보면서 이것이 옳다 또는 그르다고 평가할 수는 없지만, 쉬지 않고 열심히 일하거나 공부하는 것은 보는 사람을 숨이 막히게 하고 안타깝게 하는 면이 있기도 하다. 일하는 것 자체에도 의미가 있기도 하지만, 잘 쉬기 위해서 열심히 일하는 면도 있으니까. 사실, E 병원에게 묻고 싶었다.

- 오전 8시부터 밤 10시까지, 365일 내내 운영하는 이유가 무엇

인가요?

　설마, 돈을 많이 벌기 위해서는 아니기를, 좀 더 나아가 다른 대단한 의미가 있으면 더 감동적일 것 같다는 생각을 해 본다. E 병원이 부촌에 있다는 사실이 조금 안타까울 뿐이다. 그런데도 365일 야간진료에 오전 8시부터 밤 10시까지 운영한다는 것에 동의한 사람들이 있다는 것에 크게 박수를 쳐 주고 싶다.
　30분으로는 어림없는, 좀 더 긴 1시간의 점심시간이 필요하고, 수입이 별로 많지 않아도 1주일 중 하루는 아무것도 하지 않고 쉬어 주어야 하고, 가끔은 비가 오면 모든 것을 내팽개칠 수도 있는, 나름의 '쉼'의 기준을 가지고 있는 사람 중의 한 명으로서, 이제는 아쉽게 흔적 없이 끝나버린 여름방학을 어쩔 수 없이 보내주며, 다시 열심히, 쉬지 않고 달려야 하는 2학기, 5개월을 생각하며 호흡을 가다듬어 본다. 천천히 깊게 숨을 들이마시고 천천히 깊게 숨을 내쉬고….
　2학기를 맞을 준비가, 시작할 준비가 된 걸까. 2학기를 기대해도 되는 걸까.

****

　　　* 길지 않은 방학의 마지막쯤,
　　　　연휴 사이에 끼어있는 어제,
　　　　　학교에 출근했다.

　일명, 개학하기 전 교실 점검 및 2학기 준비인데, 선생님마다 학교에 출근하기 전날은 잠자리에 들기가 힘들다는 이야기들을 했다. 서로에게 이런 질문들을 했다.

 - 방학은 어떻게 보내셨어요?

　방학 내내 학교에 나오신 (놀라운) 분들도 계시고, 학교에 단 한 번도 나오지 않은 분도 계시고, 여행을 다녀오신 분도 계시고 나처럼 별 대단한 것도 없이 보낸 분들도 계시고….
　새로운 책걸상으로 바뀐 교실을 둘러보니 (생각지도 않게) 갑자기 의욕이 솟구친다. 연두색이 예뻐서 사진을 찍어서 아이들에게 보냈다. 아이들은 2학기를 기대하고 있을까….

#365일_연중무휴_야간진료 #점심시간 #병원 #구두 #신발 #구두_수선방 #쉼 #휴식 #집중 #여름방학 #2학기_준비

제26화
Perform One Hundred
2024.08.24.(토)

- Perform one hundred A-minor scales in an afternoon and you will see progress.

어느 토요일 오전 B에게 연락이 왔다.

- A-minor scales를 'A 단음계'라고 번역하는 게 정확한가요?

어느 분야나 그렇겠지만, 전공 분야가 아닌 내용은 우리나라 말로 되어 있어도 제대로 이해하는 데에 어려움이 있다. 하물며 다른 나라 언어로 되어 있으면 단어 자체의 뜻만으로는 전체 맥락을 이해하여 매끄러운 문장으로 만들기 어려워서 전공자의 도움이 필요할 수 있다. B가 질문한 영어 문장은 굉장히 쉬운 문장이었지만, 'A-minor scales'라는 부분은 음악을 다루어 본 사람이, 특히 'Perform one hundred A-minor scales'라는 부분은, 피아노를 직접 연주해 본 사람만이 이해할 수 있는 부분이었다.

- Perform one hundred A-minor scales in an afternoon and you will see progress.
- 오후에 A-minor 음계를 100번 연습하면 실력이 향상되는 것을 볼 수 있을 거야.

이렇게 해석할 수 있을 텐데, 'A-minor scales'는 실제로 번역하지 않고 그대로 'A-minor scales'로 쓰고 있지만, 이해를 돕기 위해 굳이 번역한다면, '가단조 음계' 또는 'A-minor 음계' 정도로 번역하면 될 것이다.

B와의 이야기가 있던 그날 오후에 내 머릿속에서는 'Perform one hundred A-minor scales'라는 문장이 계속 맴돌았다. 오랜 세월 피아노를 쳐보았던 사람은 알겠지만, 피아노곡을 연습하기 전에는 항상 Scale(음계)을 먼저 연습하는 것이 거의 관례화되어 있다. 손가락을 풀기 위한 연습이다.

12개의 Major Scale(장음계)을 차례대로 연주하는데, 피아노 밑에서부터 위에까지 올라갔다가 다시 내려오는 연습을 수도 없이 한다. Minor Scale(단음계)도 마찬가지다. 특히 Minor의 경우는, Minor마다 자연단음계, 화성단음계 그리고 가락단음계까지 3개의 음계가 더 있어서 총 36개의 Scale을 연습하게 된다. 물론 장조도 자연장음계, 화성장음계 그리고 가락장음계가 있지만, 굳이 연습하지는 않는다.

장조 12개와 단조 36개를 연습하는 것은 대단한 노력과 힘과 시간이 들어가는 일이다. 그리고 같은 리듬으로 치기도 하지만, 부점(附點) (점 8분음표와 16분음표로 이루어진 리듬), 스타카토 또는 그 밖의 다양한 리듬으로 변형시켜서 연습하기도 한다.

본 곡도 아닌, 손가락을 푸는 음계 연습을 이토록 많이 하는 것은 본 곡을 더 잘 연주하기 위해서이다. 운동하기 전에 하는 달리기나, 노래하기 전에 하는 발성 연습과 같다고 생각하면 되는데, 발성 연습에 진을 빼다 보면 본 노래하기도 전에 지칠 수도 있고, 발성 연습 때의 목소리는 좋았지만, 본 곡에서는 그것을 적용하지 못하는, 즉 발성 연습 따로, 본 노래 따로 하는 것이 될 수도 있는 것처럼, 피아노를 치기 전의 음계 연습도 이와 크게 다르지 않다. 음계는 굉장히 잘 치지만 본 곡의 기량은 떨어질 수도 있고, 음계는 별로지만 피아노는 잘 칠 수도 있다.

본 곡을 잘 치기 위해서 하는 연습인데, 그 연습이 스트레스가 될 수도 있다. 음계마다 손가락 번호가 달라질 수 있기 때문에 손가락이 그것을 기억하지 못하면 자꾸 엉겨서 틀리게 되어서 음악이 끊어지기 때문에 처음부터 즉, 밑에서부터 다시 쳐야 한다.

과하게 발성 연습하다가 목이 쉬어버려서 본 곡을 제대로 표현하지 못하거나 계속된 발성 연습에 지쳐서 입을 벌리고 졸았던 경험과 함께 딱딱한 피아노 의자에 앉아서 열심히 피아노 Scale을 연습하던 어린 시절, 옛 시간이 떠오른다. 여하튼 A-minor Scale을 100번 연습하라는 문구를 읽으면서, 이런 생각을 했다.

- 아, 맞아. 예전에는 이렇게 피아노 연습을 많이 했었지. 피아노 앞에서 Scale을 이렇게나 많이 연습했었어.
- 그 시간은 다 어디로 갔을까. 피아노와 보냈던 그 수많은 시간….
- 지금 나에게 쌓여 있는 걸까….
- 피아노를 치는 사람들, 음악을 전공한 사람들은 이런 혼자만의 시간을 보냈었던 거지.

음계를 100번이나 친다는 것은 어느 정도의 시간이 소요될까? 한 번을 30초로 잡는다고 해도 50분인데, 진득하게 100번을 다 칠 수 있다는 것 자체에 큰 의미가 있고 박수를 받을 만하다.

 - Perform one hundred (A-minor scales) in an afternoon and you will see progress.

 괄호 안에 들어갈 만한 것이 무엇이 있을까.

 - 글쓰기를 100번 해 봐.
 - 책을 100번 읽어 봐.
 - 춤을 100번 춰 봐.
 - B를 100번 만나 봐.

 '1만 시간의 법칙'은 어떤 분야의 전문가가 되려면 최소한 1만 시간 정도의 훈련이 필요하다는 법칙으로, 매일 3시간×10년, 또는 매일 10시간×3년, 또는 8시간×5일×52주×4.8년 등 1만 시간에 대한 다양한 계산도 나와 있다. 집중해서 지속적인 훈련이나 연습을 한다면 그에 따른 뚜렷한 결과물이 도출된다는 이야기로 해석할 수 있겠다.

 - 이루고 싶은 무언가가 있다면, 멈추지 말고 꾸준히 연습할 것!

 1학기와는 다른 자세와 느낌으로 2학기가 시작되었다. 아무것도 모르는 '초보'의 느낌으로 1학기가 시작되었다면, 2학기는 무언가 해 본, 익숙한 마음가짐으로 시작된다. 2학기를 맞이하기 위해서 아이들이 꾸준하게 한 것은 무엇일까. 여름방학을 잘 보내었을까.
 길고 길었던 이번 주, 2학기 첫 주를 힘들게 보내고 학교의 모든 사람이 기다렸던 주말, 모두 다 쉬고 있을 주말이지만, 100번의 음계를 연습하고 뚜렷한 진보가 있기를 바라는 아이들은 또다시

101번째의 음계를 연습하고 있지 않을까.

****

*올해 1학년 아이들에게 여름방학 과제를 부여했다.

국어, 영어와 수학까지 과제가 있었는데, 특히 영어과에서는 교재를 만들기까지 했다. 아이들이 공부할 수 있는 영어교재는 시중에 널려있고, 학원에 다니며 개인 공부를 하는 것이 일반적이겠지만, 학교에서 똑같은 과제를 부여하니, 영어교재가 없거나 학원에 다니지 않아도 이 책을 공부할 수밖에 없다는 것이 좋았다.

입학하기 전 겨울에도 신입생 과제가 있어서 아이들이 신학기를 준비하도록 했기에, 여름방학에도 어떤 과제가 있기를 바랐었지만, 선생님들의 생각이 다양해서 진행되지 못했었다. 그런데 올해 1학년 담임 선생님들은 놀랍게도 같은 마음을 품어주었다! 나에게는 이 점이 가장 중요했다. 같은 마음을 품고 함께 했다는 것!

100번씩은 아니더라도 적어도 몇 번씩은 보았겠지??

#Perform_One_Hundred #Scale #음계 #장음계 #단음계 #피아노 #연습 #발성연습 #1만_시간의_법칙 #훈련 #지속 #집중 #2학기 #여름방학_과제 #영어

제27화
그러든가 말든가
2024.08.31.(토)

- 그러든가 말든가.

　매해 여름방학 전후로 전출생과 전입생이 있는데, 보통 전출생으로 인해 약간 어수선하던 학급이 전입생으로 인해 분위기가 전환되고 들뜬 모습을 보인다. 새로운 친구가 왔다는 것이 신기하기도 하고 또 경쟁자가 한 명 더 생겼다는 것에 긴장이 되면서 미묘한 변화를 일으키는 것이 일반적이다. 수업하던 A 학급 아이들이 나에게 질문했다.

　- 선생님! 저희는 왜 전입생이 없어요? - 옆에 있는 친구가 아직 전학 가지 않아서요.
　- 아??
　- 옆에 있는 친구에게 말하세요. '왜 아직도 안 갔어? 새로운 친구가 올 수도 있었는데!'
　- (모두) 하하하!

전입생을 어느 학급에 배정해야 할지에 대한 기준은 학급 인원수다. 전출생으로 인해 인원이 적어진 학급에 전입생을 배정해서 평균 학급 인원수를 맞추는 것이다. 물론 제2외국어, 동명이인 등 기타 고려 사항이 몇 가지 있기는 하지만 첫 번째 우선순위는 전체 학급 인원수다. 그러다 보니 전입생을 맞는 학급에는 무언가 새로운 기운을 선사하게 되지만, 학급의 특성이나 전입생의 특징을 고려하지 못하고 전입생을 배정하게 될 수밖에 없다. 전입생이 있는 B 학급을 수업할 때 이런 이야기를 했다.

- C(전입생), 잠깐 귀 좀 막아보세요. 앞담화 좀 하게요.
- (모두) 하하하!

C가 귀를 막는 시늉을 하고 아이들은 즐거운 얼굴이다.

- C가 들어오니까 어때요?
- 좋아요! / 착해요! / 기대돼요!
- 새로운 친구가 오니까 좋죠?
- 네!!!

대상을 바꾸어 다시 질문했다.

- 그럼, 이제는 C를 제외한 나머지 학생들, 귀를 막아봐요. 역시 앞담화 좀 하게요.
- (모두) 하하하!

아이들이 장난스러운 얼굴로 귀를 막는 시늉을 한다.

- C, B 학급 아이들 어때요?
- 아이들이 착한 것 같아요.
- (놀라며) 착하다고요?
- (모두) 하하하!
- 그럴 리가 없을 텐데요. 아직 처음이어서 그렇게 느꼈을 수 있어요.
- (모두) 하하하!

방학 동안 읽은 책 중에 〈침묵을 배우는 시간 - 코르넬리아 토프 저〉이라는 책이 있다. 제목이 말하는 것처럼, 말을 멈추고 침묵하라는 것이 주제다. 말 비우기 연습, 침묵도 소통의 방식이다, 우리는 모두 관종이다, 비울수록 커지는 말의 무게, '말을 해야 해'라는 강박에서 벗어나라, 대화를 유리하게 이끄는 법, 상대의 마음을 움직이는 법, 말이 넘쳐나는 세상 속 침묵할 권리 그리고 고요한 관조의 힘이라는 타이틀로, 하고 싶은 말, 불필요한 말, 하나 마나 한 말, 화가 나는 말, 앞에서 또는 뒤에서 하는 말 등, 제발 불필요한 말을 멈추고 침묵의 힘이 얼마나 대단한지를 깨달으라고 말하고 있었다.

- 앞담화 : 당사자가 있는 자리에서 그 사람을 헐뜯는 행위
- 뒷담화 : 당사자가 없는 자리에서 그 사람을 헐뜯는 행위

직장 생활, 사회생활을 하면서 '나는 돌려서 말 못 해', '나는 직설법을 써' 또는 '나는 말하고는 잊어버리는 쿨한 사람이야' 등의 말로 사정없이 앞담화도 해 보았고, 나와 너의 이야기가 아닌 제3의 인물에 대하여 수도 없이 뒷담화했던 사람으로서 한해 한해 세

월이 갈수록 '말의 덧없음'을 깨닫게 되며 특히 사람에 관한 이야기는 더더욱 쓸데없고 불필요함을 깨닫게 된다. D가 E에 관해 이야기하면서 나에게 공감을 원했다.

- E가 이렇지 않아요?
- 음…. 이것은 어떻게 하는 것이 좋을까요?

공감하지 않고 다른 주제로 넘어간 사실이 얼마나 기뻤는지! 또 언젠가 F에게 말했었다.

- 다른 사람에 대해 평가는 하지 않겠어요. 각자의 교육관이나 가치관에 따라 잘하고 있으니까요. 열심히 한다고 열매를 맺는 것도, 대강 한다고 잘 못 하는 것도 아니더라고요. 그냥 모두 다르다는 것을 인정하면 되는 것 같아요.

능력이 많다면 다른 사람에게 눈을 돌리겠지만, 전심전력하는데도 한참이나 부족한 나로서는 최근 몇 년 동안은 오직 내 앞에 있는 일을 해내는 것만을 목표로 하고 있다. 수다를 떨거나 한담을 나누는 것이 나와 맞지 않다는 것을 이미 깨달았고, 다행스럽게도 그럴 시간적인 여유가 나에게는 전혀 없다. 힘든 일이 있거나 속상한 일이 있거나 누가 자존심을 상하게 했더라도 굳이 (교무실에서) 다른 사람들과 공유하지 않으려고 한다. 그래 보았자 결국은 내 문제로 다시 돌아오는 것을 늘, 언제나 경험했기에 그냥, 눈을 감고 입을 다물고 속으로 참고 잊으려 한다. 굳이 말할 필요도 없고 알게 하고 싶지도 않다. 며칠 전 G가 물었다.

- 선생님, 속상했던 이야기를 하면 속이 좀 풀리지 않아요?

내가 말했다.

- 아뇨, 선생님. 저는 다른 사람 말을 하는 나 자신을 견딜 수가 없어요. 물론 생각과 다르게 다른 사람에 대해 자주 말하고 있지만, 마음은 그래요.

입을 다물고 내 감정을 표현하지 않고 침묵하기로 한 나이지만, 언젠가 잠깐 시간을 내어 H와 이야기하던 중 I에 대해 이야기를 하고 있는 나를 보고 깜짝 놀랐던 경험을 또 한 번 한 뒤로는, 가능하면 침묵하기로 다시 한번 결심했다. 내 입을 통해서 한번 나간 말은 어떤 방법을 통해서라도 세상에 다 퍼진다는 것을 알고 있으니까. 하지만, 아무리 다짐하고 결심하고 절제한다고 해도 침묵만으로 살아갈 수도 없고 같은 실수를 반복하고 후회할 것도 분명한데, 그런데도 말은 더욱더 줄이고 필요한 말만 딱! 하면서 조용히 침묵하며 생활하고 싶다는 생각이 더욱 간절해진다.

입을 닫으니, 눈은 크게 떠지고 귀는 열리며 생각은 더 깊어지고 머리는 돌아가는 경험도 하고 있다. 또 침묵하기로 하니, 화를 내야 하거나 날카롭게 대꾸해야 하는 상황에서도 그냥 고개를 돌려 버리거나 눈을 감아버리거나 꾹 참아버리면서 불편한 감정을 싹둑 잘라내 버리게 된다. 그리고 그 나쁜 생각이 내 안에 들어오지 않도록 튕겨내는 것도 된다. 신기하다. 이렇게 나에게 말한다.

- 그러든가 말든가. 네가 어떻게 말하건, 어떻게 반응하건, 나에게는 별 영향을 주지 못하는데.

입을 닫고 별 이야기를 하지 않더라도, 다른 사람 이야기도 특히 내 이야기는 더더욱 하지 않더라도, 묵직하게 침묵하더라도 이해해 주기를. 또 그새 못 참고 온갖 말을 다 쏟아내더라도 이해해 주기를.

****

* 〈반짝반짝 작은별 2023〉과
〈슬기로운 고등학교 생활 2023〉이
출간되었던 6월 말과 7월 말,
이 소식을 어떻게 알려야 할지 난감했다.

2022년에 처음 책 〈2021버전〉이 나왔을 때는 멋도 모르고 전체 교사에게 장문의 메시지를 보내서 알렸고, 내가 알고 있는 단체와 사람들에게 SNS를 보냈다. 문제는 두 번째 책이 나오면서부터였다. 이 일을 똑같이 해야 한다는 것이 굉장히 부담되었다. 다른 사람이 알려주는 것이 가장 좋은 모양새였지만, 다른 사람 누가 그걸 알려줄 것인가.

작년에는 교지에 넣어달라는 부탁을 해서 들어갔지만, 올해에 또다시 고민이 되었다. 어떻게 해야 하는지 오랜 시간 고민하다가 결론을 내렸다.

- 책이 나온 것을 내가 말하지 않으면 도대체 누가 알겠어.

어쩔 수 없이 아주 짧은 메시지를 전체에게 보냈는데, J가 말했다.

- 다음에는 내가 알려줄 테니 나에게 말해요.
- 그래도, 제가 말하지 않으면 누가 알겠어요.

침묵해야 할 때와 말해야 할 때를 잘 구분해야 할 텐데….

* '나를 멈추고 기도를 시작합니다'라는 가사에 말을, 생각을 멈추어 본다.

그러든가 말든가

#그러든가_말든가 #전입생 #전출생 #앞담화 #뒷담화 #침묵을_배우는_시산 #침묵 #말 #수다 #이야기 #출간 #싱찰 #말의_무게 #나를_멈추고_기도를_시작합니다

제28화
빨리 교복으로 갈아입어!
2024.09.07.(토)

- 이제 종례하니까 빨리 교복으로 갈아입어!

'모든 학생이 같은 교복을 입는다'라는 말이 통하지 않는 시대가 되었다. 기본적인 내용은 같지만, 아이들이 원하는 대로 선택할 수 있다. 예를 들어서 여학생 동복의 경우, 일반 교복 재질 한 종류만 있었는데 니트 조끼가 허용되어서 재킷은 같더라도 그 안에 약간은 불편한 양복 재질의 회색 조끼와 실로 짜인 검정 니트 조끼 2가지 중 하나를 입을 수 있다. 앞에서 보면 회색 조끼를 입은 학생들과 재킷 밑으로 내려오기까지 하는 검정 조끼를 입은 학생들이 섞여 있어서 통일감을 느끼기가 어렵다.

남학생 바지의 경우, 좀 더 진한 회색 바지인 동복을 하복에 맞추어 입고 다니는 아이도 있고, 교복이 아닌 일반 회색 바지를 (몰래) 입고 다니는 아이들도 있다. 남방도 교복 남방이 아닌 다른 하얀색 남방을 입고 다니는 아이들도 있다. 물론 이렇게 해서는 안 된다.

하복의 경우, 생활복도 입을 수 있어서 네이비 색상의 상의와

반바지를 입을 수 있다. 생활복이나 교복 하나로만 입어야 하지만 상·하의를 섞어서 입는 아이들도 있고 체육복과 혼용하여 입는 아이들도 있다. 물론 안된다. 또 체육복은 체육 시간에만 입어야 하지만, 여름에는 이게 체육복 바지인지 생활복 바지인지 헷갈려서 지도하기가 무척 힘들다. 여학생 하복은 좀 불편한데, 맨 위까지 단추를 잠가야 하고 리본까지 있어서 아이들이 단추 하나를 풀고 스포츠 깃으로 만들거나, 리본을 떼어내고 입고 다니기도 한다. 핑계는 늘 똑같다.

- 집에다 놓고 왔어요.
- 가방에 있는데요.

다양한 집업이나 후드 재킷도 입고 다니는데, 자크가 있는 지퍼형은 되고 단추로 된 후드는 안되는 등 복잡하다. 또 시험을 앞두고 일주일 전에는 편하게 입게 해 달라는 민원이 많아서 체육복 등하교를 허용하기도 했으나, 사복까지 입고 오는 아이들이 있어서 올해부터는 허용하지 않고 있다.

이토록 복잡한 교복을 정리하자면, 정통 교복, 회색 조끼, 니트 조끼, 하복과 생활복이지만, 아이들은 이것들을 섞어서 입고 다니는 경우도 많아서 교복 지도를 하면서 감정적으로 부딪히는 경우가 생기기도 하니, 확실하게 잘못되었다고 판단되기 전에는 아예 못 본 척하는 때도 있다.

고등학교에 입학하기 몇 주 전 구매하는 교복이니 입학한 뒤 부쩍 성장하는 아이들에게는 안 맞는 경우가 많다. 정상적이었던 치마가 짧아지기도 하고 바지가 샐쭉하니 짧아져서 올라가 있기도 하다.

이렇게 다양한 선택을 할 수 있지만, 학급 성가와 같이 단체활동을 해야 하는 경우, 내가 담임을 맡았을 때는 같은 종류의 교복을 입게 했었다. 니트 조끼의 경우, 퐁퐁해 보이기도 하고 늘어져서 밑으로 내려와서 재킷 단추를 잠글 수 없는 경우가 많아서, 회색 조끼로 통일하게끔 하는데, 채플 성가를 할 때 재킷을 벗고 회색 조끼를 입고 깔끔하게 머리를 묶고 노래하는 여학생들의 모습은 정말 예쁘고 멋있다!

내가 만약 지금의 우리 학교 교복을 입는다면, 치마 길이는 무릎 아래로 한껏 내려서 재단하고, 치마폭은 좀 더 넉넉하게 찰랑거리게 할 것이며, 단추를 잠그면 허리가 조금 들어가는 스타일이어서 날씬하게 보이는 회색 조끼를 입고 다닐 것 같다. 후줄근해서 늘어지고 부해 보이는 니트 조끼는 아예 사지도 않을 것이다. 정장, 제복의 보수적이고 아카데믹한 멋을 마음껏 나타내고 싶다. 신발은 운동화보다 메리 제인 스타일의 구두면 어떨까. 하하. 생각만 해도 멋지다.

예전에는 우리 학교 교복을 입고 시내 중심가로 나가면 사람들이 돌아보면서 수군댄다고 했다.

- 와! ○○○○ 고등학교 학생인가 봐!
- 교복 예쁘네!
- 공부 잘하는 학생인가 봐!

시내버스를 타도 사람들이 쳐다보고 특히 중학생들이 힐끗힐끗 쳐다본다고도 했다.

- ○○○○ 고등학교 다니나 봐.
- 나도 가고 싶어.

여학생들인 A 학급 시간이었다. 너무너무 더운 날씨이기에 모두 편하게 생활복을 입었는데 딱 2명이 불편한 하복 상의를 입고 있었다. 일어나라고 하고 질문했다.

- 왜 교복을 입었나요?

나의 이 질문을 이해하지 못한 아이들이 고개를 갸우뚱하기에 다시 질문했다.

- 하하. 혼내는 게 아니고요, 생활복을 입어도 되는데 왜 불편한 하복, 상의를 입었는지 궁금해서요.

그제야 B가 대답했다.

- 저녁에 비전홀에서 모임(부킹 예배)이 있어서 교복을 입었습니다.

나는 B의 말을 이해하지 못해서 다시 질문했다.

- 저녁에 비전홀에 모임이 있어서 교복을 입었다는 말이 무슨 뜻인지 잘 모르겠어요.
- 비전홀이나 미션홀에서 전체 모임이 있으면 교복을 입어야 한다고 배웠습니다!
- 비전홀이나 미션홀에서 전체 모임이 있으면 교복을 입어야 한다고 배웠다고요??
- 네!

교복을 입고 뒤쪽에 서 있던 C도 고개를 끄덕였다. 나는 눈을 똥그랗게 뜨고 말했다.

- 와! 입학했을 때 배웠던 것을 실천하고 있는 거군요??
- 네!
- 그래서 저녁 7시에 있는 모임 때 교복을 입고 가야 하니까, 5교시인 지금 교복을 입고 있는 거였군요??
- 네!

이런 놀라운 학생들을 본 적이 없다. 나는 정말 깜. 짝. 놀랐다. '비전홀에 갈 때는 교복을 입어야 한다고 배웠습니다!'라니!
어제는 D 학급 복도를 지나가고 있었는데 회장이 아이들에게 소리를 지르고 있었다.

- 이제 종례하니까 빨리 교복으로 갈아입어!

이 말이 무슨 말인지 몰라서 회장을 불러서 물었다.

- 종례와 교복이 무슨 상관이 있나요??
- 아, 저희 반은 담임 선생님께서 조회와 종례 할 때는 교복을 입어야 한다고 하셔서요.
- 교복을 입지 않으면 어떻게 되나요?
- 선생님께서 종례하지 않으십니다.
- 아??

입학 초인 3월에 몇몇 학급에서 조회와 종례를 할 때는 교복을 입기로 했다는 이야기를 듣기는 했지만, 지금까지 그것을 지키고 있는 줄은 몰랐다. D 학급 아이들과 담임 선생님이 얼마나 대단한지! 며칠 전 내가 좋아하는 E 선생님이 말했다.

- 금요일 오후에는 수업이 없지만 가능하면 조퇴하지 않으려고요!
- 아? 왜요?
- 일주일의 마지막 날인 금요일에 종례해 주어야 아이들의 일주일을 잘 마무리해 주는 것 같아서요. 금요일 종례는 꼭 합니다.
- 아! 멋진 말이어요 선생님!
- 그리고 가능하면 옷도 깨끗하게 갖춰 입으려고요.
- 아, 그건 또 왜요?
- 아이들 앞에 서는 교사니까요.

산책하던 발걸음을 멈추고 E를 잠깐 바라보았다. 그리고 말했다.

- 정말 감동적인 말들인데요. 근래 잘 들어보지 못한 말이어요. 새겨 둘게요.

조회와 종례를 위해 또 전체 모임을 위해 교복을 갖춰 입겠다는 학생과, 아이들의 일주일을 잘 마무리해 주기 위해서 금요일 조퇴를 하지 않고 예를 갖추어 옷을 입겠다는 교사가 내 주변에 있다. 나에게 놀라운 깨달음과 배움을 준 이 자랑스러운 이들을 어디에 알려야 하지??

****

* 예배가 있는 날 오전,

교복을 입고 비전홀로 오라는 메시지를 받았고
아이들에게도 보냈다.

　아이들은 애써서 교복을 입고 왔는데, 예배를 마치고 나가는 아이들 사이에서 체육복 바지를 입은 F를 발견했다. 위에는 멀쩡하게 교복 상의를 입고 있었는데 말이다.
귀여웠던 F!

#교복 #조끼 #동복 #하복 #생활복 #조회 #종례 #체육복 #예배

제29화
혼자서도 잘 살 수 있어!
2024.09.14.(토)

- 혼자서도 잘 살 수 있어!

이런 이야기를 많이 들었다.

- 고등학교 때 친구가 평생을 갑니다. 대학교 때 친구는 그렇지 못해요.

주변 사람들을 보아도 대학교 때의 친구 이야기보다 고등학교 친구 모임이나 고등학교 때 친구 이야기를 더 많이 하는 것 같다. 아마도 성인의 경우, 대학교부터는 아무나 쉽게 사귈 수 있는 환경이 아니니 대학교나 직장에서의 만남보다, 뭘 모르던 어린 시절의 만남이 더 소중하게 느껴지는 것이 아닐까, 생각한다.

학기 초에 고등학교 1학년 아이들과 상담하면서 늘 나왔던 이야기는, 중학교 친구들 이야기였다. 주말에 뭐 했는지를 물어보면 늘 나왔던 말이 중학교 친구들을 만나서 놀았다는 이야기였다. 고등학교에 입학한 뒤 생경한 학교 분위기 때문에 익숙했던 예전 친구들을 찾아서 마음에 위로받고 힘을 내는 경우가 많았다. 그래서 나는 늘 이렇게 말했었다.

- 중학교 친구는 그만 만나야지, 고등학교에 적응하려면. 여기서 새로운 친구를 만들어야 하지 않을까요.

물론 아이들은 시간이 지나면서 하나둘 고등학교 친구를 사귀게 되고 중학교 친구를 찾는 일이 드물어졌다. 또 대학교에 간 아이들이 고등학교에 찾아와서 옛이야기를 꺼내면 이렇게 말했었다.

- 대학교에 푹 빠져서 지내야지. 고등학교 시절을 그리워만 하지 말고.

하지만, 우리 학교를 졸업한 아이 중 많은 아이는 자기가 다녔던 고등학교에 대하여 좋은 기억을 가지고 있었고 그 시절을 그리워하여 자주, 매우 자주 찾아와서 힘을 얻어가곤 했다. 물론 이런 아이들도 있다고 들었다.

- 제 인생에서 가장 끔찍했던 시절은 고등학교 시절이었어요. 이 학교에 오지 말아야 했어요.

어느 모임에서 만났던 졸업생 A의 어머니가 이렇게 이야기했을 때, 나는 깜짝 놀랐고 속상했고 슬펐다. 그리고 이해가 되었다. 쉽지 않은 학교인 것을 알고 있기에 A의 말이 받아들여졌다. 3년 동안 얼마나 힘들었을까. 외롭지 않았을까. 어떻게 견뎠을까.
나는 사실 우리 학교에서 잘 지내는 아이들이 무척 신기하다.

성적에 대한 압박감이 대단한 우리 학교에서 어떻게 잘 지낼 수 있을까? 가끔은 이런 생각을 해 본다.

- 내가 중학생이라면, 우리 학교에 지원했을까?
- 내가 우리 학교에 다니고 있다면, 잘 지냈을까?
- 내가 우리 학교에 다녔다면, 그 스트레스를 어떻게 해결했을까?

용의 꼬리가 될 수도 있는 상황에 대하여 심각하게 고민하였을 것이고, 아마도 뱀의 머리가 되자고 생각하여 지원하지 않았을 것 같다. 하지만, 우리 학교 학생이 되었을 때 또 졸업한 후에 누릴 수 있는 온갖 '호사'를 생각하며, 또 어쩌면 용의 머리가 될지도 모르겠다는 아련한 희망에 덜컥 지원할 수도 있었겠다. 그러나, 학교에 다니면서 꽤 힘든 내적 고통과 갈등을 겪으며 행복하지만은 않았으리라 추측해 본다. 아마도 나처럼 본인에 대한 자존감이 높고 무언가 이루고자 하는 의지가 확고한데 '내적 성향'이기까지 하다면 무척 힘들 수 있겠고, 반대로 '외적 성향'이라면 밖으로 이런저런 표현을 하고 활동하면서 건강하게 극복할 수도 있겠다고 생각한다. 여하튼, 힘든 학교인 것은 분명하다. 전학을 고민하는 학생을 전학 보내기 전에 상담하는데 아이들의 대답은 거의 비슷하다.

- 학교도 좋고 선생님과 친구들도 무척 좋아요. 그런데 성적에 대한 부담감이 너무 커서요.

물론 다른 문제가 거론될 때도 있지만 대부분은 성적으로 인해 전학을 가는 경우가 많다. 그렇다면 전학을 가지 않고 계속 학교에 다니고 있는 아이들은 성적에 대한 부담감을 어떻게 견디고 있는 걸까. 성적을 포함한 온갖 스트레스를 함께 나눌만한 마음에 맞는 친구를 만난 걸까. 졸업한 아이들이나 재학생들이 늘 말하는, '친구들은 좋아요'라는 말이, 모두에게 적용되는 걸까.

평생을 두고 만날만한 고등학교 친구를 이미 만난 아이들도 있겠지만, 아직 그렇지 못한 아이들도 있고, 만나지 못한 채 고등학교를 졸업한 아이들도 있다. 그 아이들은, 그 사람들은 어떻게 되는 걸까. '친구들이 좋다'는 말에 고개를 끄덕이는 아이들도 있고, 그 말을 피부로 느끼지 못하는, '자기 마음에 맞는 친구'를 아직 만나지 못한 아이들은 어떻게 되는 걸까. 채플 시간에 B 목사님이 이런 말씀을 하셨다.

- 우리가 혼자 있을 때는 아무 문제가 없어요. 사람들과 함께 지낼 때 문제가 생기는 거죠.
- 가장 힘든 훈련은, 사람이 같이 생활하는 것입니다.
- 공동체를 통해서만 인격이 빚어집니다.

나 혼자서는 아무런 불편함이 없는데, 다른 사람과 있을 때는 하나부터 열까지 참고 인내하고 누르고 해야 하는 일투성이인 것을 지금까지도 겪고 있는 한 사람으로서, 학교라는 공동체에서, '세상에 이런 사람이'라며 놀라게 되는 학급 아이들과 부대끼며 세상을 배워나가고 사람에 대해 익혀나가야 하는 아이들이 견뎌야 하는 그 무게가 절대 가볍지 않음을 늘 느끼고 있다. 특히 우리 학교같이 성적으로 인한 스트레스 지수가 높은 학교에서 '진짜 친구'를 만드는 것은 쉽지 않다.

다른 사람을 챙겨주고 생각하고 배려하는 것이 배움의 하나이지만, 관계 문제로 힘들어하는 아이들에게 뭐라고 할 수도 없다. 자신의 문제만으로도 힘드니까. 특히 '이기심' '독특함' '독단성'과 함께 타인에 대한 '배려 없음'과 '예의 없음'과 '거칠고 사나운' 특성을 그대로 표출하는 요즘 아이들은 어떻게 해야 할까. 또 서로 엮이지 못하고 혼자 있는 아이들은 어떻게 가르치고 이끌어야 할까. 오래 전 이런 아이들 문제로 고민하는 C에게 이렇게 말했었다.

- 혼자 있는 D 때문에 너무 힘들어하지 말아요. 다른 아이들도 변해야 하지만, D도 움직여야 해요. 하지만 시간이 걸리는 일이에요. 우리가 그 결과를 보지 못할 수 있어요. 관계 때문에 힘들어하는 D가 그 고민에서 벗어나서 다른 일에 집중할 수 있도록 도와주어야 하지 않을까요. 다른 사람들이 D를 챙겨주어야 D가 잘 살 수 있는 것이 아니라, 다른 사람들 없이도, 혹 친구가 없어도, D 혼자서 잘 살아갈 수 있도록 D를 가르쳐야 하지 않을까요!

수업이 끝나고 오후 3시면 하교하던 중학교와 달리, 오후 5시까지 또는 밤 10시까지 함께 지내야 하는 아이끼리 문제가 없다는 것이 더 놀라운 일일 수 있다. 친구가 있을 수도 있고, 없을 수도 있고, 좋았다가 절교하기도 하고, 다시 만날 수도 있고, 다시 혼자일 수도 있고.

- 친구 : 오래 두고 가깝게 사귄 벗

여기서 내 눈에 들어오는 단어는 '오래'라는 단어다. 오래 보면서 계속 좋은 관계를 유지하는 것이 얼마나 힘든지 아니까. 언젠가 E와 이런 이야기를 나누었다.

- 오랜 시간 알게 되면 관계가 조금씩 변하는 것 같아요.

채플 시간에 '친구'에 대한 주제로 설교가 나간 뒤, 이런 이야기들이 오갔다.

- 오늘 말씀이 좋았어요!
- 반마다 친구 문제가 요란하니까요!
- 2학기가 되어서 표면으로 드러나는 거죠!

성적 문제만으로도 머리가 아픈데 위로를 받을 친구를 찾지 못해서, 또는 친구인 줄 알았다가 헤어져서, 또는 어느 그룹에도 속하지 못해서, 혼자여서 외롭고 힘들어하고 있는 많은 아이에게 이렇게 말해주고 싶다.

- 이건 단지 내 생각이야. 혼자인 것이 외롭고 쓸쓸할 수 있지만, 네가 잘못된 것은 아니라고 생각해. 오히려 너만의 독특함이 강점일 수 있어. 친구와 함께하면서 네가 다듬어질 수도 있지만, 다듬어지지 않은 네 모습 그대로가 더 좋을 수도 있어. 네 이야기를 들어줄, 위로받고 싶어 하는 사람을 찾는 에너지를, 다른 곳에 집중해 보자. 글을 쓴다든가, 책을 읽는다든가, 무언가에 몰입해 보는 거야. 생각보다 결과가 좋을 거야. 다른 누군가에 의해 평가될 수 없는, 너만으로도 충분히 가치 있는 사람이기에 혼자라고 생각해. 왜냐하면, 함께 하는 것보다 너 혼자만으로도 충분히 빛날 수 있기 때문이지. 누군가와 함께하더라도 우리는 모두 결국 혼자니까. 너 혼자의 힘을 믿기를 바라. 혼자서도 잘 살 수 있어야, 다른 사람과도 잘 지낼 수 있다고 생각해. 우리가 공부하는 수많은 이유 중 하

나는, 우리가 혼자서도 건강하게 살아갈 수 있기 위해서가 아닐까.

혼자 책상 앞에서 책과 씨름하고 있을 수많은 아이를 생각하며.

****

* 아침 출근길에 멋진 합창곡을 들었다.
내가 합창에 빠졌었던 이유를
다시금 일깨워 주었다고나 할까.

아이들에게는 '혼자서도 잘 살 수 있어!'를 외치지만, 마음속으로는 '그래도 함께 할 친구가 있으면 좋겠지!'라고 말하고 있는지도 모르겠다.

- 지란지교(芝蘭之交) : 벗 사이의 맑고도 고귀한 사귐

혼자서도잘살수있어!

#혼자서도_잘_살_수_있어 #고등학교 #친구 #만남 #성적 #용의_꼬리 #뱀의_머리 #자존감 #혼자 #함께 #공동체 #배려 #예의 #벗 #관계 #인간관계 #가치 #합창 #지란지교 #사귐 #우정

# 제30화
# 자기 자리가 있나요
2024.09.21.(토)

- 자기 자리가 있나요?

　A 영화관만을 가는 우리 가족은 늘 비슷한 자리에 앉는다. 앞에서 4번째 줄. 너무 뒤도 아니고 너무 앞도 아니고, 딱! 적당하다. 호수가 변하더라도 늘 이 자리를 예약한다. 앞에서 4번째 줄. 물론 B는 너무 앞이라며 투덜대지만, 딱! 우리 자리다. 다른 자리로 예약할 생각은 전혀 없다.
　급식실에서도 내가 앉는 자리는 거의 비슷하다. 어른이 앉기에는 약간 좁은 식탁인데, 많은 양을 가지고 와서 오래 먹는 나로서는 오른손을 좀 더 자유롭게 움직이고 싶어서 오른쪽 끝에 앉는다. 가운데 자리가 비어 있어도 가능하면 오른쪽 끝에 앉으려고 한다. 그리고 식당 안쪽을 바라보아야 한다. 그게 마음이 편하다. 자리가 없어서 문 쪽을 보면서 앉게 되거나 중간에 앉게 될 때는 내가 지금 무엇을 먹는지, 지금 무슨 이야기를 하면서 먹는지 감을 잡을 수 없을 정도로 불편하다. 거의 C 위치 식탁의 오른쪽 끝에 앉는데, 그냥 내 자리라고 이름표를 붙이고 싶다. 처음 학교에 왔던 D가 질문했다.

- 학교 주차장에 자기 자리가 있나요?
- 아뇨.
- 주차장에 교장 선생님이나 교감 선생님 자리가 정해져 있지 않나요?
- 정해져 있지는 않아요.
- 그렇군요.
- 자기 자리가 정해져 있지는 않지만, 주로 주차하는 구역들이 있죠. 저도 그렇고요.

운전하는 것을 '무척' 즐기는 사람으로서 출퇴근 시간이 길고도 먼 길인 것을 굉장히 감사하게 생각하고 있다. 핸들을 이리저리 돌리면서 내가 가야 할 길을 내 마음대로 조절할 수 있다는 것이 얼마나 멋진 일인지! 그날 해야 할 일을 생각하면서 출근하고, 그날 있었던 온갖 일들에 대한 감정을 풀면서 퇴근하는 그 긴 시간을 보낼 수 있는 나만의 작은 공간, 운전석, 차 안이야말로 나를 치유하는 놀라운 곳이라 할 수 있다.

하루에 2시간 30분의 운전하는 시간이 없었다면 지금의 나는 어떤 상태였을까. 하루에 2시간 30분 정도의 운전하는 시간이 없는 다른 사람들은 어떻게 지내는 걸까. 어떻게 그 많은 감정들을 해소하는 걸까. 언제 생각하고 언제 풀고 언제 회복되는 걸까. 어떻게 살아가고 있는 걸까. 궁금하다.

운전하는 것을 너무도 좋아하지만, 차가 있는 사람의 가장 큰 고민은 주차하는 것일 것이다. 어느 장소를 방문하기 전에 주차장이 있는지를 확인하는 것이 필수이고, 주차하기가 쉬운지를 문의한다. 만약 주차장이 없거나 주차하기가 어려운 곳이라면 능숙하게 주차를 잘하는 사람의 차를 얻어 타는 것이 가장 좋은 방법이다. 한쪽에 구겨져서 상당히 불편하더라도 말이다.

학교 주차장은 넓지만, 어느 정도 걷느냐에 따라 주차하는 구역이 달라질 수 있다. 이때라도 운동해야 한다며 먼 곳에 대고 많이 걷는 분도 계시지만, 나는 가능하면 입구 가까운 쪽에 대고 몇 걸음만 걷는 (게으른) 편에 들어가는 사람이다. 입구와 가까운 쪽은 늘 만석이어서 이곳에 주차하기가 쉽지 않은데, 이 구역 어느 곳이라도 일단 자리가 비어 있으면 웬만하면 그냥 주차해야 한다. 출근을 빨리하시는 분들이 많아서 자리가 다 차버리지만, 가끔은 안쪽에 빈 곳이 있었던 경우도 있어서 용기를 가지고 밀고 들어가기도 한다. 그러나 끝까지 들어갔지만, 주차할 곳이 없는 것을 확인하고는 200m가 넘는 거리를 벌벌 떨면서 후진한 채로 나왔던 적도 자주 있다. 그런데도 가끔 찾아오는 그런 행운을 바라며 아직도 그냥 밀고 들어가고 있다. 그러면서 속으로 이렇게 기도한다.

- 하나님, 저를 위하여 준비된 곳이 있겠지요.

이 기도가 응답될 때도 있고, 응답되지 않을 때도 있지만, 늘 이렇게 기도하며 주차할 곳을 찾는다. 재미있다. 집에 있는 주차장은 조금 수월하다. 보통은 원하는 곳에 주차할 수가 있는데, 아주아주 가끔 내가 원하는 곳이 아닌 곳에 힘들게 주차해야 하는 때도 있다.

학교에서나 집에서나 내가 선호하는 주차 공간은 어떤 곳일까. 내가 선호하는 곳은 오른쪽이나 왼쪽에 기둥이 있거나 비어 있는 공간이다. 주차할 칸이 3개가 있다면, 가장 선호하는 것은 운전석 쪽에 기둥이나 공간이 있는 곳, 그다음은 오른쪽에 기둥이나 공간이 있는 곳, 가운데 공간은, 그곳밖에 자리가 없다면 모를까 선택하지 않는다. 이유는 운전석 문을 마음껏 활짝 열 수 있는 공간이 있어야 하기 때문이다. 신기한 것은 나와 같은 사람이 많은 건지, 집에 있는 주차장에는 3칸 중 가운데 칸만 비워놓고 주차해 놓은 곳들이 많다는 것이다. 모두 나처럼 운전석 문을 활짝 열고 싶은 걸까.

학교에서나 집에서나 주차된 차들을 보면 대부분 주차하는 곳들이 정해져 있다. 선호하는 구역이 있는 것이다. 나처럼 바깥에 대는 것을 즐기는 사람도 있고, 신기하게도 늘 가운데에 대는 사람들도 있다. 언젠가는 주차할 곳이 비어 있었지만, 늘 B라는 차가 세우는 곳이어서 어쩔 수 없이 그곳을 피해서 다른 곳에 세웠던 적도 있다. 또 '왜 저곳에 세울까'하고 생각하게끔 하는, 언제나 통로에 마음대로 세워놓는 차도 있다. 어떻게 할 것인가. 선호하는 구역이라는데.

그런데 몇 달 전 집에 있는 주차장을 돌다가 새로운 곳이 보이는 경험을 했다. 지금까지 전혀 고려 대상이 아니었던 곳이었는데 갑자기 내 눈에 확 들어온 것이다. 그리고 지금까지 이용하던 곳보다도 훨씬 더 좋았다. 주차장에 내려와서 가운데만 바라보았던 내가 살짝, 아주 살짝 옆으로 눈을 돌린 것뿐인데, 한 칸의 간격도 넓었고 다른 차들도 놓친 구역이어서 비어 있을 때가 많았다. 역시 운전석의 문을 아주 활짝 열어도 넉넉한 공간이었다. 한 곳만 바라보던 내 시야가 갑자기 확 터진 느낌이라고나 할까. 그동안 왜 이곳을 보지 못했을까. 왜 바라보던 곳만 바라봤을까. 왜 하던 일만 계속했을까. 왜, 다른 것은 생각해 보지 못했을까.

- 자기 자리가 있나요?

'여기는 당신 자리입니다'라고 누가 정해주지 않았지만, 영화관에서도 앉는 자리가 늘 똑같고, 급식실에서도 앉는 위치가 늘 정해져 있는 나라는 사람은, 새로운 경험을 하는 것을 불안해하고 불편해해서 잘 하지 않는다. 그리고 늘 습관대로 같은 루틴을 반복한다. 그리고 같은 사람을 비슷한 시간에 만나서 비슷한 일을 한다. 그것을 성실하다고 말할 수도 있겠고, 지루하다고 말할 수도 있겠다. 그런데 더 놀라운 것은, 갑자기 새로운 주차 자리를 발견한 것처럼, 어떤 변화가 찾아오면 또 그것에 금방 빠져서 잘 적응한다는 것이다. 그리고 그것을 '나의 자리'로 만들어 버린다. 그리고 나의 삶으로, 내 사람으로 만들어 버린다. 어딘가에 한 번 빠지면 진득하니 꿈쩍도 안 하지만, 또 어떤 변화가 찾아오면 거기에 또 흠뻑 빠져 버린다는 것을 알기에, 쉽게 눈을 돌리지 않는 것 또한 나의 특징이다.

추석 연휴가 끝나니 어느새 9월 하순이 되어버린 지금, 나의 삶에서 달라진 것은 새로운 주차 자리 하나를 발견한 것뿐이지만, 무언가 새로운 변화가 있으면 좋겠다는 바람을 가져본다. 또 다른 '나의 자리' '나의 삶' '나의 사람'은 어디에 있을까….

****

* 2025학년도 학교 설명회가 있었다.
어제부터 내리는 비로 인해서 사람이 많이 올지 걱정했지만,
밀려드는 인파로 인해 성황리에 잘 마치게 되었다.

올해 내가 맡은 부분은 여자 기숙사였는데, 아주아주 오래전에 기숙사에 들어가 보고 오늘이 처음이었기에 30분 전에 미리 가서 사감 선생님의 설명을 들으며 기숙사 탐방을 먼저 했다. 또 선생님과 많은 이야기도 나누면서 의미 있는 시간이 되었다.

우리 학교에 '자기 자리'가 있기를 바라는 마음으로 기숙사를 보러 온 중3 학생들에게 이렇게 말했다.

- 내년에 보아요!

자기 자리를 확보한 31기가 누비고 다닐 2층과 4층의 여자 기숙사. 벽면에 붙어 있는 시트지 색채가 매력적이다.

#자기_자리 #주차장 #운전 #주차 #루틴 #습관 #변화 #적응 #삶의_방식 #관계 #새로운_발견 #학교_설명회 #기숙사 #여자_기숙사

제31화
좋은 아침입니다
2024.09.28.(토)

- 좋은 아침입니다. 선물같이 주어진….

　오래전 학교에서 내내 피곤해하는 A를 이해하기 위해서 상담했었다. B 지역에 사는 A는 등교할 때는 제일 먼저 카풀을 타지만, 하교할 때는 제일 나중에 내린다고 했다. B 지역이 학교에서 제일 멀었기 때문이다. 그래서 언제 일어나는지 물었더니 새벽 5시에 일어난다고 했다. 새벽 5시에 일어나서 5시 30분에 카풀을 타고 학교에는 오전 6시 30분에 도착한다는 A의 말을 듣고 많이 안타까워했었다.

- 고등학생이 새벽 5시에 일어나다니!

　결국 먼 거리를 통학하면서 잠이 부족하여 힘들어하던 A는 2학년 때 통학을 멈추고 기숙사에 들어가서 공부했고 무사히 졸업했다. 그러나 기숙사에 들어와서도 편하지만은 않았다. 카풀을 타기 위한 새벽 5시 기상은 벗어났지만, 기숙사에서도 단체 생활로 인한 불편함을 감수해야 했고 수면시간은 늘 부족했으니까. 그래도 먼 거리 통학보다는 훨씬 낫다고 했고 피곤함은 줄어서 다행이었다.

기숙사에서는 보통 오전 6시에 일어나서 경건회를 하고 밤 10시 30분 정도에 점호한다고 한다. 오전 6시가 그렇게 이른 시간은 아니지만 수면시간이 늘 부족한 아이들이기에 경건회를 하지 않고 잠을 자는 아이들이 있었지만, 요즘은 지도가 잘 되고 있다고 들었다. 아이들은 잠을 더 자고 벌점을 받을 것인지, 일어나서 정상적인 생활을 할 것인지를 갈등한다고 한다. 더 누워있을 것인지, 이불을 박차고 일어날 것인지.

여하튼 기숙사에 있는 아이들은 보통 오전 7시 이전에 학교에 왔었다. 학교에 와서 아침을 먹고 교실에 가서 공부해야 하지만, 당연히 공부에 곧바로 진입하게 되지는 않는다. 물론 공부 이외의 활동을 많이 하기도 하고. 기숙사생이 아닌 경우는 보통 오전 7시 30분부터 8시 사이에 많이 등교한다. 물론 8시 30분과 9시 사이에 오는 아이들도 있고, 오전 6시부터 7시 사이에 아주 일찍 등교하는 아이들도 있다. 아이들은 아침 시간을 어떻게 보내고 있는 걸까.

기숙사 학생들에게 들은 이야기 중 가장 놀라웠던 일은, 샤워 시간이 15분이라는 것이다. 단체 생활이기에 원하는 대로 샤워실을 사용할 수는 없으니, 시간을 정해놓은 것이겠지만, 처음 들었을 때는 정말 깜짝 놀랐다. 15분 동안 어떻게 샤워하고 정리까지 하는 걸까? 아이들의 이야기를 들어보니 처음에는 힘들었지만, 시간이 지나면 적응이 된다고 한다. 아무리 15분이 주어졌다고 하더라도 신청한 순서에 맞추어서 하다 보면 조금 늦게 씻을 수도 있을 텐데 밤에는 늦은 순번이더라도 뒤에 바쁘게 해야 하는 일이 없을 테니 조금 나을 듯싶다. 문제는 아침일 텐데, 바쁜 아침에 자기 순서가 오기를 기다리려면 정말 조바심이 나겠다는 생각을 해 본다.

몇 년 전 여학생 C 학급 담임을 할 때, 우리 반 기숙사생 중

머리가 긴 D와 E는 아침에 머리 감는 시간을 줄이겠다며, 허리까지 찰랑거리던 긴 머리를 귀밑까지 오는 단발머리로 싹둑 잘라 왔었다. 긴 머리를 포기할 만큼 시간 욕심, 공부 욕심이 있었고 그 두 녀석은 결국 명문 F 여대 공대와 G 대학교 수의학과에 들어갔다. 기숙사, 샤워 시간, 긴 머리 등을 생각하면 늘 생각나는 (예쁜) 녀석들이다.

아침은 늘 바쁘다. 출근 시간이 오래 걸리기도 하고 준비하는 것도 오래 걸린다. 그리고 아침은 꼭 먹어야 하고 저녁은 준비해 가야 하니, 얼마나 분주한지 모른다. 일정한 시간에 맞추어 일정한 루틴으로 돌아가는 나의 아침 시간에 5분 또는 10분을 당기는 것은 보통 어려운 일이 아니다. 아니, 불가능하다, 사실.

보통 새벽기도 시즌에는 반주하러 교회에 갔다가 다시 돌아와서 출근했었는데, 교회와 집이 좀 더 멀어진 이후로는 불가능하게 되었다. 황금 같은 아침 시간에 준비하고 밥을 먹고 출근하는 것만으로도 너무너무 벅찬데 H 선생님이 이런 말씀을 하셨다.

- 매일 새벽 6시부터 7시까지 운동을 합니다.

출근하기 전에 매일 운동을 하고 오신다는 말에 깜짝 놀랐다. 그런데 출근하기 전에 무언가 하는 사람이 H 선생님만은 아닌 것 같다. 이런 방송을 들었다.

- 아침에 출근하기 전에 피아노 연습을 합니다.
- 출근하기 전에 바이올린 연습을 해요.

아침 출근 전에 피아노나 바이올린 연습을 한다는 사람들은 전공자도 아닌 일반인들이었다. 어떻게 이게 가능한 걸까? 이걸 매일 한다고 한다. 또 이런 말도 나온다.

- 초등학교 3학년인 제 아이가 아침에 등교하기 전에 문제지를 풀면서 음악을 듣습니다.

등교하기 전 문제를 푸는 초등학생에 대한 진행자의 대답이 더 놀라웠다.

- 대단하네요. 훌륭한 사람이 되겠습니다!

오전 8시 30분 출근 시간에 겨우 맞춰서 오는 나와 다르게 일찍 일어나서 무언가를 끝내고서도 오전 7시 이전에 출근하시는 분들도 많다. 세상에는 놀랍고 경이로운 사람들이 많다.

아침형 인간과 저녁형 인간으로 나눈다면 나는 저녁형 인간, 올빼미형에 들어간다. 아침형 인간보다 올빼미형 인간이 더 똑똑하고 인지능력이 더 뛰어나다는 연구 결과가 나에게도 적용되면 무척 좋겠지만, 그것보다도 선천적으로 아침에 일찍 일어나서 무언가 하는 것보다 밤을 새우면서 무언가 하는 체질인 듯하다. 지금도 새벽에 글을 쓰고 있는 것을 보면 말이다.

하루를 다 보내고 퇴근하여 집에 돌아온 나의 머릿속에는 온갖 것들이 가득 차 있는 경우가 많다. 좋았던 일들과 재미있었던 일들로 웃음을 띠기도 하지만, 속상하거나 화가 나는 일들을 곱씹느라 가슴이 답답한 채로 하루를 마감하는 때도 있다. 아침에 눈을 뜨자마자 잠자리에 들기 전 품었던 생각이 그대로 다시 살아나서 깜짝 놀라기도 하고 오히려 더 묵직한 기분으로 아침을 맞게 되기도 한다. 그럼에도 불구하고 밤에 남아있던 감정의 색채와 아침의 색채는 사뭇 다르다. 밤에는 탁하고 진한 유화 물감으로 뭉쳐져 있다면 아침에는 조금 묽어지고 옅어진 수채화 물감인 느낌이다. 그래서 아침마다 1학년 아이들에게 보내는 학년 조회에 이런 메시지를 보낸다.

- 좋은 아침입니다. 선물같이 주어진….

선물같이 주어진 '아침'에 보내는 메시지에 올해 1학기부터는 음악 선물을 함께 넣었었는데, 2학기가 시작되면서부터 성경 구절을 보내고 싶다고 생각하게 되었다. 왜 그런 생각이 들었는지는 모르겠지만, 대학교 때 외웠던 성경 구절 암송 카드를 찾아서 아이들에게 적당한 성경 구절을 매일 보내고 있다. 일명 '아침을 여는 말씀과 음악', 줄여서 '아말음'이라고 부르기로 했다. 학년 조회 즉, 아침 시간에 보내는 메시지 마지막에 들어간다.

학년 종례 즉, 저녁에 보내지 않고 학년 조회 즉, 아침에 보내는 이유는, 하루를 시작하여 새롭게 장식하는 깨끗하고도 맑은 영혼 상태에 좋은 말씀과 음악으로 각인시키고 싶기 때문이다. 5일 동안 보낸 말씀과 음악들을 정리해 보니, 상당히 많아서 말씀을 쭉 읽는 것만으로도, 음악을 쭉 듣는 것만으로도 마음이 정리되고 안정이 되었다. 모든 아이에게 물어보지는 않았지만, 물어본 아이들은 모두 좋다고 했다! 얼마나 다행인지!

매일 성경 구절과 음악을 찾기가 쉬운 일도 아니고, 이렇게 한다고 아이들의 생활기록부에 좋은 영향을 주어 좋은 대학교에 갈 수 있는 것은 더더욱 아니지만, 이 일을 하고 싶다는 강한 생각이 들었던 이유가 있지 않을까? 라는 생각을 해 본다. 언제쯤 알게 될지 모르지만, 30기 아이들이나 학부모들이나 무엇보다 나에게 좋은 영향이 있지 않을까….

우리 모두의 아침이, 말씀과 음악으로 가득 찬 아름다운 아침이 되기를, 그래서 좀 더 힘을 내어 살아보기를, 빛나는 아침이 쌓이고 쌓여서 우리의 아름다운 삶이 되기를 소망하며….

****

*** (2024.09.28.(토)) 발레 〈라 바야데르〉 공연

　인도풍 발레라는 말에 기대감을 가지고 보았던 작품으로, 대사가 없는 발레만으로는 스토리를 이해하기가 어려웠지만, 화려한 의상, 보석으로 치장한 코끼리와 웅장한 무대 등 볼거리가 많았던 대작이다.
　3막의 〈망령들의 군무〉 부분에 나왔던 새하얀 튀튀(고전 발레에서 쓰이는 스커트 모양의 무대 의상)를 입은 32명의 발레리나의 '발레 블랑(Ballet Blanc, 백색 발레)'이 가장 유명하다.
　이 정도의 공연을 하기 위해서는, 이른 아침부터 늦은 밤까지의 수고로움이 쌓이는 것이 당연한 일. 어쩌면 밤을 새우면서 아침을 맞이하지 않았을까.

* 마지막 커튼콜 장면 중

#좋은_아침 #새벽_5시 #카풀 #기숙사_생활 #아침_루틴 #수면시간 #공부습관 #아침형_인간 #저녁형_인간 #올빼미형_인간 #아침을_여는_말씀과_음악 #발레 #라_바야데르 #인도 #튀튀 #군무 #망령들의_군무 #발레_블랑 #Ballet_Blanc #백색_발레 #커튼콜

- 교육은 무슨! 월급이나 받으면 되지!

오래전 장래의 직업으로 교사를 권하는 부모님으로 인해 고민하는 A와 이런 이야기를 나누었다.

- 저는 교사가 되고 싶지 않은데, 부모님은 계속 교사를 권하세요.
- A는 무엇을 하고 싶은데요?
- 저는 회사에 들어가서 일하다가 독립해서 제가 좋아하는 B라는 일을 하고 싶어요.
- 부모님은 왜 교사를 권하시는 건가요?
- 부모님이 회사원이신데, 힘든 직업이라고 말씀하세요. 그래서 제가 다른 일을 하기 원하시는 것 같아요.

A에게 이렇게 말해주었다.

- 이건 저의 개인적인 생각입니다. 교사는 정말 좋은 직업이에요. 이 세상에 있는 일 중에서 일을 하면서 웃을 수 있는 직업은 몇 개 없을 거예요. 교사는 많이 웃을 수 있어요. 그리고 보람이 있고요. 물론 학교의 상황이 예전과는 많이 달라져서 교사 지원자가 많지 않고 합격점도 낮아지고 선호도가 높지는 않지만, 그래도 가장 좋은 직업이라고 생각합니다. 부모님의 말씀이 맞아요. 회사원은 매우 힘든 일입니다. A에게도 교사가 잘 맞을 것 같아요.

'교사 예찬론'은 나의 글 곳곳에 수도 없이 나오는데 아직도 그 생각은 변함이 없다. 교사만큼 여러 가지 면에서 만족스러운 일이 또 있을까 싶다. 물론 예전과는 너무나도 다른 상황이다. 무엇보다 학생을 통해서 기쁨을 얻는 것도 오래전에 지나갔고 원활한 학부모와의 관계는 더 멀어졌으며 동료들과의 관계는 더 말할 필요도 없다. 모든 사회가 '너와 내가 무슨 관계가 있는가!'라는 모토 아래에 각자 '하고 싶은 대로 말하고 행동하기'로 살아가는 시대가 된 것 같다. 일명 '예의 없는 사회'라고나 할까. 맞다. '예의 없는 사회'.

사실 학부모나 동료 선생님들과의 관계에 주안점을 두는 사람이 아니라서 나에게 어떻게 하든 크게 개의치 않는데, 학생들과의 관계는 전혀 다르다. 교사로서의 존재 이유가 학생이니까. 교사를 계속할 수 있는 이유는, 변화되고 성장하는 아이들, 존경받는 선생님, 그로 인한 보람이라고 할 수 있겠다. 초년 교사 때에는 누구나 다 이런 생각을 하게 된다.

- 아, 아이들이 너무 예뻐.
- 아, 아이들이 이전보다 더 좋게 변했네.
- 아이들이 내 말을 잘 따르고 있어.

- 아이들과 학부모가 나를 좋아하는 것 같아.

그런데 요즘은 이런 문구가 무색하다고 할 수 있다. 교사를 하면서 누구나 속상한 순간들이 생기게 되는데, 안타까운 것은 해가 갈수록 자주, 아주 자주 속상한 순간들을 마주하게 된다는 것이다.

- 아, 아이들이 더 이상 예쁘지 않아.
- 아이들이 왜 내 말을 안 듣는 것 같은 거지
- 도대체 학부모는 왜 저러는 거야?

이런 생각이 좀 더 확대되면 이렇게 생각하게 된다.

- 교육이 필요한가.
- 내가 헛짓거리하는 것은 아닌가.
- 왜 학년이 올라갈수록 아이들은 좋지 않게 변하는가.
- 교육은 무슨! 월급이나 받으면 되지!

1학년 때는 선생님 말씀이나 학교 규칙을 어느 정도 따르던 아이들이 학년이 올라갈수록 전혀 무서워하지 않고 대범해지는 것을 여기저기서 보고 듣는다. 2년 전까지는 앞에서 방긋방긋하면서 인사하느라 바쁜 아이들이 눈 똑바로 뜨고 모르는 척하며 꼿꼿이 지나가거나, 수업 시간과 예배 시간에 잠을 참아가며 참여하려고 애쓰던 아이들이 맨 앞에 앉아 대놓고 엎드려 있거나 대자로 누워있기도 하고 깨우기라도 하면 노려보거나 듣는 척도 하지 않는다고 하니, 자괴감이 들 수밖에 없다. 애지중지하며 사랑했던 녀석들이었는데 내 앞에서 쌩하고 지나가던 아이들을 보면서 이렇게 자신에게 말해본다.

- 청소년기는 다 저런 거지. 청소년기 아이들을 이해해야 해.

그렇게 위로하면서도 고개를 갸우뚱해 본다.

- 무얼 가르친다는 거고, 무얼 배운다는 거지?
- 너나 나나 무얼 하고 있는 거니….
- 배웠던 선생님에게 인사도 안 하는 아이가, 행여 좋은 대학교에 간다고 선생님이나 학교에 고마워하겠니. 네 힘으로 갔다고 생각하겠지. 물론 들어갈 수 있을지도 모르지만.

그런데도 교사는 좋은 직업이다. 특히 1학년 아이들과 있으면 그나마 낫다. 아이들이 나에게 적어도 간간이 웃음을 주니까. 1학년 아이들이 선배들처럼 변하리라는 것을 알면서도 1학년 아이들에게 힘과 시간과 애정을 쏟아본다. 그래서 서로 이런 이야기를 한다.

- 기수와 상관없이 1학년 아이들은 예쁘지.
- 손이 많이 가서 그렇지, 가르치기는 1학년이 괜찮은 것 같아.
- 교사의 보람을 찾으시려면 1학년 맡으시기를 권합니다!

며칠 전 C와 이야기했다.

- 누구나 처음에는 그러지 않았겠죠. 처음에는 조심스러워하고 예의를 갖추고 무엇이 부끄러운 일인지 알고 행동하지만, 시간이 지나면서 용감해지고 예의가 없어지는 것 같아요. 그걸 참고 지켜보

아야죠. 교육이란, 참고 지켜보아야 하는 일인 것 같아요.

　　내 만족을 위해서 책을 읽기도 하고 영화를 보기도 하며 이것저것을 배우기도 하지만, 내가 깨닫고 배우고 알고 있는 것을 말하고 싶고 알리고 싶어질 때가 있는데, 이런 일을 하기에 교사가 가장 적당한 일이 아닐지 생각해 본다. 퇴직한 이후에는 어떤 책을 읽고 아무리 대단한 것을 알게 되고 느꼈다고 하더라도 그 내용을 누구에게 말할 수 있을까. 내 말을 들어주는 아이들이 내 앞에 있다는 사실이 얼마나 귀한지 생각해 본다. 허투루 쓸 수 없는 귀한 시간. 이것만으로도 교사에 대한 의미를 둘 수 있다.
　　행여 무엇이나 배우고 흡수해 버리겠다는 각오로 앉아 있던 1학년들이 2학기가 지나가면서, 2학년이 되고 3학년이 되면서, 내가 언제 그랬냐는 듯이 일명 '쌩까더라도', 용케도 지금은 내 말을 들어주려고 애써서 앉아 있다는 사실만으로도 얼굴에 미소를 지어 보련다. 아침마다 이런 생각을 하며 집을 나선다.

　　- 처음 이곳에 왔던 이유를 생각하자. 아이들을 봐야지. 30기 녀석들은 조금 천천히 변했으면 좋겠다.

　　　　　　********************************

　　　　* 나이 어린 학생들의 생각이,
　　　또는 한참이나 어린 후배 선생님들의 행동이
　　대견스럽고 뿌듯하고 대단한 가르침을 주는 때가 적지 않다.

　　불특정의 학생들이 사용하기에 온갖 낙서로 지저분해진 2층 교실의 책상을 지켜본 30기 1학년 학생들이 쉬는 시간, 점심시간과 8교시에 열심히 지우고 닦아서 깨끗하게 만들어 놓았다.

　누가 시키지도 않았으니 굳이 하지 않아도 되었고 못 본 척 눈 감아 버리고 똑같이 낙서하면서 사용해도 되었을 텐데, 그 녀석들은 왜 이 책상을 깨끗이 만들기 위해 귀한 시간을 내었을까? 도대체 그런 마음은 어디에서 배우는 걸까??

　가끔 그런 생각을 해 본다. 사람은 배우면 배울수록, 시간이 지나면 지날수록, 점점 더 악해지는 건 아닐까. 차라리 가르치지 않는 게 더 나은 것이 아닐까. 무엇이 옳은지 그른지 이미 알고 있는데, 괜한 것들을 삶에 넣어주어서 변하게 되는 것은 아닐까. 1학년 때는 대부분 이런 순수한 마음이었는데, 언제부터 바뀌는 걸까.

　교사로의 보람을 느끼게 해 준 아이들의 모습을 더 자주 보게 되기를.

- (2024.06.04.) 30기 1학년 아이들이 닦아 놓았던 2층 교실 책상

#교육은_무슨 #교육 #교사 #직업 #학생 #웃음 #학부모 #학교 #예의_없는_사회 #변화 #성장 #존경 #보람 #청소년기 #참고_지켜보기 #처음_이곳에_왔던_이유 #순수 #배움

제33화
천천히, 꾸준히
그리고 끝까지!
2024.10.12.(토)

- 천천히, 꾸준히 그리고 끝까지!

　이혼 전문 변호사 A가 '부업'으로 썼다는 B 드라마가 공전의 히트를 기록했나 보다. 여기저기서 A의 인터뷰 기사가 많이 보인다. 13년 동안 이혼 전문 변호사를 하면서 겪었던 이야기들을 웹툰으로 만들어 SNS에 올리던 A는 6년 동안의 대본 작업을 통해 B 드라마를 만들었다고 한다. 생각지도 못한 흥행에 놀라면서도 이런 이야기를 한다.

- 유명해지고 싶지 않았고 지금도 그렇습니다. 다시 드라마를 쓸 생각은 없습니다. 저의 본업은 변호사입니다.

　어떤 일로 유명해지게 되면 매체 이곳저곳에서 이름과 얼굴로 도배가 되는 일이 비일비재한 요즘에 더 이상 유명해지고 싶지 않다는 말도 신선했고, 흥행작이 된 작품에 이어서 드라마 작가로의 일을 병행하고 싶은 마음이 생길 법도 할 텐데 본인의 본업에 대하여 재다짐하는 모습이 좋았다. 물론 주변에서는 이미 A를 이리저리 흔들고 있는 모양새이지만 말이다. 바라기는 A가 마음먹은 대로 더 이상 매체에 나오지 않기를, 내가 5번도 더 본 인터뷰 기사가 더 이상 나오지 않기를, B 드라마의 후속작이 나오면 좋겠지만 작가가 A가 아니기를 기대해 본다.

하지만, 이 기대가 이루어질지 내심 걱정이 된다. 유명해지고 자주 눈에 띨수록 (순수하던) 사람이 변하게 되거나, 유명해지기 전보다 그의 주변 환경이 안 좋아지거나 하는 경우가 많으니까 말이다. 지금이 가장 행복하다는 A가 지금 그 모습대로 쭉 변하지 않기를 진심으로 바라본다.

많은 사람이 재미있다고 하고 좋아해서 뛰어난 작품인 것도 아니고, 유명한 상을 받아 작품성을 인정받았다고 하더라도 모두 좋아하는 작품은 아니다. 작품성과 대중성은 별개인 것. 어느 장르에서나 이 두 가지를 만족시키기는 무척 어렵다. 대중이 좋아하는 음악이 뛰어난 음악이지 않을 수도 있고, 베스트셀러 작품이 수준이 있다고 할 수 있는 것도 아니니까. 하지만 수요자의 수준이 높으면 대중성과 작품성이 정비례하면서 같이 갈 수도 있겠다. A의 B 드라마는 대중성과 작품성을 모두 갖춘 작품이라고 하니, 시간을 내서 한번 보아야겠다.

우리나라 최초로 노벨 문학상을 받게 된 C의 이야기가 한가득하다. 2016년도에 맨부커상을 수상한 C의 이야기를 들었을 때, 생각했다.

- 세계 문학계의 인정을 받았다니. 읽기에 난해할 수 있겠어.

그래서 읽고 싶은 마음이 없었는데, 노벨 문학상을 받는다는 소식에 깜짝 놀라서 D 선생님에게 문의했다.

- 선생님, C의 책, 어떤가요?
- 네, 읽기 수월하실 거예요. 어렵지는 않아요.

E라는 책부터 읽어 보라는 글을 읽고 구매하려고 했더니, 〈예약 판매〉를 한다고 되어 있었다. 서점으로 달려가는 사람들의 열띤 호응으로 휴일에도 인쇄소에서 책을 찍어내고 있다는 기사를 읽으면서 C의 심정이 어떨까를 생각해 보게 되었다. C의 서면 인터뷰 내용이다.

- 하루 동안 거대한 파도처럼 따뜻한 축하의 마음들이 전해져온 것도 저를 놀라게 했습니다. 마음 깊이 감사드립니다.

말 그대로 '거대한 파도'가 C의 인생에 몰려가는 느낌이다. 워낙 유명한 사람들은 이런 분위기에 익숙하겠지만, 보는 사람으로서는 약간 떨리고 불안한 마음이다. 왠지 내 마음에 들었던 C의 슬픈 눈매와 소박하고 수수한 분위기가 거대한 파도 같이 밀려오는 엄청난 유명세와 어울리지 않는 느낌이랄까. 작가가 들으면 웃을 일이겠지만. C의 소식을 들은 아침에 선생님들께 한마디 던졌다.

- 저, 목표가 생겼어요! 노벨 문학상을 목표로 하려고요!
- 무엇을요?
- 제 글쓰기요!

나의 말에 선생님들이 모두 폭소했던 것을 기억한다. 물론, 나의 말은 농담이다. 하하. 하지만, 눈에 보이는 다짐을 이곳에 써본다.

- 천천히, 꾸준히 그리고 끝까지!

본업을 능가하는 부업으로 원하지 않던 명성을 얻은 A와 평생을 바쳐온 본업으로 그야말로 엄청난 관심을 받는 C의 공통점은 아마도 '천천히, 꾸준히'가 아니었을까. 또 그들은 역시 '끝까지' 그들의 재능을 꽃피우지 않을까.
온갖 일들로 방향을 못 잡고 이리저리 헤매고 있는 요즘, 이 새벽에 졸린 눈을 비비며 이번 주의 글을 써본다. A도 C도 아마 이런 과정을 무수히도 겪었겠지?? 천천히, 꾸준히 그리고 끝까지 글을 써보기!

****

* F 책을 찾기 위해 오랜만에 학교 도서관에 들렀던
몇 주 전의 어느 날을 잊지 못한다.
그날의 느낌은 뭐랄까.
현실에서 비현실 속으로
어떤 막을 뚫고 들어간 느낌이랄까.

아, 맞다. 비현실의 그 느낌! 내 시간 안에 들어와 있지 않은 이상한 나라 같은 그 느낌이었다.
책을 읽는다는 것은 아마도 (맞닥뜨리고 싶지 않은) 현실을 벗어나서, 이 세상에 없는 비현실을 마주한다는 것이 아닐까.

　바닥에서 붕 떠 있는 것 같았던, 공기 색깔이 달랐던 어느 날, 학교 도서관 서고에서 처음으로 확인해 보고 감격했던 날.

　국립중앙도서관에도, 학교 도서관에도 무언가 남길 수 있다면, 전혀 유명해지지 않아도 천천히, 꾸준히 그리고 끝까지 글쓰기 해 볼 만!

　　　　　* 학교 도서관에 꽂혀 있는 내 책들

#천천히_꾸준히_그리고_끝까지 #본업 #부업 #드라마_작가 #유명세 #작품성 #대중성 #노벨문학상 #맨부커상 #글쓰기 #학교_도서관 #국립중앙도서관 #작가 #책과_삶 #배움과_성장

제34화
과연, 말이 필요한가??
2024.10.19.(토)

- 과연, 말이 필요한가??

    주된 대사가 한국어인 나이지리아 하이틴 영화 A에 대한 뉴스를 듣고는 깜짝 놀라서 자료를 찾아보았다. 장학금을 받게 된 가난한 집안의 여학생이 한국어를 사용하는 나이지리아 명문고에 진학하여 펼쳐지는 청소년들의 이야기로 일명 K-드라마의 전형을 따라서 만들어진 재미있는 영화라고 한다. 긴 대사는 영어를 사용하지만, '앗싸' '어떡해' '빨리' '대박' '내 말이~' '진짜 싫어' 등 우리나라 청소년들이 많이 사용하는 유행어를 나이지리아 배우들이 아무렇지도 않게 한국어로 말하는 영화 홍보 영상이 무척 흥미로웠다. 그중에 어떤 남자 배우 B가 눈을 똥그랗게 뜨고 친구들에게 이렇게 외치는 모습이 무척 현실감 있었다.

- 집. 중. 해!

K-음악이나 K-드라마에 빠져서 우리나라를 찾는 사람들도 많지만, 우리나라 국악의 매력에 흠뻑 빠져서 아예 자신의 본국에 있던 삶의 터전을 모두 내려놓고 우리나라에 유학을 와서 국악을 전공하고 있는 외국인들을 보게 되었다. 가야금과 같은 악기를 전공하는 사람도 있었지만, 우리나라 사람들도 별 관심을 보이지 않는 '판소리' '창', 일명 '소리'를 좋아하는 단계를 넘어 전공까지 하는 아프리카계 프랑스인 C와 캄보디아인 D의 '소리'를 듣고서는 그 자리에서 움직일 수도 없을 정도로 놀랐다. 우리나라 말을 유창하게 하는 외국인은 너무도 흔하게 많지만, 전문가를 넘어서는 뛰어난 정통 국악 발성으로 판소리와 민요를 부르는 외국인은 감히 상상해 본 적도 없고 본 적도 들어본 적도 없었기 때문이다. 가끔은 이런 생각을 해 본다.

- 우리나라 말이 쉬운 걸까? 잘하는 외국인이 이렇게 많다니!
- 우리나라 말을 배우는 것이 어렵지 않은 걸까?
- 외국어 배우기는 너무 어려운데?

프랑스어 1, 2와 스페인어도 배웠던 고등학교와 대학교 시절, 그때는 열심히 했었고 재미있었으며 성적도 잘 나왔었는데, 지금은 1도 기억나지 않으니 안타까울 수밖에 없다. 하하. 물론 영어는 더 어린 시절부터 더 오래오래 늘 해왔지만, 역시나 나의 언어는 될 수 없다는 것을, 역시나 저 멀리 바다 건너 남의 나라 언어라는 것을 매번 확인할 뿐이다.

한때 독일어와 프랑스어에서 중국어와 일본어로 옮겨간 제2외국어 흐름이 베트남어와 아랍어와 스페인어를 비롯한 다양한 언어로 흘러가고 있지만, 뚜렷한 것은 시간을 들여 외국어를 익히려는 노력이 예전만은 못 하게 보인다. 내가 직접 알지 않더라도 도움을 주는 다양한 자료들이 있어서 일 듯하다. 지난겨울 일본에 갔을 때도 E라는 앱 하나로 모든 것을 해결했으니까. 앞으로는 더 유용하고 간단한 것들이 나오지 않을까. F 작가가 2024년도 노벨문학상 수상자가 되었다는 발표가 났을 때, G가 말했다.

- 작가는 번역가를 잘 만나야 해.

F 작가의 작품은 이미 영어, 독일어, 프랑스어와 스페인어로 번역이 되어 세계로 나가고 있다고 한다. 번역이란 새로운 창작이 되는 것인데, 우리나라 말의 그 미묘함을 외국어로 제대로 표현하기가 어렵지 않지 않을까. 마찬가지로 외국어를 우리나라 말로 옮기기도 심히 어려우니.

출판사에서 번역가는 어떻게 선정하는 걸까. 한국인과 외국인의 공동 번역이 가능한 사람, 한국인과 외국인 가운데 한쪽이 주(主) 번역을 하고 다른 한쪽이 보조 번역이 가능한 사람 또는 외국인과 공동 번역으로 한국 문학 작품의 번역을 완료할 수 있는 사람으로 선정한다고 한다. 무엇보다 언어로서의 실력을 기본으로 하여 문학적인 소양도 갖추고 있을 뿐만 아니라 작가의 의도를 정확하게 파악하여 제대로 표현할 수 있는 번역가를 만난다면, 작품은 날개를 달았다고 할 수 있을 듯.

- Korean Language is One of the Best in the World.

우리나라 언어가 세계 최고라는 (낯간지러운) 대사를 버젓이 쓴 나이지리아 영화 A에서 한국어가 너무도 자연스럽게 쓰인 것처럼,

우리나라의 문학과 영화와 음악을 비롯한 다양한 분야의 K 콘텐츠가 주목받고 있는 요즘, 이 기대에 부응하는 좋은 작품들이 끊임없이 나왔으면, 또 좋은 평가를 받았으면, 역사에 뚜렷하게 남았으면 하는 바람이다.

그런데, 좋은 작품이란 무엇일까.

****

* 2019년 〈소망 없는 불행〉이란 작품으로 노벨문학상을 받은 오스트리아 극작가 페터 한트케가 1966년에 쓴 첫 작품 〈관객 모독〉을 연극 공연으로 보았다.

대학생 때부터 제목만 알고 있던 작품을 이제야 직접 감상하게 된 것.

공연 중에 물을 뿌리거나 관객에게 욕한다는 것이 알려져서일까. 앞자리와 통로 첫 번째 줄 좌석들은 비어 있었는데, 우리는 용감하게 그 자리들을 예매했고, 물벼락과 욕 벼락을 모두 맞았다.
  4명의 배우가 대사를 가지고 논다는 느낌을 받을 정도로 맛깔스럽게 대사를 던지고 받고 비틀어 변주하기도 한다. 또 띄어 읽기를 하여 전혀 다른 단어로 만들어 무슨 내용인지 모르게 한다든가, 의성어만 사용하여 대화한다든가, 각자 영어, 일본어, 프랑스어 등으로 대사를 한다든가 하는 등 정신없이 역동적으로 연극이 진행되었지만, 배우가 말하는 그 내용이 무엇인지 전혀 알지 못하더라도 연극을 이해하는 데 전혀 불편함이 없었다는 것이다. 쉴 새 없이 떠

드는 배우들을 보며, 대사가 소음같이 느껴지기도 했고, 서로에게 '아무말 대잔치'를 하는 것을 보며 이런 생각이 들었다.

 - 과연, 말이 필요한가??
 - 지금 표현하는 그 단어, 그 언어의 뜻을 모르더라도 네가 어떤 심정인지, 무얼 말하고 싶은지 알 것 같아.
 - 번역도 필요하지 않아.
 - 우리에게 과연, 말이 필요한가??

좋은 작품이란, 새로운 시도를 한, 생각할 거리를 주는, 신선한, 의미가 있는 작품이 아닐까. 연극 <관객 모독>이 유명한 이유를 직접 눈으로 확인했던 날.

* 연극 <관객 모독> (2024.10.08.(화)) 커튼콜

#과연_말이_필요한가 #나이지리아 #영화 #K-드라마 #국악 #판소리 #민요 #외국인 #한국어 #노벨문학상 #번역 #번역가 #K-콘텐츠 #연극 #관객_모독 #페터_한트케 #아무말_대잔치

제35화
오늘은 해장국 먹자!
2024.10.26.(토)

- 오늘은 해장국 먹자!

　말레이시아에서 27년 동안 단 하루도 쉬지 않고 일해온 방글라데시 출신의 청소부 A는 말레이시아에 온 뒤 한 번도 고향에 가보지 않았는데, 드디어 올해 12월에 31년 만에 고향으로 돌아간다고 한다. 병가나 휴가도 쓰지 않고 일주일을 쉬지 않고 근무한 A는 매일 아침 목욕하고 아침 먹고 출근, 직장에서 일하고 퇴근 후 가족과 전화로 대화하는 단순한 일상을 27년 동안 반복해 왔다고 한다. 이렇게 열심히 일해서 번 53만 원 정도의 월급은 가족에게 보내져서 교육비와 생활비로 쓰였는데, 그의 딸은 판사로, 아들들은 의사와 엔지니어로 성장했다고 한다.
　39세였던 A가 70세가 되기까지의 그 긴 세월 동안 단 하루도 쉬지 않고 일했다는 이야기를 읽으며 깜짝 놀라기도 하고 감동적이기도 했지만, 아주 슬프기도 했다. A의 노동으로 자녀들이 잘 성장한 것은 무척 감사한 일이지만, 그 27년의 세월 속에 오로지 혼자였던 A의 메마른 삶이 안타까웠다고나 할까.

고향에 가보지도 못하고, 자녀들의 성장 과정에 함께 하지도 못하고, 하루도 쉬지 않고 일했던 A의 삶 속에도 아마 작은 기쁨이 있지 않았을까…. 그 엄청난 시간을 참고 인내하게 하고 그 외로움과 그리움을 견디게 했던 것, 그게 무엇이었을까….

식사 중에 B와 이런 대화를 나누었다.

- 퇴직하려면 앞으로 몇 년 남았나요??
- 네, 앞으로 OO 년 남았어요.
- 그때까지 할 건가요?
- (자신 있게) 그럼요!
- 65세까지 정년이 더 길어진다고 하던데요?
- (깜짝 놀라서) 네???

내가 '네??'라고 되물을 술은 나 자신도 몰랐다. 또 '깜짝 놀라서'라는 느낌이 들게 될 줄도 몰랐고. 직장인으로 사는 생활이 너무도 감사하지만, 가끔은, 요즘은 특히 더 '힘들다'라는 생각을 자주 하게 된다. 아이들을 가르치는 교사이니, 아이들에게서 보람을 얻고 의미를 얻을 수 있으면 되는데, 아이들에게서 어떤 의미를 찾지 못하게 되거나 아이들 이외의 문제로 스트레스를 받게 되면, 출근하는 것이 버거워질 때가 있다. 누군가가 이렇게 말했다.

- 이 세상에서 월요일 아침 출근이 즐거운 사람이 있을까요??

사실, 저 질문에 힘 있게 '저요!'라는 대답을 늘 했었던 '이상한 사람'이었는데, 왜 출근이 힘들어지는 걸까. 매주 월요일 아침이면 이런 생각을 한다.

- (기운이 빠져서) 이제 일주일 시작이구나. 휴….

화요일 아침에는 이렇게 생각한다.

- (조금 상기되어) 3일만 가면 돼.

목요일쯤에는 이렇게 생각한다.

- (완전 신나서) 앗싸! 하루만 더 가면 된다!

그럼, 그토록 기다리던 토요일이 되면 행복한가?? 다행스럽게도 대답은 'Yes!!!' 그나마 일주일 중에 가장 마음 편하고 여유 있는 때가 토요일이다. 반드시 해야만 하는 '글쓰기'를 제외하고는 시간을 자유롭게 쓸 수 있으니까. 가장 중요한 것은 밀린 잠 자기. 5일 동안 제대로 자지 못했던 잠을 자는 것이 토요일을 기다리는 가장 중요한 이유니까. 얼마 전 어느 부서에서 진행하는 C 프로그램 신청이 토요일 오전 8시부터라는 공지를 본 D가 이렇게 말했다.

- 이건 너무한 거 아닌가요? 토요일 오전 8시부터 신청이라니! 아이들은 꿀잠을 자고 있을 텐데.
- 아, 그렇군요. 아이들이 자다가 일어나야겠네요.

월요일부터 기다리던 토요일에 예술의전당에서 하는 아카데미 강의를 들었던 작년까지는 토요일에도 아침부터 무척 바빴었지만,

'너를 위해서 쉬는 시간을 줘야지!'라는 E 여사의 말씀을 받들어 올해는 토요일에 온전히 쉬고 있다. 그런데 지난달부터 나의 토요일에 변화가 생겼다. 새벽기도를 시작한 것….

매일 새벽 기도를 하는 사람도 많겠지만, 새벽기도는커녕 매일 짧은 기도도 제대로 하지 못하고 그나마 화요일 교직원기도회가 전부였던 나에게 토요일 새벽기도를 가고 싶다는 마음이 생겼다. 몇 년 전 중대한 일이 생겼을 때 했었던 토요일 새벽기도가 시간이 지나면서 흐지부지되어 게을러진 나에게 다시 토요일 새벽기도를 시작해야겠다는 상황이 되었다. 토요일의 늦잠을 꿈꾸며 일주일을 보내던 내가 토요일의 꿀잠을 과감하게 떨쳐버리고 싸늘한 새벽 공기를 맞으며 집을 나서야 하는 이 상황만은 분명 좋은 것이 아닌데, 신기하게도 토요일이 기다려진다. 잠을 더 잘 수 있어서 기다리던 토요일이, 잠을 더 이상 못 자는 토요일이 되었는데도 기다려지는 것은, 무슨 일인 거지??

무언가 특별히 기도할 일이 생겼냐는 것은 전혀 기대했던 일이 아니지만, 까만 하늘과 별을 보며 가족과 함께 걸어서 F 교회까지 가는 길, 졸면서 찬양을 드리는 일, 성가대의 놀라운 찬양을 듣는 일, 하품하면서 설교를 듣는 일, 졸다가 아주 잠깐 기도하는 일, 그리고 해가 뜬 거리를 보며 다시 걸어서 집으로 돌아오는 길이 나의 토요일 일상에 들어가게 되었다는 것은, 역시 기대하지 않았지만, 무척 기다려지는 일이 되었다.

하지만 사실, 토요일 새벽 기도가 기다려지는 가장 큰 이유는, 외식을 하지 않는 우리 집이 토요일 새벽기도를 마치고 오면서 외식을 하게 되었다는 것이다. 토요일 아침 외식…. 들으면 놀라겠지만, 지금까지 한 번도 먹어본 적이 없었던 전주콩나물국밥을 먹은 것부터 근처 식당을 돌아다니며 식사를 하고 근처 카페에서 커피를 마시는 것이 우리 가족의 토요일 아침 풍경이 되었다. 오늘 새벽, 교회를 가기 위해 문을 나서면서 내가 말했다.

- 오늘 아침에는 뭘 먹지??

내 말을 들은 G가 말했다.

- 지금 밥 먹을 생각부터 하다니!
- 하하하. 그건 아니지만, 나한테는 밥이 중요한데! 오늘은 해장국 먹자!

아마도 A가 27년 동안 하루도 쉬지 않고 일할 수 있었던 원동력은 가족을 향한, 자녀를 향한 사랑이었을 것이다. 또 매일 저녁 퇴근 후 가족과의 전화 통화가 그의 사막과 같은 삶을 견디게 했을 것이다. 대부분의 우리가 별로 기쁘지 않은 5일간의 출근과 등교를 견딜 수 있는 것은 토요일의 늦잠과 여유와 쉼이 있기 때문일 것이다. 또한 기도하지 않아도 평안한 삶이면 좋겠지만, 기도해야 하는 특별한 상황이 주어진 지금, 모자란 잠을 자지 못하고 날씨도 춥고 일어나기도 정말 싫지만, 이불을 박차고 문을 나서서 새벽기도를 갈 수 있는 것은, 놀라운 찬양과 말씀과 기도가 있어서이기 때문이기도 하지만, 가족과 함께 오가는 길이 아름다워서이고 함께 하는 소박한 외식이 있기 때문이다.

먹고 싶었던 해장국을 먹은 오늘, 다음 주에는 뭘 먹지?? 벌써부터 기대가 된다.

****

* 새벽기도회에서 알게 된 찬양

- 모든 상처 치유되리
- 그날 모두 알게 되리
- 모든 답을 얻게 되리
- 모든 걱정 사라지리 그날에
- 모든 고통은 끝나리

　모든 상처가 치유되고, 모두 알게 되고, 모든 답을 얻게 되고, 모든 걱정이 사라지며 모든 고통이 끝난다니! 이 좋은 것이 이루어지는 '그날(One Day)'을 기다리며 오늘 이 시간을 살아내 본다.

해장국 역자 - 그날

#해장국 #말레이시아_청소부 #가족 #자녀 #퇴직 #정년 #출근 #토요일 #새벽_기도 #외식 #그날 #One_Day #쉐키나 #Shekhina

제36화
SNU FAMILY
2024.11.02.(토)

- 아, 우리 가족, SNU FAMILY인데요.

아주아주 오래전, 겨울 방학이 시작되기 전날이었다. 평소에 애지중지하던 방석과 꽤 굽이 높은 슬리퍼를 정리해 놓고 교무실을 나왔는데, 개학을 한 뒤 보니 방석과 슬리퍼가 보이지 않았다. 학교 공사를 한다고 해서 교무실이 오픈되어 있었지만, '설마?'라는 마음으로 그냥 놓고 갔었는데, 없어진 것이다. 특히 슬리퍼는 내가 좋아하던 것이어서 온 학교를 돌아다니며 찾아다녔던 것 같다. 한참이 지난 지금도 그때의 방석과 슬리퍼가 생생한 것은 좋아했던 것이기도 했지만, 겉으로 보기에 전혀 가져가고 싶지 않은, 저렴한 것이었기 때문이다. 그렇게 '후진 것'이 없어지다니! 명품도 아닌데!

명품을 살만한 돈도 없지만, 명품에 대해서 잘 알지도 못하니 가지고 있는 명품도 없고 남들이 가지고 있더라도 잘 알아보지 못한다. 나도 알고 있는 명품을 누군가 가지고 있다면 오히려 이런 생각이 든다.

- 좀 더 구색을 갖춰줘야 할 텐데! (왠지 부족해 보이는데….)

진짜 부자들은 일반적으로 알려진 명품 말고 최고의 부자만 알 수 있는 티 나지 않는 명품을 사용한다고 한다. 이건 좋다고 생각한다! 이왕 명품을 가지려면, 알려진 것 말고, 아는 사람만 아는 희소성 높은 명품을 가지고 있기를 추천한다. 너나 저나 다 가지고 싶어 하고 다 알려진 제품은 희소성이 없으니까. 또 가능하면 로고가 없이 제품 자체로 명품 태가 나면 좋을 텐데, 왜 상품 로고가 진하게 박혀있는 걸까. 물론 그 로고 때문에 그 제품을 구매하는 것이겠지만 말이다.

하지만, 이렇게 말하는 나도 무언가 티가 나게 하고 싶을 때가 있다. 예를 들어, 이왕이면 A 커피전문점 로고가 찍힌 텀블러가 있었으면 좋겠고, B 로고가 있는 가방이 하나 정도는 있으면 좋겠고, C 로고가 살짝 보이는 시계도 있으면 좋겠고 등등…. 하하. 하지만, 지금 니에게는 고작 A사 로고가 박힌 텀블러 정도가 전부다.

미국이나 유럽, 일본 등에서 그곳 대학교를 방문하게 되면 반드시 그 학교 로고가 있는 기념품을 구매해서 소장했고 우리 반 아이들에게 나눠주기도 했다. 볼펜, 노트, 컵과 스티커가 단골 소재였다. 잠깐 방문한 외국 대학교의 이름이 새겨진 그 물건은 마치 내가 그 학교를 잘 알고 있는 듯한 '착각'을 하게 해 주었고, 마치 내가 그 학교 학생이 된 듯한, 아니면 앞으로 그 학교 학생이 될 수 있을 것 같은 희망을 간직하게 해 주었다. 2024년 겨울 일본 여행에서 D 학교 기념품을 찾았으나, 그 흔한 기념품은 없고, D 학교 상표가 붙여진 '카레'가 있어서 구매를 고민했던 기억이 있다. 여하튼 모두에게 환영받는 것이, 유명 대학교 기념품이다.

외국 대학교는 약간 '허상'에 불과할 수 있지만, 우리나라 S대라고 하면 '잘만 하면 갈 수도 있지 않을까'라는 생각들을 하는 것 같다. 그걸 알고 있는 나는 담임을 할 때 아이들의 생일 선물로 S대 기념품을 선물했었다. 처음에는 '먹는 게 남는 거야'라는 생각으로 맛있는 간식류를 주다가 '없어지지 않고 남아 있는 것이면 좋겠어'라는 생각으로 S대 굿즈를 선물했었다. S대 기념품은 학교 학생회관이나 생활협동조합에서 팔기도 하고 인터넷으로도 구매가 가능하다. 샤프나 볼펜, 그리고 초콜릿도 주었었는데, 모두 다 S대 로고가 새겨있었다. 아이들은 샤프, 볼펜 또는 초콜릿 자체보다도, S대 로고에 환호했다. 학교 스티커도 나눠주었는데 아이들은 노트, 교과서, 책상 위나 사물함 뚜껑에 S대 스티커를 붙이기도 했다.

  우리 반 아이들 생일 선물로 주는 S대 기념품에 대해서, 불편해하는 사람도 있었다. 아이들에게는 SKY를 가기 위한 입시 전략을 상담해 주고 SKY에 대한 소망을 갖게 하면서, 정작 S대 기념품은 좋아하지 않는 이유를 이해할 수 없었다. 왜 싫어했을까??

  몇 달 전 'SNU Family 스티커'가 큰 논란을 불러일으켰다. S대 로고와 함께 ⟨I'M MOM⟩ ⟨I'M DAD⟩ ⟨PROUD FAMILY⟩ 등의 문구가 있는 차량 스티커를 학부모가 신청해서 받을 수 있었는데, 학벌주의를 조장한다고 시민모임이 국가인권위원회에 진정을 제기했다고 한다.

  S대 로고가 있는 차량 스티커는 나도 붙였던 적이 있다. 생애 첫차를 샀던 아주아주 옛날, 후배들을 만나러 학교에 갔다가 차량 스티커를 구매해서 차마 밖에서 보이게 붙이지는 못하고 차 안쪽에 붙였었는데, 이런 스티커가 있는 게 신기했던 시절이었다. 크리스천인 것을 나타낼 수 있는 차량 스티커가 많이 있지만, 차마 붙이지 못하는 이유는, 제대로 운전하지 못하면 분명히 좋지 못한 말을 들을 수 있기 때문이다. 그런데 S대 로고 차량 스티커는 왜 주저함 없이 붙였을까? 욕을 먹는 것보다 무언가 표현하고 싶은 마음이 조금이라도 있기 때문이었을까??

S대 Family라는 것을 나타내고 싶어 하는 마음도 이해가 간다. '나, 이대 나온 여자야'라는 영화 대사처럼 자기의 우월함을 나타내는 경우도 있지만, '내 친구 중에 의사가~ ', '내 동생은 강남에~', '우리 아이가 S대를~'처럼, 제3자의 명성을 빌어서 자기도 같이 띄우고 싶은 사람들이 의외로 많은 것을 늘 경험한다. 이사를 하려고 집을 보러 다니던 친구 E에게 중개인이 이렇게 말했다고 한다.

- 이 집 아들이 S대를 갔어요! 제가 이 집을 이 가족에게 소개했죠! 이 집에 오면 S대를 갈 수 있어요!

함께 있었던 E의 아내가 이렇게 말했다고 한다.

- 아, 우리 가족, SNU FAMILY인데요.

원하는 명문대학교에 들어가기가 힘들어지는 시대에, 이제는 의대에 밀려서 S대의 명성이 예전 같지 않지만, 아직은 S대에 들어갔다고 하면 누구나 놀라워하는 것은 사실이다. 물론, 무슨 과에 갔는지가 더 중요하지만. 많은 사람이 안타까워하는 사실 중 하나는, 학생 혼자만의 힘으로 S대에 들어가기가 힘들어졌다는 것. 학교, 학원 또는 부모님의 전폭적인 지지와 경제적인 도움이 있다면 S대로의 진학이 좀 더 수월할 수 있다는 것이 사실이다. 그러니, 내 아이가 그 어려운 S대를 갔다면 당연히 자랑하고 싶고 동네방네 말하고 싶고 누군가가 나 대신 말해주었으면 하는 심정이 있을 수 있다. 우리 학교에 들어온 신입생 학부모들에게 이렇게 말하곤 한다.

- 아이들을 우리 학교에 보내시느라 고생 많으셨어요.

우리 학교 로고가 있는 차량 스티커가 있으면, 또는 가족인 것을 나타내는 스티커가 있으면, 자랑스러워하며 붙이고 다닐까?? 아마 S대와 비교할 수는 없는, 일개 작은 고등학교니까 쪼끔 용서가 되고 받아줄 만하지 않을까?? 아니, 부끄러워할까??

명품을 가진다는 것은, 명품 자체가 좋기 때문이기도 하겠지만, 내가 명품을 살만한 경제력이 있다는 것을 다른 이들이 알아주었으면 하는 의미도 있지 않을까. 그래서 나는 하고 싶지 않고 할 수도 없다. 하지만, 명품으로 자기 자신을 표현하는 사람을 뭐라 할 필요는 없다고 생각한다. 명품 없이도 그가 자신감을 가지기를 바랄 뿐이다.

경제력과는 조금 다른, 명예에 관계된 자랑, S대생이거나 S대생 가족이거나, 전문직을 가졌거나 또는 가족 중에 그런 직업이 있거나, 그 무엇이든 자기나 가족의 어떠함을 표현하고 싶어 하는 인간의 심리에 대하여 뭐라고 할 필요는 없다고 생각한다. 차에 S대생 스티커를 붙이고 다니거나, 내가 S대생 아이의 엄마라는 것을, 또는 우리 가족은 모두 S대 출신이라고, 현관문 밖에 크게 써놓는다고 하더라도 말이다. 다만, S대의 후광이 없어도, 그 한때 반짝이는 그 명예가 없이도 우리 자신의 모습 그대로, 자신감과 자긍심과 자존감을 가지고 살아 나갈 수 있기를 바랄 뿐이다. 엄청나게 어렵지만 말이다.

S대가 분명 파워 있는 단어이기는 하다. 삶 가운데에 S대가 있다는 것은 분명 의미가 있고 축복된 일이다. 하지만, 오랜 세월이 지난 지금에서야 깨달은 것 중 하나는, 모든 것은 한때라는 것, 모든 것은 지나간다는 것, 영원한 것은 없다는 것, 반짝이는 것일수록 의미 없다는 것, 눈에 보이는 것은 진짜가 아니라는 것, 모두가 쫓아가는 유명하고 높은 것들은 허울뿐인 허상이라는 것….

S대 로고가 새겨져 있던, 엄청 맛없었던 초콜릿의 맛이 기억나

는 새벽이다.

****

* 2학기 1차 지필고사 감독으로 들어갔던 3학년 교실

수능 원서 접수를 한 뒤에 붙여 놓은 걸까.
SNU FAMILY를 꿈꾸는 걸까.
허울뿐인 허상이지만, 원하는 곳에 갈 수 있기를!

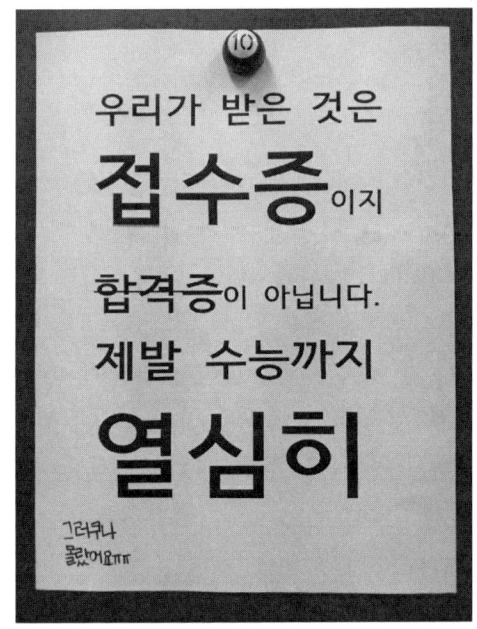

#SNU_FAMILY #서울대 #학벌주의 #명품 #기념품 #차량_스티커 #자신감 #자존감 #자긍심 #허울뿐인_허상 #성공 #수능 #진정한_가치 #꿈

제37화
참 서글픈 세상이네요
2024.11.09.(토)

- 참 서글픈 세상이네요.

아침 방송에서 이런 메시지가 나온다.

- 제 딸이 승마하다가 떨어졌습니다. 오늘 하루 쉬면 괜찮아지겠죠?

진행자가 몇 분 뒤에 또 다른 청취자의 메시지라며 소개한다.

- 끼니 때문에 새벽부터 일하는 저 같은 사람과 승마하는 사람이 같이 듣는 방송이라니, 참 서글픈 세상이네요.

이 메시지를 읽는 진행자의 목소리가 약간 당황한 듯했고, 이 말을 들은 나도 무척 놀랐다. 이렇게 외마디 말을 내뱉었으니까.

- 아! 속상하다!

물론 저렇게까지는 아니더라도 씁쓸하게 나를 돌아보게 되는 때가 있다. 언젠가 이런 내용도 있었다.

　- 1년 동안 프랑스에서 아이와 함께 지내고 있는데요, 정말 아름답고 좋은 곳입니다. 크리스마스쯤에 돌아가야 하는데 1년을 더 있을까 해요.

　　이런 비슷한 내용이었던 것 같은데 이 메시지를 들은 사람들은 무슨 생각을 했을까. 그 사람을 부러워했을까? 아님, 자기의 형편을 보고 속상해했을까? 무엇이었든 간에 누군가에게는 평범한 일상이었을 내용이 또 어떤 이에게는 비참한 내용이었을 수 있겠다고 생각했다. A 프로그램에서는 외국에서 음악을 듣는다던가 언젠가 여행을 갔었던 외국에서의 추억 이야기가 많이 나온다. 오늘은 이런 메시지가 나왔다.

　- 저는 오늘 골프 여제 박세리와 함께 라운딩합니다. 꿈만 같습니다!

　　학교에서 선생님들에게 이런 이야기를 했더니, 다양한 말씀을 하신다.

　- 승마 이야기를 했던 진행자가 끼니 때문에 새벽에 일하시는 분 내용을 소개했어요? 와우!
　- 나도 끼니 때문에 새벽에 나오는 사람인데!
　- (모두) 하하하!
　- 외국에서 1년을 보내다니! 부럽네!
　- 평일에 골프라니!

- 언제나 있었던 일이죠.
- 세상은 불공평하니까요.

    박빙의 승부라며 떠들썩하던 2024 미국 대선이 트럼프의 승리로 끝났다. 이것저것 따지지 않더라도 우리가 선호하는 일반적인 리더와는 전혀 다른, 독특한 캐릭터인 트럼프의 완승이었다. 온통 재선에 성공한 트럼프에 관한 이야기였지만, 내 귀에는 트럼프의 러닝메이트인 부통령 J.D. 밴스의 이야기가 들어왔다.

    미국의 역대 부통령 중 세 번째로 젊은 밴스는 태생부터 금수저인 트럼프와는 완전히 다른 일명 흙수저 출신이다. 어린 시절 이혼한 부모, 약물 중독에 빠진 엄마와 폭력이 난무하는 가정, 그리고 가난한 집안 환경으로, 극도로 불우했지만, 외조모의 지원을 받으면서 성공을 향한 목표 의식을 갖게 된다. 고교를 중퇴할 뻔했던 그는 고교 졸업 후 해병대에 입대하여 이라크전 파병으로 번 돈으로 오하이오주립대와 예일대 로스쿨을 다녔고, 로스쿨을 졸업한 후 2016년 출간한 자서전 〈힐빌리의 노래〉가 베스트셀러가 되며 유명해지기 시작했다. '힐빌리'(hillbilly)는 미국 내의 가난하고 소외된 백인 하층 노동계급을 상징적으로 뜻하는 단어라고 한다. 이후 실리콘밸리에서 벤처기업 투자 전문가로 일하며 경력과 부를 쌓은 밴스는 2022년 11월 상원의원 선거에 당선되며 의회에 입성하였고 2024년 11월에 부통령으로 당선되었다.

    밴스라는 인물의 정치적 성향이나 가치관이 어떠한지는 모르겠으나, 본인도 어찌할 수 없이 태생적으로 주어진 불우한 환경을 과감히 극복한, '오래전 살았던 위인'이 아니라 지금 현존해 있는 40세의 젊은 리더라는 것이 마음에 들었다. 그는 어떻게 그에게 주어진 비참한 삶의 조각들에서 꿈, 희망을 찾을 수 있었을까. 어떻게 눈에 보이는 현실을 보며 절망에 빠진 채 포기하여 주저앉아있지 않고 눈에 보이지 않는 미래를 꿈꾸며 일어나서 높이 날아오를 수 있었을까. 놀라웠다. 공교롭게도 이번 주 채플 시간 A 목사님의 설교 중에 이런 내용이 있었다.

- 고난 없이 날 수 없다.
- 우리가 고난을 선택할 권한은 없다. 그러나 어떻게 반응할지에 대해서는 선택해야 한다.
- 삶을 역동적으로 살게 하는 비결은 결핍을 깨우쳐주는 것이다.
- 사막에도 길이 있다.

결핍과 고난을 통하여 성장할 수 있다는 메시지를 아이들은 제대로 이해했을까. 이건 직접 살아보고 경험해 보아야 알 수 있는 것이기 때문이다. 모든 아이가 풍족한 것은 아니지만, 학생 대다수는 결핍이 무엇인지 모를 것 같다. 풍족하지 않더라도 아이가 원하는 것은 무엇이든지 채워주고 싶어 하는 부모의 마음이 더 막강해진 시대니까.

- 아이를 불행하게 하는 가장 확실한 방법은, 아이가 가지고 싶어 하는 것을 언제나 주는 것이다. 자녀가 잘되기를 바란다면 무엇보다 자녀에게 결핍을 가르쳐라.

부족한 것이 없이 풍족하게 자라온 아이들을 매일 접하면서 가르친다는 것이 얼마나 힘든지를 경험하고 있다. 경제적으로 부족한 것이 없으니, 알고자 하는 의욕도 부족하고 무언가 성취해 나가겠다는 의지가 확실하게 부족하고 약하다. 그런데도 아이들은 무언가를 배우기 위해 학교에 왔을 텐데, 아이들이 배우고 싶어 하고 듣고 싶어 하는 것과, 내가 가르치고 싶고 함께 이야기하고 싶은 것과는 조금 다른 것 같다. 대학교에 가기 위한 것을 배우고 싶어 하는 아이들과 삶과 인생에 관해 이야기하고 싶은 나 사이의 간극을 어떻게 좁힐 수 있을까. 분명 좁힐 수 있을 텐데….

승마를 하는 사람의 하루와 가족의 생계를 위해 새벽을 나서는 사람의 하루는 분명히 다르다. 1년이 넘도록 외국에서 지낼 수 있는 사람의 삶과 이곳저곳의 거주지를 옮겨 다녀야 하는 사람의 삶도 분명히 다르고. 이른 아침에 출근해서 늦은 밤까지 일하며 주말을 기다리는 일반 직장인의 생활과 평일에 골프를 치러 다니는 사람의 생활이 공존하는 우리의 인생을 생각하면, 그야말로 이런 말이 절로 나올 수밖에 없다.

- 참 서글픈 세상이네요.

물론 승마하거나 외국에서 지내거나 골프하는 것이 모두 행복하지는 않을 것이다. 또 끼니를 위해 새벽을 나서는 삶이 그렇게 불행한 것도 아닐 것이고. 그런데도 평범한 우리들은 평일에 승마와 골프를 하며 외국에서 원하는 대로 지낼 수 있는 삶이 보기와 달리 그렇게 행복하지 않으리라는 것을 잘 알면서도 그러한 삶이 나의 삶이 되기를 바라고, 특히 우리 아이들은 그런 삶을 살았으면 하고 꿈꾸게 된다.

하지만, 나 자신만의 인생을 보지 못하고 다른 이와의 삶을 비교하기 시작하면, 그보다 불행한 일이 없다. 그는 무엇을 잘했길래 나보다 나은 삶을 사는 것 같은지, 나는 무엇을 잘못해서 이 모양인지를 끊임없이 따져보며 스트레스를 받게 된다. 절대 해서는 안 되는 일 중의 하나는 바로 비교하기.

세상이 공평한가? 공평하지 않다. 각자의 분깃, 몫이 다르다. 한 달란트 받은 사람이 있고 열 달란트 받은 사람도 있다. 각자가 받은 몫이 다르니 그 몫으로 해야 하는 역할도 각각 다른 것이고 남겨야 하는 것도 다르다. 당연히 한 달란트 받은 사람보다 열 달란트 받은 사람이 남겨야 하는 것이 월등히 많다. 노력하지도 않았는데 열 달란트 즉, 많은 것들이 주어졌으니, 일단은 기쁘고 행복하겠지만, 밖으로 흘러가지 않는다면 결국은 나에게 주어진 그 많은 것들이 내 안에 고여서 불행해질 것이고, 많지 않은 한 달란트가 주어졌지만, 밖으로 흘러가서 다른 이들까지 행복하게 되어 한 달란트를 더 남기게 된다면 나의 삶은 가치 있는 삶이 될 수 있을 것이다. 그렇다면, 세상은 공평하다고 할 수 있을 듯한데….

또 영광스러운 삶이 계속되는가? 그렇지 않다. 또 불행한 삶이 계속되는가? 감사하게도 그것 또한 그렇지 않다. 영광스러운 것 같다가 불행한 것 같다가 다시 영광스러워지는 것이 우리의 삶인 듯하다. 그렇다면 세상은, 세상은 공평하다고 해야 할 듯한데….

- 사람은 자신의 결핍을 깨닫는 순간 행동하게 되어 있다.

금수저로 태어난 이들의 삶과 그렇지 않은 나의 삶을 비교하며 '인생이 서글프다'라고 생각하기보다, 각자에게 주어진 것을 가지고 앞으로 어떻게 살아가야 하는지를 가르치고 배워가는 과정이 인생인 것 같다. 어두운 어린 시절의 굴레를 벗어나서 감히 로스쿨로 진학하겠다는 꿈을 꾸었고 그 꿈을 이루기 위해 무던히 노력했다는 것만으로도, 불우했던 밴스의 인생이 이제는 꽃피울만한 충분한 가치가 있다고 생각한다. 이제는 정치가로의 이름을 얻게 된 그가 앞으로 어떤 길을 걷게 될지는 모르겠지만, 초심을 잃지 말기를 바란다. 그가 쓴 책, 〈힐빌리의 노래〉 책을 읽어봐야겠다.

****

* 채플 시간에 나왔던 내용

맹자의 글이 무척 마음에 든다.
믿어도 되는 걸까.
그럼 나는, 하늘의 선택을 받은, 큰 인물이 될 사람인 건가….
진실이건 아니건, 정말로 믿고 싶은, 멋진 글이다.

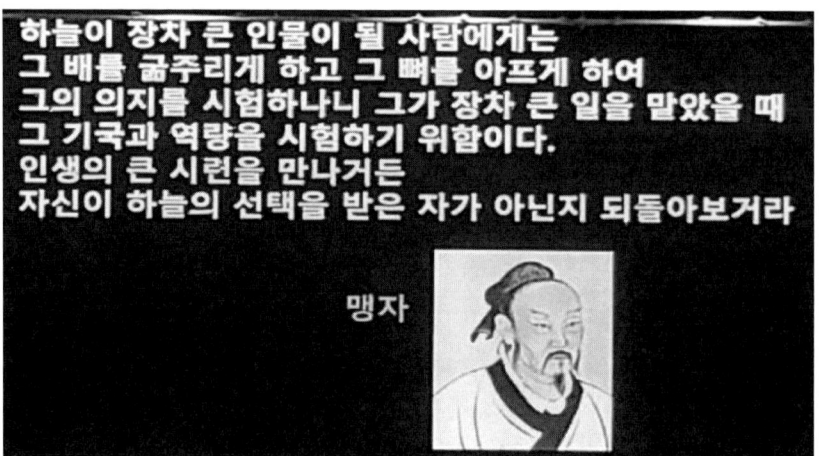

#삶과_비교 #공평과_불공평 #결핍과_성장 #고난과_기회 #꿈과_노력 #인생의_가치 #행복의_조건 #사회적_격차 #미국_대선 #J.D._밴스 #힐빌리의_노래 #트럼프 #교육과_배움 #부모의_역할 #달란트_비유 #행동하는_삶 #맹자 #하늘의_선택 #행복

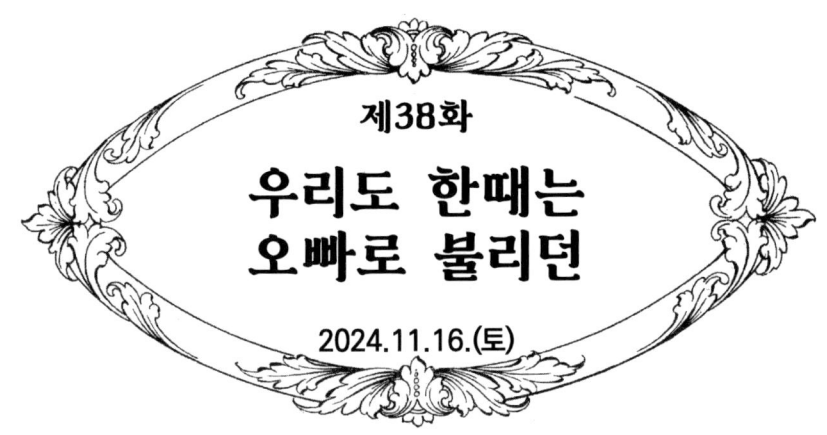

제38화
우리도 한때는
오빠로 불리던
2024.11.16.(토)

- 우리도 한때는 '오빠~'로 불리던 사람들이었습니다.

　1968년경에 결성되어 2024년 현재 56년이 되어가는 쎄시봉의 공연을 보게 되었다. 겉모습으로는 60대 정도의 멋진 중년들로 보였는데, 3명 모두 팔순을 앞두고 있다는 말에 청중들이 깜짝 놀랐다. 기타 하나로 전국을 떠들썩하게 했었던 그들의 젊은 시절을 생각해 보면, 직접 통기타로 반주하면서 노래했던 것, 영어 노래가 많았던 것, 그리고 당시의 대중음악과 분위기가 달랐다는 것 등이 뚜렷하게 기억난다. 남녀의 사랑 이야기만이 아닌 노래 가사 내용도 무척 신선했었다.

　공연에서 멤버 3명 모두 기타를 메고 연주하는 모습이 무척 멋있었고 연주 실력도 출중했다. 굳이 나이를 말하지 않으면 몰랐을 정도로 젊은 청년 3명의 공연이었다. 피아노를 치며 신나게 노래하기도 하고 홀로 무대를 휘저으며 열광적인 무대를 만들기도 하였으며 특히 이런저런 이야기로 입담을 과시하기도 하였던 조O남이 갑자기 행동을 멈추고 말한다.

- 저는 지금 이렇게 노래하면 안 되는 나이예요.

올해 팔순이라는 그의 말에 청중은 깜짝 놀라며 한바탕 웃었지만, 피아노와 기타 연주를 하며 멋들어지게 노래하는 가수이면서 화가와 작가로도 왕성하게 활동하고 있는 그에 대해 안쓰러움과 함께 경탄과 경외감도 느끼게 되었다. 3명 중에 가장 동안인 김O환이 말했다.

- 2년 전에 공연할 때는 70대 중반이었는데, 지금은 어느새 70대 후반이 되었네요.

또 이 무대를 연출한 주O환 PD가 나와서 말한다.

- 제가 이래 봬도 이제 칠순입니다.

관객들이 얼마나 놀랐던지! 저 얼굴들을 어떻게 70대 중반, 칠순이라고 말할 수 있단 말인가! 특히 조O남은 야구 모자와 잠바를 입었고, 주O환 PD도 야구모자와 청바지 패션이었다. 이삼십 대의 젊은 오빠들이었다. 윤O주가 나와서 말한다.

- 잘 모르시는 분들도 있을 것 같은데, 우리도 한때는 '오빠~'로 불리던 사람들이었습니다.

그의 말에 노래가 끝날 때마다 곳곳에서 사람들이 외쳤다.

- 오빠!
- 오빠아~~~!

주O환 PD가 조O남에게 말한다.

- 제가 중학교 1학년 때, TV에서 처음 뵈었는데, 진짜 노래를 잘 하시더라고요.

그러면서 관객에게 말한다.

- 56년 전의 일이네요. 56년 동안 우리가 살아있어서 이렇게 만나게 되네요. 지금까지 살아계셔 주셔서 감사합니다.

70대 후반과 80대임에도 무대에 올라와 기타를 치면서 노래하는 이 사람들을 움직이게 만드는 것은 무엇이었을까. 유명세였을까, 명예욕이었을까, 아님. 음악을 사랑하는 마음이었을까. 아님, 오랜 시간 함께 해온 친구들이 있었기 때문이었을까….

56년 동안 같은 팀으로 음악 활동을 해 왔다는 것이 상상되지 않는다. 쎄시봉의 3명은 누가 보아도 서로 달랐다. 주관적인 견해로는, 윤O주는 차분하고 신실하게 보이고, 김O환은 능구렁이 같은 느낌이고, 조O남은 그야말로 자유인이었다. 음악성은 윤O주가 제일 많아 보였으나, 음악적인 것뿐만 아니라 온갖 다양한 끼는 조O남이 출중했다. 윤은 법이 없어도 살아갈 수 있을 듯이 보였으나, 조O남은 이리저리 흔들리는 불안한 스타일이었다. 가치관이 서로 달라 보이는 이들이 모여서 어떻게 56년 동안 한 팀을 유지할 수 있었을까. 어떻게 팀이 깨지지 않을 수 있었을까.

- 26년 동안 일하던 직장이지만, 손절하려고 합니다. 이런 감정을 느끼게 될 줄 몰랐네요.

얼마 전 A에게서 들은 저 말에 화들짝 놀랐다. A가 B라는 지인의 이야기를 전해 준 것이었는데, 26년 동안 함께해 온 직장 동료들과의 인연을 끊겠다는 말이 적잖이 충격적이었기 때문이다. A가 말했다.

- 얼마나 힘들면 그랬을까 싶어요.

반면 이런 글도 읽었다.

- 32년 동안 근무하던 직장에서 퇴직했습니다. 매일 아침 출근하기가 너무도 싫었었는데, 요즘 출근하고 싶다는 생각이 스멀스멀 드네요. 이런 감정을 느끼게 될 줄 몰랐습니다. 저도 신기합니다.

너무도 다른 성정을 지닌 사람들이 모인 사회, 학교와 직장에서 다른 누군가와 함께 일하거나 매일 얼굴을 보고 부대낀다는 것은 참으로 힘든, 쉽지 않은 일이다. 나를 이해시키는 것도, 다른 사람을 제대로 이해하는 것도 어렵고 불가능하다. 한 집에서 오랜 기간 함께 살아온 가족들도 서로 이해하지 못해서 충돌이 있을 수 있는데, 하물며 가족 이외의 사람들은 서로 이해한다는 것 자체가 불가능할 수 있다. 가족 이외의 다른 사람들과 어떻게 사이좋게 아니 별 무리 없이 잘 지낼 수 있을까. 이걸 배워가는 것이 인생인데, 이 인생이 쉽지 않다는 것을 매번 느낀다.

팔순이 다된 쎄시봉이 처음부터 저렇게 매끄럽지는 않았을 것이고, 온갖 일들을 겪으며 56년을 지내왔을 것이고, 싸우기도 하고 미워하기도 하고 갈등이 있기도 하고 튕겨 나가기도 하고 다시 돌아오기도 하고 손절하고 싶기도 하고 끝내고 싶기도 했을 텐데, 그 굴곡 굴곡마다 어떻게 견디며 해체하지 않고 잘 버텨왔을까. 5년도 아니고 10년도 아니고 무려 56년 동안.

멋진 인생을 살아낸 3명의 공연을 보면서 차마 손뼉을 칠 수 없었고 노래를 따라 부를 수도 없었다. 그들이 함께해온 56년의 세월이 너무 묵직했기 때문이다. 칠순, 팔순 그리고 구순이 넘어서도 여전히 멋진 기타 한 대씩 맨 20대 청년들 같기를 바라며. 그리고 여전히 음악을 사랑하는 친구들로 남아 있기를 바라며.

****

* (2024.11.16.(토)) 쎄시봉 공연 중

#오빠 #쎄시봉 #윤형주 #김세환 #조영남 #기타 #나이 #주철환 #손절 #직장 #청년 #친구 #음악과_세월 #팀워크

제39화
울었어요??
2024.11.23.(토)

- 울었어요??

  찬바람을 맞으며 문을 나서는 토요일 새벽, 안경을 쓰고 다니다가 콘택트렌즈로 바꿨다. 눈이 따끔거리기도 하고 무엇보다도 눈물이 자꾸 나는데, 안경을 썼다 벗었다 하는 것이 너무 번거롭기 때문이다. 5일 동안 콘택트렌즈를 꼈으니 토요일 하루 정도는 눈을 쉬게 해 주어야 하는데 어쩔 수 없이 주일날까지, 일주일 내내 눈을 혹사하게 되었다. 렌즈를 낀 상태에서 눈물을 닦는 것이 훨씬 편리하니까. 그런데, 눈물이 왜 나는 거지??

  몇 년 동안 소원해진 A를 만나야 하는 일이 생겼다. 사실 만나고 싶은 생각도 없었고 굳이 만나지 않아도 되었는데, 일을 진행하기 위해서 어쩔 수 없이 찾아가게 되었다. 그런데 A를 보자마자 내 눈에서 눈물이 흘렀다. 생각지도 못한 눈물에 나 자신도 깜짝 놀랐는데, 눈을 깜박거리면서 눈물을 멈추려고 애썼지만, 오히려 얼굴이 눈물범벅이 되고 말았다. 머릿속에서는 이런 생각만 났다.

- 어, 뭐지?? 왜 그러지?? 아, 뭐야!!!

오래전 중요한 이야기를 할 때마다 눈물을 흘리는 나를 보고 지금은 안 계신 B 선생님이 말했다.

- 맨날 울면서 말할래??
- 아, 왜 눈물이 나는 거죠??

저번 주 출근길에 C가 내 뒤에 오고 있었다. 농담이라도 하며 계단을 올라와야 했는데, 그날따라 나는 뒤에 오는 C를 생각하니 괜히 눈시울이 붉어지는 것을 느꼈다. 속으로 생각했다.

- 아, 왜 울컥하지.

각자의 교무실로 가기 위해 서로 헤어지는 지점에서 차마 눈을 마주치지 못하고 가볍게 고개만 숙인 인사를 하고 헤어졌다. 교무실 옆에 있는 방에 들어가서 심호흡하고 눈물을 닦은 후, 교무실로 들어갔다. 그리고 C에게 메시지를 보냈다.

- C를 보니 눈물이 났어요. 왜 그랬을까요.

나의 이 뚱딴지같은 메시지에 C가 답장했다.

- 우리의 힘든 시간에 하나님은 어디에 계시는지 생각해 봅니다. 영상을 하나 보내니, 시간 날 때 한번 보세요.

우문현답(愚問賢答)했던 C가 보내준 영상으로 마음을 다스리며 눈물샘을 진정시켰다.

기분 좋게 출근했던 어느 날 아침, 자리에 앉기도 전에 D와 E가 어떤 프로젝트를 질문하며 내 감정을 자극했다. 생각지도 못한 질문 공세에 나도 감정이 격해져서 날카로운 목소리로 응대한 뒤, 더 이상 말하면 말실수할 것 같아 입을 닫아버렸다. 한 시간 동안 조용히 있다가 갑작스럽게 터지는 눈물 때문에, 화장실에 가서 한 시간 동안 진정하고 돌아왔다. 며칠 뒤 G에게 말했다.

- G~, 나 D와 E 때문에 울었어.
- 푸하하~~
- 아, 왜….
- 알고 있어요.
- 앗, 진.짜.??
- 사람들 다 알고 있던데요?
- 엥, 정말??
- D와 E도, 자기들 때문에 선생님 울었다고, 다른 사람들도 선생님 울었다고 다 알고 있던데요?
- 앗, 뭐야….
- 뭐야, 자기만 모르고 있었나 보네.

H가 말했다.

- 선생님, MBTI에서 T가 아니라 F죠??
- 아닌데…. 저, T인데요.
- 아, 그래요?? 이상하다.

- 제가 어디를 보아서 F예요. 말도 안 되죠.
- 선생님 글을 보면 F가 맞는데?
- 아, 제 글이 그런가요??
- 선생님 글은 온통 F던데요??
- 음, 글은 혼자서 생각이 깊어져서 내 안에 있는 것들이 나오는 거니까, 진짜 내 모습은 F지만, 겉으로는 T가 나타나는 건가 보네요.

왠지 H의 말이 부정확하게 느껴졌지만, 일단 내 글이 F, 즉 감정이 넘친다는 말이 무척 좋았다. 감정, 즉 공감력이 있다는 말처럼 느껴졌으니까.

- T : Thinking. 결과 〉 과정
- F : Feeling. 결과 〈 과정

이론상으로는 T가 결과를 중요시한다고 하지만, 결과보다 과정을 중요시하는 나와 같은 T형 인간도 있지 않을까 싶다. I가 K에게 이렇게 질문했다.

- K! 내가 F인 것 같아, T인 것 같아? 또 J인 것 같아, P인 것 같아??
- 네가 F인지 T인지는 잘 모르겠지만, 확실하게 J는 아니고 P인 것은 알겠어.
- 그래??
- 누가 봐도 너는 무계획적이잖아.

둘의 대화를 들으며 함께 있던 사람들이 모두 다 웃었다. 그리고 차마 말은 못 했지만, I가 T가 아니라 F라는 것도, 그리고 당연히 P라는 것도 모두 알고 있었다. 그런데 I는 자기가 TJ이기를 원하는 것 같았다. 신기하다. L이 말했다.

- 리더는 TJ여야 하는데….
- FP는 힘들까요.
- TJ가 좀 더 수월하죠.

손을 씻고 들어온 나에게 M이 물었다.

- 울었어요??
- 아, 아뇨.
- 뭐하기만 하면 눈물을 흘리고 있으니까.
- 그니깐요. 나이가 들었나 봐요.
- 아무 때나 울고.
- 왜 그럴까요.

찬 바람이 부는 겨울에 눈물이 더 난다고 한다. 별일이 아닌데도 눈물이 핑 돌고 눈이 빨개지고 목으로 눈물이 넘어가는 이 루틴을 어떻게 조절할 수 있을까. 아, 따뜻하게 찜질을 해 주면 눈 건강에도 좋다고 하니, 오늘 밤에 한 번 시도해 봐야겠다. 눈이 건강해지면, 눈물도 조절이 되겠지. 그럼, 조금 불편하더라도 눈을 위해서 토요일에는 안경을 쓸 수 있겠지.

****

* 눈물이 아니라,
웃음을 뿜게 만드는 아이들의 모습 중 하나.
음악 수업 시간에 이러고 있으니!

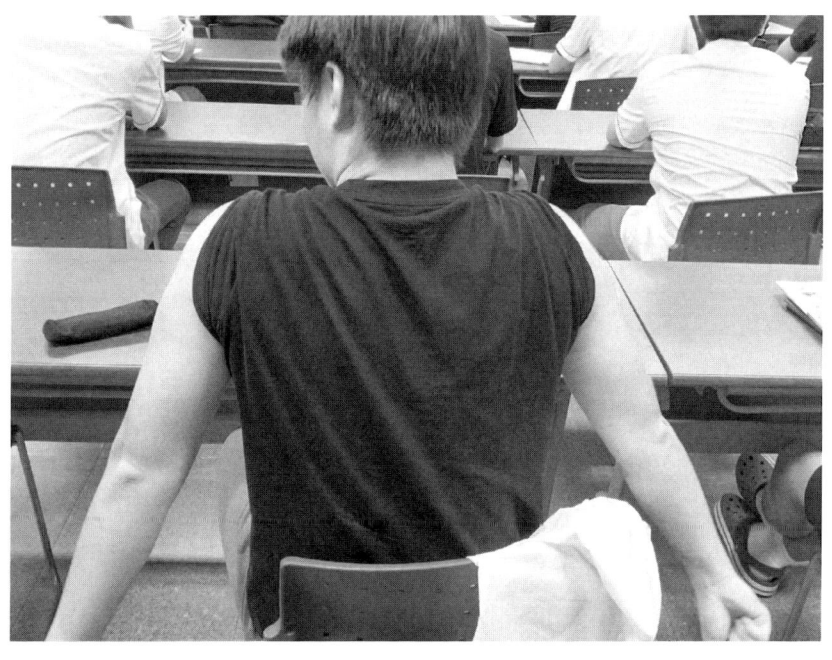

#눈물 #감정 #MBTI #Thinking #Feeling #TJ_FP #공감 #감성
#자아성찰 #관계

제40화

화가 나나요??

2024.11.30.(토)

- 화가 나나요??

내가 없을 때 내 자리로 온 전화를 당겨 받은 A 선생님이 말했다.

- 선생님에게 온 전화를 제가 받았는데요, 와~ 선생님 자리로 이런 전화가 오나요? 몰랐네요.

이것저것을 따지는 어떤 분의 전화였다고 한다. 내가 말했다.

- 아, 그래요? 대부분 예의를 잘 갖추시는데. 그러면 이렇게 말씀하셔요. 지금 떠 있는 이 전화번호로 연락드리도록 하겠습니다. 아니면, 학생에게 전해 줄까요? 하고요. 전화번호가 뜬다는 것을 잘 모르시더라고요. 그래서 검색 안 되는 전화로 연락하는 분도 계시지만.

B와 C에게 이런 전화가 왔다고 한다.

- 끝난다는 시간에 왜 안 끝내주냐고 막 따지더라고요.

놀라서 내가 말했다.

- 1년 동안 아이를 맡았던 담임선생님에게, 1년이 다 되어가는 지금, 이 시점에, 그렇게 따졌다고요?? 와우!

매해 수능을 보는 날 전후는 어김없이 한파가 찾아왔었다. 감독하기에 거추장스럽지 않으면서도 따뜻한 옷을 찾아서 입었었고, 찬바람을 맞으며 새벽길을 나서서 수험생들이 춥지 않도록 밤새 틀어놓은 히터로 온기가 가득 채워진 교실에 들어섰었다. 점심시간 이후 식곤증을 참아가며 영어 듣기평가를 치르는 아이들에게 방해가 되지 않도록 히터를 끄는 일도 늘 반복되던 일이었다. 그런데 올해 수능 날은 영상 17도까지 올라갔던 더운 날이었다. D 선생님은 반소매를 입고서도 땀을 뻘뻘 흘렸다고 한다. 11월 중순 이후로도 새벽에는 쌀쌀했지만, 한낮 기온은 20도를 넘나들더니 마지막 주 초에도 15도 전후까지의 이상기온이었다.

그러던 이번 주, 갑작스럽게 내린 2024년의 첫눈은 42cm가 넘는 눈 폭탄으로 우리를 깜짝 놀라게 했다. 눈이 오면 좋아하는 사람들이 대부분이겠지만, 짧지 않은 거리를 운전해야 하는 나로서는 눈이 온다는 것 자체가 고민의 시작이다. 불안한 마음으로 벌벌 떨면서 과감히 차를 몰고 가야 할지, 차를 놓고 지하철로 3번을 갈아타면서 2시간 30분을 가고 그다음 날 또 그 고생을 하면서 와야 할지, 고민이 커진다.

너무도 눈이 많이 온 그날, 용기를 내어 차를 가지고 퇴근하기로 하고 보았던 내 차의 모습이란! 내 눈에는 거의 100cm로 보이는 눈이 차 지붕 위에 쌓여 있었는데, 지붕과 앞 유리를 완전히 뒤덮어버린 눈을 치우기 위해서 결재판으로 한 30분을 쓸어내렸는데도 도저히 다 치울 수 없었다. 무릎까지 푹푹 잠겨질 정도의 눈을 밟고서 운전석 문을 겨우 열었고, 계속 내리는 눈을 보며 겨우겨우 힘들게 퇴근했다. 진정 이게 실화라는 것이 믿어지지 않았다.

다음 날 아침, 지하철로 가려 했다가, 다시 운전해서 갈까? 했다가 결국 다시 지하철로 결정하기까지 몇 번의 번복을 한 뒤 3번을 갈아타고서 오전 10시가 다 되어 학교에 도착했다. 등교 시간이 늦추어졌음에도 많은 아이가 지각을 했고 결석했다. 아이들이 이렇게 말했다.

- 오전 7시에 나왔는데 지하철역까지 오는 마을버스에서 1시간 넘게 있었어요. 10분 정도면 도착하는 거리인데요.
- 지하철이 오지 않아서 계속 기다렸어요!
- 지하철역 밖에까지 사람들이 줄을 서 있을 정도로 사람이 많아서 역 안에 아예 들어가지를 못했어요.
- E 역에서 학교까지 1시간 30분을 걸어서 왔어요.
- 제 친구네 F 학교는 휴교한다고 해서 지하철로 오다가 다시 집에 갔대요!

코로나로 3월 개학이 6월까지 미뤄졌었던 2020년도가 생각날 정도로 깜짝 놀랄 날들이었다. 연이틀 등교 시간이 늦춰지고 일찍 귀가시켰고 야자가 없어졌다. 온 나라가 들썩였고 눈으로 인한 사고가 잦았던 이번 주. 어느 사람도 예상치 못한 이런 일들에 어떻게 반응해야 할까. 지하철로 출근하려고 준비하던 목요일 오전 7시경, 1학년 단체방에 이런 메시지가 올라왔다.

- 오늘 조식, 차가 눈 때문에 막혀서 현재 먹을 수 없다고 합니다. 언제 올지는 모르나 늦어질 것 같아요.

　오전 7시에는 조식을 먹게 되는데, 눈 때문에 도로 상황이 무척 좋지 않았기에 조식 차량이 제시간에 도착하지 못했던 것. 물론 9시 20분경에는 조식을 먹을 수 있었는데, 그 사이 아이들은 편의점에 가서 식사를 해결하거나, 오늘 안에 밥을 먹을 수 있는 건지, 왜 휴교하지 않느냐며 계속 투덜거렸다. 학부모들에게서도 이런 연락이 왔다.

- 학교가 왜 이렇게 신속하지 못한 건가요.
- 아침을 못 먹었다는데 어떻게 된 건가요.
- 점심은 먹을 수 있는 건가요.
- 왜 휴교하지 않는 건가요.
- 내일두 인정 결석이 되는 건가요.

　보내온 메시지를 보면서 잠깐 생각에 잠겼다가 이렇게 답했다.

- 오늘은 예측 불허 상황이었지만, 내일은 되지 않을까요. 일정에 맞추겠지요.
- 조식, 9시 20분경에 진행되었고, 중식, 준비 중으로 압니다. 오늘은, 등교도, 출근도, 모두 다 난리였으니까요.
- 관련 부서에 문의했으니, 모두, 조금만 기다려 주시기를 말씀드려 주세요. 일부러 이렇게 진행하는 것은 아니니까요.

　G 학급에 들어가서 아이들에게 물어보았다.

- 오늘 아침에 학교에 오는 것도 힘들었잖아요. 눈이 너무 많이 와서 도로 상황이 어떤지, 지하철역, 버스 상황, 다 보고 느꼈죠? 오늘 아침에 조식이 많이 늦어졌어요. 이런 일이 있으면 엄마에게 즉각 연락하나요??
- 네!
- 엄마! 조식 차가 오지 않아서 조식을 못 먹었어! 짜증 나! 이렇게요?
- 네!
- 도로에서도 늦어졌고 차량 3대가 교내에 들어오지 못해서 급식실까지 재료를 들고 이동하느라 시간이 늦어졌다고 해요. 이런 상황이 이해가 안 가나요?
- 이해는 되지만, 일단 화가 나니까요.
- 화가 나나요??
- 네!
- 무엇에 대하여, 누구에 대한 화, 짜증인가요?
- 음….
- 날씨에 대하여? 학교에 대하여? 급식 업체에 대하여?
- 날씨??
- 그럼 어떻게 해야 했을까요? 빵이라도 사서 주어야 했을까요, 아님, 어떻게 해야 했나요?
- 음…. 그건 아니지만….
- 이런 때일수록 더 유머러스하게, 여유 있게 대해야 한다고 생각해요. 화가 난다고 하니, 여러분에게 무엇을 가르쳐야 할지, 고민해야겠다는 생각이 듭니다. 화가 났다고요….

 어쩔 수 없는 천재지변에, 원하는 속도에 맞추지 못한 일들에, 어떻게 대응해야 할까. 어떻게 생각하고 어떻게 행동하라고 가르쳐야 할까. 눈 때문에 제시간에 급식을 제공하지 못하고 2시간이나 늦어졌던 업체는 어떤 심정이었을까. 아이들의 이런 투정에 어른은 어떻게 대답해야 했을까.

- 뭐라고?? 조식을 못 먹었다고?? 그게 말이 되니?

설마, 이랬을까? 그리고 다른 방에 이렇게 글을 올렸을까?

- 세상에, 우리 아이가 그러는데, 지금, 이 시각까지 조식을 못 먹었다고 하네요. 학교에서 대책을 주어야 하는 거 아닌가요? 어떻게 이럴 수 있죠?? 아무리 눈이 왔다고 해도 말이죠. 말이 안 되지 않아요?

설마, 이렇게 했을까?? 생각하고 싶지 않다. 고개를 가로저어 본다. 그 대화에 끼고 싶지도 않다. 누군가는 이렇게 답하는 사람이 있었기를 바란다.

- 이렇게 눈이 많이 왔으니, 뭔가 어려움이 생겼나 보네요. 조금 기다리면 되지 않을까요. 투정하는 아이들처럼 학교에 대해 쉽게 말하지 않으면 좋겠습니다. 혹 못 먹이더라도 이유가 있겠지요.

아이에게 해가 될까 봐 예의를 갖추어 조심스럽게 말하고 행동하던 사람들이 헤어질 때가 되어가고 다 끝나가는 지점에 이르러 무서울 것 없이 거칠게 바뀌는 것을 매년 경험하기에 놀라지는 않지만, 그런데도 서로를 대하던 처음의 그 모습으로 기분 좋게 헤어지기를 바란다. 약간의 가식 아니, 심한 과장과 가식과 연기가 있더라도 말이다. 우리는 그 사람의 마지막을 기억하니까.

****

* 아이들과 나누었던 연말 프로젝트.

끝나가는 때가 되면 누구에게나 어김없이 찾아오는 흐트러짐.
처음 보던 빤짝이는 모습까지는 아니더라도, 서로에게 기본적인 예의는 지키도록 하자!
아님, 좀 더 과장된 연기력을 갖추도록 하자!
기분이 좋을 때는 더 기분 좋은 모습으로, 기분이 좋지 않을 때는 더욱더 기분 좋은 모습으로!
생각나는 대로 말하지 않기를, 느껴지는 대로 행동하지 않기를!
화가 날 때는 잠깐 멈추기를, 말을 멈추고 생각을 멈추고 행동을 멈추기를!

이 중 제일 마음에 드는 문구는, 20번.

- 처음 만났던 3월인 듯 부끄럽고 얌전하게 지내기!

(연말 프로젝트)
1. 매일 아침, 매 순간 거울을 보고 복장 살펴보기
2. 매 순간 넥타이, 넙방, 치마, 바지, 자켓 체크하기
3. 매일 머리 상태 살펴보기
4. 모든 상태가 OK일 때 집 밖, 교실 밖으로 나오기
   ****
5. 교복 바르게 입고 등교하기
6. 교복 바르게 입고 수업 참여하기
7. 교복 바르게 입고 교무실 방문하기
8. 교복 바르게 입고 재를 참여하기
9. 교복 바르게 입고 (비전홀, 미션홀) 오기
10. 같이 다니던 자랑스럽도록 옆 친구 교복 매 순간 살펴 보아주기
11. 패드는 학습용으로만 사용하기
12. 교내에서 게임하지 않기
13. 게임에 빠져있는 친구 10초 이상 불쌍하게 바라보기
14. 0교시, 8교시에 공부, 책읽기가 아니면 집에 가기
15. 교실을 남의 집처럼 깨끗하게 사용하기
16. 교실과 복도에 떨어진 쓰레기 먼저 줍기
17. 서로에게 먼저 인사하기
18. 하루 30번 이상 크게 웃기
19. 하루 30번 이상 다른 사람 웃기기
20. 처음 만났던 3월인 듯 부끄럽고 얌전하게 지내기
21. 마지막까지 모든 선생님께 진심으로 예의 갖추기
22. 3기보다 1년 먼저 대학교 가셨다고 믿고 행동하기

#화 #예의 #첫눈 #눈_폭탄 #휴교 #기다림 #첫_인상 #연말_프로젝트 #유머 #여유 #감정조절 #소통과_이해 #배려

제41화
3년 내내 1등이었어요
2024.12.07.(토)

- 3년 내내 1등이었어요.

'성공'을 주제로 하는 강연을 의뢰받은 A에 관한 이야기를 들었다. A가 강의하기 전 이미 쟁쟁한 강사들의 성공담이 진행되는 중이었다. 화려한 강사들의 성공에 관한 이야기를 듣고 있던 A는 잠시 강의 주제를 고민하게 되었다. 이미 준비해 온 주제, '어떻게 하면 성공할 수 있는가?'의 강의를 그대로 할 것인지, 아니면, 시간이 부족하기는 하지만, 주제를 바꿀 것인지를 고민하던 A는 '성공'이 아닌 '실패'에 대한 주제로 바꾸어 강의를 진행했다. 다다를 수 없고 현실로 이루어지기에는 너무나도 먼 '성공 신화'를 다른 사람 이야기로 건성건성 듣던 청중은 A의 강의, '내가 어떻게 실패했는가?'에 환호했다고 한다. 그리고 앞서 들었던 강의 내용들은 기억조차 못했다고 한다. 누구나 경험했던 실패에 대한 공감이 특정 몇몇에만 해당하는 허구의 성공담을 이긴 것이다.

학급 담임을 할 때 중요하게 생각했던 것은, 선배들의 이야기를 우리 반 아이들에게 들려주는 것이었다. 1, 2년 선배가 들려주는 이야기도 좋았고, 고3 선배가 들려주는 이야기도 좋았고, 갓 졸업했거나 졸업한 지 한참이 된 학생들의 이야기도 좋았다. 아이들은 같은 학교를 나온 선배라는 것만으로도 좋아했고 자기들과 똑같은 고민을 했었던 그들의 이야기에 귀를 기울였다. 질문하라고 하면 이런 질문들을 했다.

- 야간 자기주도학습을 매일 하셨나요?
- 주말에는 몇 시간이나 공부하셨나요??
- 이성 교제는 하지 않으셨나요??

더 실제적인 것을 물어보는 일도 있었다.

- 수학은, 어느 강사의 인터넷 강의를 들으셨나요??
- B 선생님의 C 과목을 신청해도 되나요??
- 수능은 몇 등급을, 내신 평균은 몇 등급이었나요?

선배들은 내 눈치를 보면서도 하고 싶은 이야기를 마음껏 했다.

- D 사이트의 E 수학 강사의 F 강좌를 들으세요!
- 이성 교제는 걸리지 않도록만 하면 되는 거, 알죠??
- 1학년 때는 공부하지 말고, 실컷 노세요!
- 야간 자기주도학습, 저는 하지 않았습니다.
- 국·영·수 이외의 과목은 신경 쓰지 마세요!

아이들에게 선배를 소개할 때, 학교, 학과 그리고 그 아이의 장점이나 특징에 관해 이야기하게 되는데, 몇 년 전 G를 소개할 때의 일이다. G를 이렇게 소개했다.

- G는, OO기, I 대학 의과대학 2학년으로 전교 1등이었고 어쩌고저쩌고~

아이들은 경이로운 눈으로 G를 바라보았고 G는 주로 이런 이야기를 했었다.

- 대부분 맨 처음에 치르는 다트고사(입학 전 실시되는 교내 시험) 등수 때문에 충격을 받지만, 저는 괜찮게 나왔었습니다. 1학년 때도 1등이었고, 2, 3학년 때도 1등이었어요. 3년 내내 1등이었습니다. I 대학교 의과대학에 수시로 합격하여서….

'태생부터 1등이었고 흔들림 없이 1등이었으며 별로 노력하지 않았는데도 성적은 늘 1등이었다'라고 말하는 G를 바라보는 아이들의 눈빛이 점점 흐려지는 것을 보면서 깜짝 놀랐다. G의 이야기는 평범한 아이들에게 전혀 감동을 주지 못하는 신화적인 이야기였다. 약간은 썰렁한 분위기의 G의 이야기가 끝난 뒤, 함께 온 H를 소개했다.

- H는 G와 같은 기수로 재수하여서 J 대학교 K 학과 1학년입니다.

재수생으로 상위권도 아닌 중위권인 J 대학교에 다니는 H의 이야기를 듣는 아이들의 눈빛은 오히려 더 생동감이 있었고 반짝거렸다. H가 이런 이야기를 할 때는 아이들이 더 좋아했다.

- 고1 야간 자기주도학습 시간에 몰래 PC방에 갔었다가 L 선생님(나)에게 걸려서 무지 혼났었는데, 고3 때도 PC방에서 헤어 나오지

를 못하겠더라고요. (지금은 없는) 철조망을 넘어가다가 무릎이 깨졌었어요. 컴퓨터 게임을 끊으셔야 합니다! 결국은 재수했죠.

아이들은, 고3 때도 컴퓨터 게임에 빠져서 PC방을 들락날락했다는 H의 이야기를 재미있어하면서 재수 생활 이야기에 푹 빠졌고, 이런저런 질문을 많이 했다. H가 이런 이야기를 했다.

- 고등학교 때 연애하던 아이들은, 재수하면서도 연애하더라고요. 그러니, 잘 될 리가 있겠어요. 연애도 깨지고, 결국 삼수생이 되는 거죠.

일류대학 의과대학에 다니는 전교 1등 출신 G에게서는 그다지 감흥이 없던 아이들이, 재수생으로 중위권 대학에 겨우 붙은 H의 이야기를 듣고서는 적어도 3가지는 배운 것 같았다. '컴퓨터 게임을 절제하자. 이성 교제도 절제하자. 재수는 힘든 것이다.'

우리나라 최초로 노벨문학상을 받은 M의 이야기를 들으면서 가장 좋았던(?) 것은, 그가 오래전에 이혼했다는 내용이었다. 문학가 집안에서 글쓰기에 전념하여 온 M이 결국은 노벨문학상까지 받았다는 흠결 없는 이야기보다, (요즘은 더 이상 이야깃거리도 안되는) 이혼했다는 것이 그녀 특유의 어둡고 우울한 분위기를 아주 조금은 이해하게 된 것 같은 느낌이었다고나 할까.

2025학년도 수능 성적표도 배부되었다. 만점자가 11명이나 나왔을 정도로 시험이 쉬웠다고 하니 성적표를 받아 든 수험생들의 고민이 이만저만이 아닐 것이다. 아마도 생각했던 것보다 훨씬 떨어진 표준점수, 백분위와 등급에 깜짝 놀라지 않았을까 싶다. 또 2024년도의 2학기 2차 지필고사도 끝났다. 이 시험도 대체로 쉬웠던 것인지, 일단 아이들의 얼굴이 가볍다. 시험이 쉬우면 1개를 틀

려도 등급이 잘 나오지 못하지만, 시험이 어려워서 자기 자신을 자책하면서 울고불고하는 모습을 보는 것보다는 훨씬 낫다.

수능 성적표를 받아 든 수험생들과 올해의 모든 시험을 끝낸 고등학교 1, 2학년 학생들 모두 그토록 기다리던 12월 첫 번째 주말, 제법 쌀쌀해진 이번 주말을 어떻게 보내고들 있을까.

좋은 성적이 나와서 원하던 곳에서의 합격 소식이 있더라도 몸과 마음을 낮추기를. 지금의 합격이 인생의 최종 성공인 것은 아니니까. 성적이 좋지 못해서 미래가 걱정되고 고민이 되더라도 절망하지 말기를. 지금 느끼는 안타까움이 인생의 실패를 말하는 것은 아니니, 잠깐 털썩 주저앉더라도 가능하면 빨리 털고 일어나기를. 머지않아 성공의 열매를 맛보게 되고 누군가에게 당신의 이야기가 큰 위로와 힘이 될 수 있으리니, 너무 오래 앉아 있지 말기를.

완벽하고 아름답고 좋은 것들을 바라보며 나의 삶 또한 그렇게 반짝거리는 성공의 삶이기를 소망하지만, 때로는 부족하고 흠 많고 울퉁불퉁하고 비어 있어서 뱉어버리고 싶고 외면하고 싶은 쓸쓸한 실패의 기록이 우리뿐만 아니라 타인에게도 큰 위로를 주기도 한다는 것이 신비한 인생의 법칙이다. 그래서 살아갈 만한 가치가 있는 걸까.

그런데도 처음 살아보는 매일매일의 삶을 노심초사 두려워하며 두드려가며 한 발짝씩 내딛는 우리의 유리 같은 삶이 가능하면 작은 성공의 기쁨들로 좀 더 많이 채워졌으면 하는 바람을 역시나 가져본다. 다른 이들에게 큰 감동은 주지 못해도, 버거운 오늘을 살아내는 나 자신에게 스스로 감동하고 싶으니까….

오늘 하루를, 이번 주를, 2024년 올 한 해를 지금까지 살아온 나 자신을 위로하고 격려하며, 남아 있는 한 달, 12월도 잘 살아가 보자. 힘을 내기를 모두. 어쩌면 엄청난 성공 신화가 될 수도 있으니!

****

* N 학급 복도에 있는 화분

복도 한가운데에 놓여 있는 화분을 보고 깜. 짝. 놀랐다.

- 화분 하나를 여기에??

다른 화분들 속에 묻혀있는 또 하나의 화분이 아니라, 유일하게 홀로 존재하는 단 하나의 화분이었다. 약해 보이지만 전혀 약하지 않은, 꼿꼿하게 서 있는 단 하나의 화분! 그래서 무척 마음에 들었다.
　주변에 다른 화분이 없더라도, 또 풍성하지 않더라도 고고하게 잘 자라기를!
　외로워 보이지만, 그래서 더 강해 보이는, 홀로 있기에 빛이 나는 것 같은, 그래서 더 감동적인, 그래서 위로가 되는!

#1등 #성공 #실패 #선배 #전교_1등 #위로 #감동 #성장

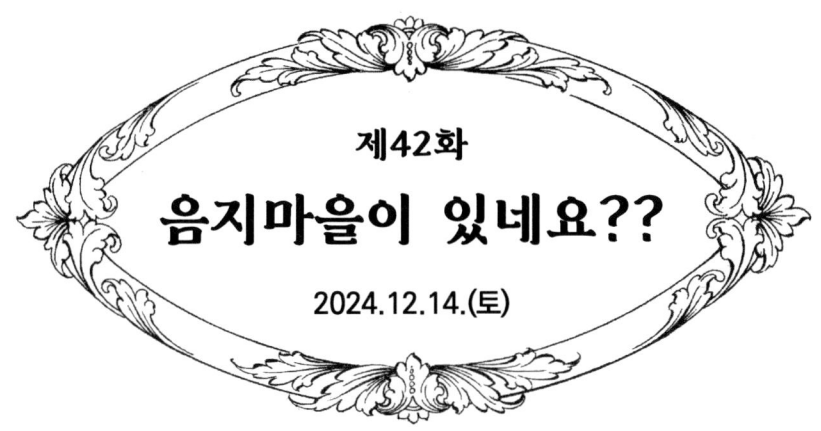

# 제42화
# 음지마을이 있네요??
2024.12.14.(토)

- 음지마을이 있네요??

지난 11월 하순 무렵 2025학년도 신입생들을 위한 주제별 체험학습 장소 답사를 다녀왔다. 올해 다녀왔던 곳도 좋았으나, 여러 가지 여건을 고려하여 강원도 영월 지역을 살펴보게 되었다. 올해 다녀왔던 춘천 지역보다 50km 정도 멀어서 이동하는 시간이 더 걸렸다. 도착하는 것보다 함께 가는 그 여정을 좋아하는 나로서는, 차 안에서 더 오래 머무는 이 루트가 훨씬 마음에 들었다. 날씨도 좋아서 주변을 둘러보고 이런저런 이야기를 하면서 선생님들과 즐겁게 다녀왔다. 그런데 창밖으로 주변 경관을 보다 보니, 특이한 이정표가 눈에 띄었다.

- 음지마을

나는 깜짝 놀라서 말했다.

- 음지마을이 있네요?? 그럼, 양지마을도 있는 건가?? 그런데 이름이 음지마을이면 좀 그러네요. 양지마을이면 좋을 텐데.

혹시나 해서 두리번거렸지만, 양지마을이라는 표지는 보지 못했다. 나중에 찾아보니, 영월에 있는 음지마을은 강원도 영월군 산솔면 녹전리 양지마을 건너편에 있는 마을로, 말 그대로 항상 햇살이 비치지 않아서 음지(陰地)마을이라고 했고, 양지마을은 음지마을과 같은 곳, 즉 강원도 영월군 산솔면 녹전리 음지마을 건너편에 있는 마을로, 항상 햇살이 잘 비치는 곳이어서 양지(陽地)마을이라고 한다고 한다. 항상 햇살이 비치지 않는다니, 또 항상 햇살이 잘 비치는 곳이라니, 신기할 뿐이다. 놀라운 것은, 음지마을과 양지마을은 영월 뿐만 아니라 전국 곳곳에 있다는 것이다. 양지마을과 음지마을 중 어느 곳이 더 좋을까. 이런 글을 읽었다.

- 양지마을과 음지마을에 눈이 내리면
 양지마을 나무꾼은 음지마을 눈을 보고 산에 눈 녹기를 기다리며 마냥 게으름을 피우고
 음지마을 나무꾼은 건너 양지마을 눈이 다 녹은 걸 보면서 부지런히 지게를 챙긴다네

 음지마을의 어둡고 그늘진 대숲 골목길을 지날 때마다 양지마을에 삶을 다행인 줄 몰랐었지
 음지에도 살아보고 양지에도 살아봐야 음습함과 따사로움을 제대로 알 것인데
 나는 아직도 양지마을 나무꾼 마음인가.

따뜻한 양지마을에 살면 늘 좋을 것 같지만, 건너편 음지마을을 보면서 게으름을 피우게 되고, 추운 음지마을에 살면 불행할 것 같

지만 건너편 양지마을을 보면서 부지런함을 배우게 된다는 말일까. 이런 글도 읽었다.

 - 눈 온 산의 양달 토끼는 굶어 죽어도 응달 토끼는 산다.

마찬가지 이야기로, 눈이 녹지 않은 응달을 바라보는 양달 토끼는 밖에 나갈 생각을 하지 않기에 굶어 죽게 되고, 눈이 다 녹은 양달을 바라보는 응달 토끼는 바쁘게 움직이기 때문에 살 수 있다는 이야기일까. '어디에 사는지'보다 '무엇을 바라보는지'가 중요하다는 이야기일까. 양지마을에 살면서 양지마을을 바라보면 살 수 있는 걸까. 음지마을에 살면서 음지마을만 바라보면 결국은 죽게 되는 걸까. 이렇게 삶을 간단하게 정리할 수 있으면 얼마나 좋을까? 라는 생각을 해 본다.

요즘 보이는 것은, 음지마을에 살고 있다가 어찌어찌하여 양지마을로 영광스럽게 이사한 사람들이, 아주 짧은 인생의 봄날을 맞이했다가 다시금 음지마을로 돌아가는 것들이다. 음지마을에 살았을 때는 몰랐던 것들이 양지마을 시즌에 훤하게 드러나며 결국은 다시 제자리로 돌아가거나 음지마을보다 더 안 좋은 곳으로 내려가는 것을 본다.

일반인이었던 A가 유명인이 되었다가 소란스러움과 함께 사라지는 것들을 보며 속상했었고, 자기 일을 열심히 하며 살아가던 B가 더 유명해지면서 온갖 이야기 속의 주인공이 되어 힘들어하는 것들을 보며 안타까워했었다.

요점은, 무언가 드러나게 될 때, 유명하게 될 때, 리더가 되었을 때, 본인에게 관심이 집중될 때, 자기 인생에 화창한 봄날이 온 것 같을 때, 양지마을에 정착하게 된 듯할 때, 더 조심해야 한다는 것이다. 몸을 낮추고 입을 닫고 행동을 진중하게 해야 한다. 양지가 있으면 음지가 있듯이, 영원히 양지에 있게 되지도 않을뿐더러 오히려 더 실망스럽게 음지로 가게 될 수 있다. 그래서 인생의 봄날일 때, 인생이 꽃피기 시작할 때, 정신을 차리고 두려워해야 하는 것이 인생의 법칙이 아닐까, 생각해 본다. 그래서 누군가가 집중되기 시작할 때는 이런 생각이 든다.

- 음…. 너무 좋아하면 안 돼. 조심해야 해. 올라가면 곧 내려가게 되거든. 차라리 드러나지 않는 게 더 좋을 수도 있어. 그걸 알고 있어야 해. 영원한 것은 없다는걸. 그래야 덜 속상할 수 있어.

처음 책이 나왔을 때 출판사 대표 C에게 말했다.

- 유명해지지 않아서 다행이에요.

C는 이 말을 이해하지 못했지만, 나는 진심이었다. 유명해지게 된다면, 그다음이 어떻게 되는지 너무나도 많이 보아 왔으니까. 차라리 조용히 밑에 가라앉아서 내가 해야 하는 일에 집중하는 것이 훨씬 더 소중한 일이니까. 물론, 알고 있는 대로 살게 되지 않아서 더 힘든 것이 인생이기도 하지만 말이다.

문득문득 다가오는 2025년을 잠시 밀쳐놓고, 몸을 낮추고 입을 닫고 행동도 진중해지려 했던 2024년을, 추운 음지마을에 사는 것 같이 쉽지 않았던 2024년을 다시금 돌아본다. 항상 양지마을을 바라보며 부지런히 살아왔지만, 바라보아야 할 곳을 좀 더 명확히 해야겠다는 생각을 해 본다.

양지마을을 바라보는 것이 맞는 것일까? 항상 햇살이 비치는 양지마을이 있기는 한 것일까?? 항상 햇살이 비치면, 좋은 걸까? 궁금한 것이 많아지는 밤이다.

****

* 음지일수록, 밤일수록
더 빛이 나는
크리스마스트리

　매년 같은 장소에 만들어지는 크리스마스트리인데, 올해는 나무 밑이 한층 더 밝아졌다.
　아이들은 불을 다 끄고 크리스마스트리 주변에 모여서 사진을 찍는다.
　어두운 곳에서 빛나는 아이들의 미소.
　양지마을이 아니어도 괜찮지 않을까.

#음지마을 #양지마을 #강원도_영월 #삶의_이치 #빛과_그늘 #인생의_봄날 #유명함과_겸손 #리더십 #성찰 #변화

제43화
메마른 땅을 종일 걸어가도
2024.12.21.(토)

- 메마른 땅을 종일 걸어가도.

언젠가 A가 말했다.

- 이 세상에서 가장 행복한 사람은, 자기 마음대로 살다가 죽기 며칠 전에 예수님을 믿고 회개하는 부자라고 생각해요.
- 아, 죽기 며칠 전에요?
- 젊을 때부터 믿으면 이것저것 불편하니까, 실컷 놀다가 나이 들어서 죽기 며칠 전에 믿으면 되죠.
- 아, 그런데 부자여야 하나요?
- 일단, 돈은 많으면 좋으니까요.

유명한 강사 B가 말했다.

- 예수님을 믿는다고, 부자가 되거나 좋은 대학교에 가는 것은 아닙니다!

- 교회에 다닌다고 모두 다 건강한 것도 아닙니다!
- 예수님을 믿으면 만사에 형통하다고 말하는 것은 잘못된 것입니다.
- 하나님의 복은, 세상에서 잘 되는 것 이상의 것입니다.
- 세상에서 잘되지 않더라도 흔들림 없이 하나님을 믿고 신뢰하는 것, 이것이 하나님께서 주시는 복입니다.

정형외과 의사로, 성가대 총무로 바쁘게 살아가는 C에 관해 이야기하게 되었다. 놀랍게도 C는 신학대학교까지 나와서 전도사님도 하고 있다고 하는데, 그의 아버지가 명문대학교 교수라는 말까지 나오자, 사람들이 한마디씩 했다.

- 의사에, 성가대에, 전도사님에, 거기에 교수 아버지에, 강남 출신이겠죠?
- 네, 심지어 온 가족이 다 교회에 다니고.
- 아, 그냥 태생이 금수저네요.
- 전혀 티를 내지 않아서 몰랐어요.
- 역시, 세상은 공평하지 않아요.
- 한번 알아보세요. 어디 남모르는 아픔이 있을지도 몰라요.
- 남모르는 아픔…. 누구나 다 있지 않나요?
- 맞아요. 없는 사람은 없을 것 같아요.
- 아무런 아픔이나 어려움이 없는 사람도 있던데요.

이번 주 어느 날, 유럽 지도를 펼쳐 놓고 수업하던 중이었다. 수업 시간에 늘 사용하던 지도인데, 며칠 전 수업 시간에 지도를 보던 내 눈이 멈칫하며 잠시 흔들렸다. 한 1분 정도 지도를 말없이 쳐다보았다. 왜 그랬을까?? 왜 갑자기 마음이 뭉클했을까?? 그 날

따라 지도가 지도로만 보이지 않고, 그 지역에 사는 수많은 사람이 겹쳐서 보였던 것. 이리저리 치이면서 자기에게 주어진 삶이 지금은 이해되지 않지만, 어떻게든 이해해 보려고 고군분투하는 사람들, 마치 나와 같이 불안한 삶을 살아가고 있는 연약한 사람들이 생각났다. 갑자기 눈물이 핑 돌았다. 사람들이 불쌍하다는 생각에 눈시울이 붉어졌다. 때로는 그런 생각이 들 때가 있다.

- 하나님이 우리를 사랑하신다고 하시는데, 이게 그의 사랑인가.
- 왜 내가 원하는 사랑과 다른가.
- 하나님은 나를, 우리를 너무 과대평가하는 거 아닐까.
- 힘들다는 것을 모르는 거, 아닐까.
- 이게 무슨 사랑이야….

나이 들어서 예수님을 믿게 된 사람도 아니고, 예수님을 수단으로 삼아서 돈이나 명예를 구하는 사람도 아니며, 가끔 하나님의 사랑에 대해서, 그분의 진심에 대해서 오해하면서 화가 나기도 하지만, 제대로 이해해 보려고 발버둥 치는 사람 중 한 사람으로서 이 세상을 살아가는 게 쉽지 않다. 한발 한발 성실하게 내 앞의 길을 걸어가더라도 똑바로 걸은 것 같은 그 길이 삐뚤빼뚤할 수도 있고, 돌부리에 걸려 넘어질 수도 있고, 길인 줄 알았던 그 길이 내 눈앞에서 확 사라져서 광야 같은 곳에 나 혼자 남아 있게 되기도 한다. 그럴 때는 어떻게 해야 할까. 계속 걸어가야 하는 걸까. 멈춰야 하는 걸까. 내 말을 들어줄 사람을 찾아다녀야 할까. 아니면, 아무도 몰래 골방으로 골방으로, 깊숙한 골방으로 들어가야 하는 걸까. 이번 주 채플 시간에 내 귀에 확 꽂힌 말씀이 있었다.

- 진정한 행복이란, 메마른 땅을 종일 걸어가도 피곤치 아니한 삶

이다.

이런 놀라운 말씀이라니! 메마른 땅을 하루 내내 걸어가는 건, 당연히 싫은 일이고 원하지 않는 일이니, 일단은 이 메마른 땅이 신속하게 없어지기를, 또 무엇보다 그 메마른 땅을 종일 걷지 않아도 되기를, 걷는 시간이 아주 짧아지기를 기대해 본다. 또한 걸어가게 되더라도 피곤하지 않고 더 생생하고 힘이 나며 때론 즐겁고 재미있기를, 또 혼자가 아니라 다른 누군가와 걸으면 좀 더 낫지 않을까 기대해 본다.

****

* (2024.12.18.(수))에 진행된 스태미너풀 (Stamina-ful)과 (2024.12.19.(목))에 진행된 뮤직풀 (Misic-ful) 공연

이 시간 자체를 즐기는 17살의 아이들의 모습.
더 이상 바랄 게 없다는 듯한 표정들.
메마른 땅 위를 걸어간다는 것조차 까먹게 했던 멋진 일정이었다.

#메마른_땅 #복 #행복 #아픔 #사랑 #하나님의_사랑 #스태미너풀 #Stamina-ful #뮤직풀 #Music-ful

제44화
꽂히는 일을 하세요!
2024.12.28.(토)

- 꽂히는 일을 하세요!
- 그게 무엇이든 즐겁게 하세요!
- 억지로 하지 마세요!

   토요일 오전, 며칠 전 수리한 TV 화면 확인을 위해서 기사님이 오셨다. 이것저것 체크하고 설명해 주신 뒤 가시려는 기사님께 물어보았다.

- 아, 출장비는 어떻게 드리면 될까요?
- 며칠 전에 수리하셨으니, 오늘은 아무것도 주지 않으셔도 됩니다.

   기사님이 오시기 전에 식사를 끝내려고 서둘렀건만, 30분이나 일찍 오시는 바람에 아침밥을 먹고 있다가 기사님을 맞이했던 가족들은 기사님이 가신 후, 이런 대화를 했다.

- 나는 모델이 들어오는 줄 알았어.
- 키도 훤칠하게 크시고 정말 잘 생기셨는데?
- 토요일 오전에도 일하시네.
- 대부분 사람이 토요일에 집에 있을 테니까.
- 뭐라도 드려야 하지 않았을까.

 토요일 오전에 아침밥을 먹고 있는 집에 오셔서 출장비도 안 받고 그냥 가셨던 (모델 같이 멋진 분위기를 풍기던) 중년의 기사님에게 왠지 미안한 마음이 들었다. 아침은 드시고 오셨는지, 괜히 보이지 말아야 했던 일을 들킨 것 같은 심정이 왜 들었을까. 왠지 지금 하시는 일이 두 번째 직업 같은 느낌이 드는 건 왜일까? 음료수라도 드려야 했는데, 빈손으로 보내다니! 지금도 후회가 된다.

 몇 년 전, A가 문서를 작성하는 데 도움을 주기 위해서 내가 작성했던 B 문서를 보내주었다. A는 B 문서를 수정하여 작성한 C 문서를 나에게 보내주면서 한번 보아달라고 했다. 그런데 C 문서의 이곳저곳에서 이상한 것들이 눈에 띄었는데, 서로 다른 곳에서 진행되는 행사의 같은 시간대에 D가 동시에 들어가 있는 것이었다. 무언가 잘못되었다고 생각하며 A에게 물었다.

- A~, 오전 10시에 D가 E에도 있고, F에도 있는데, 어떻게 된 건가요?? D가 E에 있다가, F로도 뛰어가야 하는 건가요??
- 하하하! 아, 글쎄, 원래의 B 문서에 있던 A를 D로 바꾸고, G (내 이름)를 A로 바꾸어야 했는데, 생각도 못 하고 G를 A로 모두 바꾼 다음, A를 D로 바꾸려고 하니, A가 원래 있던 A인지, 바꾼 A인지 몰라서 그냥 모두 D로 바꾸어 버렸더니, D가 여기에도 있고 저기에도 있게 되어 버렸더라고요. 그래서 뭐가 뭔지 몰라서 하다가 말았죠.

- 엥??? 하다 만 서류를 저에게 준 건가요??
- 뭐, 그렇게 된 거죠. 하하하!
- 으이구!

언제나 서류를 꼼꼼하게 보아야 하지만, 그렇게 되지 않는다. 사실 시간이 많으면 문서를 꼼꼼하게 확인하기도 하지만, 대부분은 본문만 보고 첨부 문서는 확인하지 않고 결재하는 일도 많다. 그런데 어느 날, 첨부 문서를 보고 싶다는 생각이 들어서 확인했더니, H 문서 대신에 엉뚱한 I 문서가 첨부되어 있었다. 결재를 올린 J에게 말했다.

- J~, H 문서가 아니라, I 문서인데요??
- 네??

그러다가 갑자기 장난기가 발동해서 J에게 말했다.

- K가 첨부 문서를 보는지 볼까요? 아마 보겠지만, 요즘 바빠서 그냥 지나갈지도 몰라요.

하지만, 우리의 생각과 달리 K에게서 연락이 왔다.

- 방금 올린 결재, I 서류가 첨부되어 있는데요, 확인해 주세요.

역시나 놀라운 K였고, 우리는 깜짝 놀랐다. 그 수많은 서류의 첨부 문서를 일일이 확인한다는 걸까? K에게 물었다.

- 모든 서류를 다 확인하는 건가요??

- 바쁠 때는 그냥 지나가지만, 웬만하면 다 확인하죠.
- 놀라워라! 저희 것은 더 꼼꼼하게 보겠네요??
- 바빠죽겠는데, 일 제대로 안 할래??

예전이나 지금이나, 언제나 허술하게 일하는 내가 겨우겨우 어떻게 1년을 지내왔다. 특히나 저번 주와 이번 주는 가장 바쁜 연말이었다. 온갖 학년 행사와 학교 행사가 몰려있기에 빨리 지나가기만을 바랐는데, 어제까지 거의 모든 행사가 마무리되었다. 다음 주의 신입생 연수까지 끝내면, 2024년도의 모든 일이 끝난다.

어떤 행사가 진행되기 전에는 세부 계획서를 작성해야 하고, 행사가 끝나면 보고서를 작성해야 한다. 문서로 시작해서 문서로 끝나는 것이다. 특히나 기록으로 남겨 놓는 것을 중요하게 생각하는 나의 생활은 언제나 문서 작성으로 가득 차 있다. 저번 주와 이번 주의 행사도 보고서 작성으로 헉헉거리는 중이다. 이 일을 시작하기 전에는 '서류 작성하는 것에 시간을 쏟지 않는다!'가 목표였는데, 전혀 지켜지지 않고 있는 일이다. 그렇다고 멈출 수도 없다. 온종일 서류 작성하는 것에 시간을 쏟고 있으면서도 실수투성이인 것이 신기할 뿐이다. 오늘 이런 말을 들었다.

- 꽂히는 일을 하세요!
- 그게 무엇이든 즐겁게 하세요!
- 억지로 하지 마세요!

듣는 순간에는 무척이나 솔깃하고 들뜨고 흥분되는 말이다. 누구든 이렇게 일하면서 살고 싶지 않을까! 확 꽂히는 일에 열정을 바치고, 하고 싶은 일을 즐겁게 하면서 살고 싶지 않을까! 하지만 안타깝게도 대부분의 사람은 꽂히는 일, 하고 싶은 일을 즐겁게 하면서 사는 것이 아니라, 해야만 하는 일을 억지로 하면서 살고 있지 않을까 한다. 물론, 해야만 하는 일을 즐겁게 하면서 사는 사람도 있을 것이고, 꽂힌 일이지만, 억지로 하는 사람도 있을 것이다. 무엇이든, 원하고 바라는 대로 인생을 사는 사람은, 생각보다 많지 않다는 것이고, 그것이 속상하고 안타까울 뿐이다.

17살 아이들과 살아가는 나는 그나마 꿈과 희망을 이야기하며 살아갈 수 있어서 다행이다. 18살만 되어도, 19살은 더더욱, 꿈과 희망을 이야기하기에 뭔가 다른 것이 느껴진다. 17살의 아이들은 '꿈과 희망'의 허상을 그대로 받아들이지만, 그 이상 나이의 아이들은, '무슨 저런 거짓말을….' 이런 표정이다. 그래서 더더욱, 17살 아이들과의 삶을 사랑할 수밖에 없다. 왜냐하면, 아이들에게 말하는 '꿈과 희망'은, 삶이 더 이상 희망차고 푸르지 않다는 것을 확실하게 알아버리고 절실하게 경험한 나에게 가장 필요한 말이기 때문이다.

내가 늘 말하는 것은 이것이다. 아이들에게 내가 필요한 것이 아니라, 나에게 아이들이 필요하다는 것. 이미 사실이 아니라는 것을 알고 있지만, 가능하면 사실이기를 바라는 마음을 아직은 가지고 있고 싶어서, 나에게는 아직 순진한 17살의 아이들과의 삶이 필요하다.

꽂히는 일이 수도 없이 있고, 어떤 일이든 억지로 하지 않고 즐겁게 하면서 지내는 나에게도 2024년도는 무척 힘들었는데, 다른 이들은 어땠을까. 올해의 마지막 토요일 오전에 일하러 오셨던 기사님은 즐겁게 하셨던 것일까, 마지못해 억지로 하셨던 것일까. 왠지 하고 싶지 않은 일을 하는 것 같이 문서 작성을 하던 A나 J는 이제 문서 작성을 즐기고 있을까. 나 또한 억지로 하게 되었지만, 생각보다 잘 맞아서 즐기면서 하던 문서 작성을, 2024년에는 조금 덜 하게 될까.

2025년은 어떤 일에 꽂히게 될까. 그 일 때문에 즐겁게 보낼 수 있을까. 2025년에도 여전히 아이들에게 꽂히게 될까. 아이들도 나에게 꽂히게 될까. 그랬으면. 행여 억지로 하게 되는 일도 꽂혔던 일처럼 즐겁게 할 수 있었으면.

좋았던 일보다 씁쓸한 일이 바로 어제까지도 있었던 2024년, 생각지도 않았던 일들로 가득 찼던 2024년, 하루를 살아간다는 것이 쉽지 않았던 2024년, 그래서 어떤 기대 없이 무덤덤하게 하루하루를 시작하게 되던 2024년, 사람들과의 관계를 다시금 짚어보게 되었던 그래서, 내 인생에서 뚜렷하게 기억될 올해. 그런 와중에도 어제 진행한 멘토링 보고서를 써야 한다는 생각으로 가득 차 있는, 전쟁 같았고, 냉혹했던 2024년의 마지막 주말, 방학까지 10여 일이나 남아 있는 이번 주말, 2024년도의 마지막 글을 쓰면서 내 삶을 돌아본다.

****

* (2024학년도) 전교생 할렐루야 합창

기대했던 것만큼은 아니지만, 여전히 기대하게 되는 일 중 하나.

내가 꽂혔던 일이고, 즐겁게 했었던, 즐겁게 하고 있는 일 중 하나. 2025년에는 더 멋진 연주가 되기를 바라며.

(2024)할렐루야

#꽂히는_일 #즐겁게_사는_법 #삶과_일 #꿈과_희망 #17살 #2024년 #2025년 #전교생_합창 #할렐루야

제45화
The Elephant in the Room
2025.01.04.(토)

- The Elephant in the Room

  고등학교 시절, 우리 반은 아니었지만, A 버스 정류장에서 집에 가는 버스가 오기 전까지 간간이 몇 마디를 나누었던 B가 기억날 때가 있다. 같은 반도 아니었기에 친하지도 않았고 버스 정류장에서 단지 몇 번 부딪혔던 정도의 친구이기에 B의 됨됨이가 어떤지는 잘 모른다. 다만, 공부를 꽤 잘했다는 것, 서울에 있는 교대에 진학했다는 것, 그리고 아주 짧은 커트 머리에 검은 테 안경을 썼고 투박하고 퉁명스럽고 메마른 목소리를 지녔으며 감정이 묻어나지 않고 웃음기 없는, 굳은 표정의 차가운 친구였다는 것이 뚜렷이 기억난다. 글을 쓰다 보니, 버스를 기다리던 A 정류장에서 보았던 B의 모든 이미지가 떠올라서 깜짝 놀랄 지경이다.

  많은 이야기도 해 보지 않았던 B가 기억나는 것은, 그의 독특한 사고 때문이었다. 어디서 듣도 보도 못한 이야기를 했었는데, 이런 이야기가 있었다.

- 착한 사람은 나쁜 사람이야.

이게 뭔 소리인가? 착한 사람은 나쁜 사람이라니? 눈을 똥그랗게 뜨고 되물었다.

- 착한 사람은 나쁜 사람이라는 게 무슨 말이야??
- 나는 착한 사람은 나쁜 사람이라고 생각하는데, 사람은 근본적으로 이기적이거든. 내 것을 챙기고 손해를 보지 않으려고 하는 것이 일반적인 사람의 심리인데, 나보다 다른 사람을 생각하고 챙기고 내 것을 손해를 보고 나서라도 다른 사람들에게 착하다는 말을 듣는 것은, 사람의 일반적인 습성을 거스르고 회피하고 자기와 다른 사람을 속이면서까지 좋은 말을 듣는 거니까, 결국은 나쁘다고 생각해.

아주 정확한 서술은 아니겠지만, 대략 서런 내용이었던 것 같다. 어쨌든 다시 정리하자면, 인간은 본성적으로 나쁘다, 그런데 그것을 거슬러서 착하다는 것은, 본성을 거스르면서 하는 행동이고 자기와 다른 사람을 속이는 것이니, 결국은 나쁜 것이다. 본성대로 행동해라. 그것이 맞는 것이다. 착한 것은 나쁜 것이다. 이런 내용이었다. 강한 어조로 이야기하는 A의 말이 지금도 귓가에서 윙윙 들리는 것 같다.

나는 이런 (어처구니없는 논조의) 이야기를 처음 들었는데, 그런데도 이런 생각을 하는 B가 무척 멋있었다. 겉으로 보기에는 맹해 보일 수도 있는 아이였는데, 나름대로 독특한 자기 주관을 가지고 있어서 좋았다. 그의 말이 맞고 안 맞고는 둘째 문제였다. 얼마나 나에게 강하게 박혔으면 지금도 생각이 날까. 그런데 요즘 B의 말이 가끔 떠오른다. 그 말이 떠오른다는 의미는, 그녀의 논조가 어쩌면 맞을지도 모르겠다고 생각하게 될 때가 있기 때문이다. 성경에 이런 구절이 있다.

- 누구든지 자기를 높이는 자는 낮아지고 누구든지 자기를 낮추는 자는 높아지리라 (마태복음 23:12)
- 무릇 자기를 높이는 자는 낮아지고 자기를 낮추는 자는 높아지리라 (누가복음 14:11, 18:14)

이 말씀을 두고 C는 이렇게 이야기했다.

- 자기를 높이면 낮아질 것입니다.
- 높아지고 싶다면, 자기를 낮추십시오.

이 말을 듣고, 고개를 갸우뚱했었다.

- 높아지려고 일부러 낮아지는 척하라는 건가??
- 그러면 결국은, 높아지고 싶다는 거잖아?
- 처음부터 자기를 높이는 것이 더 솔직한 거 아닌가??

사춘기를 겪는 청소년도 아닌데, 온갖 생각들이 머릿속을 헤집고 다닌다. 사실 요즘 B가 더 급격하게 떠오른 것은, '하나님을 사랑하고 이웃을 사랑하라'라는 말이 불가능하다는 것을 알아버렸기 때문이다. 성경 곳곳에 이런 말씀이 나온다.

- 둘째는 이것이니 네 이웃을 네 자신과 같이 사랑하라 하신 것이

라 이보다 더 큰 계명이 없느니라 (마가복음 12:31)
- 대답하여 이르되 네 마음을 다하며 목숨을 다하며 힘을 다하며 뜻을 다하여 주 너의 하나님을 사랑하고 또한 네 이웃을 네 자신 같이 사랑하라 하였나이다 (누가복음 10:27)

사실, 눈에 보이지 않는 하나님을 사랑하고 찬양하고 예배하는 것은 할 수 있다! 그것도 어렵지 않게! 문제는, '이웃을 사랑하라'는 말이다. 이게 실현 가능한가?

- 온 율법은 네 이웃 사랑하기를 네 자신 같이 하라 하신 한 말씀에서 이루어졌나니 (갈라디아서 5:14)
- 너희가 만일 성경에 기록된 대로 네 이웃 사랑하기를 네 몸과 같이 하라 하신 최고의 법을 지키면 잘하는 것이거니와 (야고보서 2:8)

하나님은 알고 계셨다. 눈에 보이는 내 이웃을 사랑하는 것이 모든 율법의 완성이며 최고의 법이라고 이토록 외치신 것은, 이것이 얼마나 힘들고 어려운지, 그래서 우리가 이 문제 때문에 얼마나 괴로울지를! 그래서 이렇게 계속 말씀하신 것이다.

- 새 계명을 너희에게 주노니 서로 사랑하라 내가 너희를 사랑한 것 같이 너희도 서로 사랑하라 (요한복음 13:34)
- 내 계명은 곧 내가 너희를 사랑한 것 같이 너희도 서로 사랑하라 하는 이것이니라 (요한복음 15:12)

이토록 많은 기독교인이 있고 교회가 있고 수많은 예배와 찬양이 울려 퍼지고 있지만, 아름다운 세상에서 점점 더 멀어지고 척박해지고 메말라가며 거칠어지고 예의 없어지는 것은, 눈에 보이지 않는 하나님을 사랑한다는 표현은 넘치지만, 눈에 보이게 내 옆에 있는 누군가를 하나님을 사랑하는 것과 동일한 마음으로 사랑하는 것이 무척 힘들고 어려운, 실현되기 어려운, 또 지속되기 어려운 우리 인류의 과제라는 것을, 하나님은 알고 계신 것이다. 이웃을 사랑하라는 말은 실현되기 어려운, 불가능한 말이라고 생각한다. 그런데 이 말을 어떻게든 아등바등 실현해 보려고 애쓰고 있으니, 우리의 삶이 이토록 힘든 것이다.

'착한 것은 나쁜 것이다'라는 놀라운 주제를 조곤조곤 설파하던 B는 아마도 어디에선가 (독특한 사고를 지닌) 초등학교 선생님이나 교감 선생님이 되어 있을 것이다. '불편하고 원하지 않겠지만, 지금 낮아지면 네가 원하는 대로 높아질 수 있어!'를 말하던 C도 어디에선가 설교하고 있을 것이다. '하나님을 사랑하는 것처럼 네 이웃을 사랑할 수 있겠어?' 또는, '너 자신을 아끼는 것처럼 다른 사람을 이해할 수 있으면 해 봐! 그런데 가능할까?'를 외치는 하나님에게 감히 대답해 본다.

 - 불가능합니다, 저는!
 - 깨끗이 두 손을 들겠습니다!
 - 노력은 해 보겠지만, 될 것으로 생각하고 노력하지는 않겠습니다!
 - 어차피 안될 것으로 생각하고, 조금 노력해 보다가 그만둘게요.
 - 그래야, 덜 힘들 것 같아서요.

여느 해처럼 신입생 연수가 있었다. 합격자 발표를 하고 가장 가까운 토요일 오전에 진행한다. 학생들은 중학교 과정 시험을 치르고 학부모들은 강의를 듣는데, 올해는 D 강사의 교육에 대한 전반적인 이야기와 E 선생님의 대입에 관한 강의가 진행되었다. 특히 D 강사의 강의가 상당히 길어서 힘들었지만, 졸면서 듣던 강의 중 이런 문구가 나와서 눈이 커졌다.

- The Elephant in the Room.
- (누구나 알고 있지만) 말하기 꺼리는 문제, 금기시되는 주제

여기서 '코끼리'는 내가 불편해하거나 거슬린다고 생각하는 것으로 볼 수 있는데, 그 코끼리를 무시하면서 불편해할 수도 있고, 그 불편함을 받아들이고 애쓰며 지낼 수도 있다. 어떤 것을 선택해야 할까.

2025년이라는 놀라운 숫자가 펼쳐졌다. 희망찬 새해 첫 주이니, 그에 맞는 (눈에 보이지 않는) 멋진 기대와 각오와 소망으로 시작했지만, 우리를 힘 빠지게 하고 힘 있게 일어나고 싶은 생각을 다시금 주저앉히는 것은 바로 눈에 보이는 묵직한 현실이다. 하지만, 그 현실을 못 본 척, 안 본 척할 수는 없으니, 애써 가벼운 척, 모르는 척, 가끔은 즐거운 척, 슬쩍 스쳐 지나가 볼까 한다. 내 방에 있는 거대한 코끼리와 사이좋게, 어쩌면 '서로 사랑하라'는 말을 이루어 볼 수도 있지 않을까? 꿈꾸어 보면서 말이다.

- 하나님! 이웃을 사랑하는 것이 가능할 수도 있을 것 같아요!
- 코끼리가 제 이웃이었던 건가 봐요.

****

* (2025.01.04.(토)) 신입생들을 위한 포토 존

#the_elephant_in_the_room #인간의_본성 #착함과_이기심 #낮아짐 #높아짐 #하나님을_사랑하라 #이웃을_사랑하라 #신입생_연수 #삶과_현실

# 제46화
# 사연 올리고! 양말 올리고!
2025.01.11.(토)

- 사연 올리고! 양말 올리고!

노트북 화면에 예닐곱 개의 화면을 열어놓고 일을 하고 있었다. A 일을 하고 있는데 B 신생님이 C 일에 대하여 질문하길래, D에게 문의해서 E 답변을 전체에게 보내려는데, 그 사이에 F 선생님이 G 일에 대하여 질문해서, 다시 H와 I에게 확인한 뒤, J 답변을 전체에게 보냈다. 여러 종류의 메시지 화면을 열어놓고 메시지를 보내면서 맞춤법이 안 맞는 경우가 종종 있었다. K 선생님이 말씀하신다.

- 이제 손가락 힘이 다 빠졌나 봐요.
- 네??
- 받침이 빠졌네.
- 아, 어느 부분에서요??
- 선새님….
- (모두) 하하하!

- 앗! 왜 이렇게 되었죠! 제대로 넣었는데!
- 이제 일 할 힘이 없는 거 아녜요?
- 아닌데? 저 지금, 3월 초처럼 힘이 넘쳐나는데요?
- (모두) 하하하!

 근래 나의 관심을 끄는 것들은 소품들이다. 예를 들어 텀블러 가방, 접시, 컵, 가방, 핀, 머플러 등등. 메인이 아닌 주변의 것들에 조금 신경을 쓰니 생각지도 않았던 행복감이 몰려오는 것을 느끼게 된다. 특히 노트북 앞에서 시간을 많이 보내기에 노트북 주변에 예쁜 것들을 놓으려고 하는데, 예를 들어 노트북 겉뚜껑에 체코 작가인 알폰스 무하의 명화를 붙인다든지, 키보드에 핑크 색상 실리콘 커버를 얹어놓는다든지, 굴리굴리 그림이 그려진 핑크 색상 마우스 패드를 책상 전면에 깔아놓고 그 위에 악보가 그려진 작은 마우스 패드를 깔아놓는다든지, 노트북을 예쁜 핑크 색상 트레이에 올려놓는다든지, 핑크 색상 무선 마우스를 사용한다든지 하는 식이다. 물론 조화이기는 하지만, 예쁜 꽃도 눈에 보이는 곳곳에 세팅해 놓았다.

 고개를 들었을 때 미소를 짓게 하는 것들을 주변에 놓으니 일할 때 기분이 더 좋아지고 머리도 더 잘 돌아가는 느낌이다. 특별히 이번 겨울에 장만한 것이 있다면 토시인데, 소매 사이로 바람이 들어가지 않도록 손가락부터 손목 조금 위까지 올라오는 레드 색상의 토시를 장만했다. 노트북을 두드릴 때 어려움이 없도록 손가락의 절반만 들어가는데 이 부분은 하얀색 레이스로 장식되어 있다. 한 7천 원 정도의 이 토시가 얼마나 예쁜지, 교무실의 여자 선생님들이 보고 부러워했다. 그걸 끼고 여기저기 돌아다니고 싶은 심정이다. 집에서는 팔뚝까지 오는 조금 더 긴 제품으로 와인 색상을 준비해 놓았다. 학교에서나 집에서나 일하는 맛이 꿀맛이다!

다○○에서 오래전 구매한 고풍스러운 분위기의 거울도 노트북 주변에 있는데 눈을 들었을 때 거울을 보며 잠깐씩 웃는 연습을 하는 것도 기분 전환에 큰 도움이 된다. 또 20여 년 전에 홈○○스에서 8천 원에 구매한 보라색의 꽃방석을 지금까지 사용하고 있는데, 앉을 때마다 꽃 위에 앉는 기분이다. 또 의자는 어떤가! 의자는 10여 년 전에 아이들이 선물해 준 핑크 색상 의자다. 물론 그 당시에는 김영란법이 적용되지 않던 (좋은) 시대였기에 아이들은 흔쾌히 선물했고, 나도 기쁘게 받았었다. 아! 그리고 책꽂이는 인디 핑크 색상이고 책꽂이 위에는 역시 다○○에서 천 원에 구매한 물결 모양 레이스 커버가 사뿐히 올려져 있다. 그리고 내가 가장 사랑하는 스탠드! 연한 보라색 스탠드를 켜면서 책상 위가 돌아간다는 것도 말해 본다.
　특히 이번 2학기에 집중했던 것은 스페인 작가인 에바 알머슨의 작품인데, 아주 오래전 L의 생일 선물로 구매하면서 너무 예뻐서 내 것도 함께 사서 오랫동안 사용해 오던 컵을 에바 알머슨의 그림이 그려진 컵으로 바꾸었고, 집에서 준비해 온 저녁을 놓고 먹기 위해 예쁜 접시도 장만했는데, 이것 또한 에바 알머슨의 그림이 그려져 있다. 또 그녀의 대표작들을 담아놓은 엽서를 노트북 앞 책꽂이 위에 쭉 세워 놓았다. 컵이 놓여 있는 트레이에는 캐나다 작가인 자넷 힐의 그림이 그려져 있다. 아이들은 내 책상을 보고는 눈이 휘둥그레지며 말한다.

- 선생님 책상에는 신기한 게 많은 것 같아요.

　휑한 것을 좋아하지 않는 내가 책상 위에 평범하지 않은 것들로 꽉 채워놓았으니, 다른 사람들이 볼 때는 번잡하게 보일 수도 있겠다 싶다. 하지만, 책상에 앉으면 이것저것 눈이 가고 손이 가는 것들이 많아서, 책상에 앉아서 책상 위를 한번 둘러보는 것만으로도 무채색인 나의 생활이 예쁜 색감으로 아름답게 채워져 가는 느낌이다. 이 예쁜 책상에서 올해까지 4년을 근무했는데 이제 곧 정리를 할 시간이다. 예쁜 책상과 어울릴만한 '의미 있는 일, 기억에 남을 만한 일을 했었던가'라는 생각을 하게 된다.

그야말로 쉬지 않고 앞만 보고 달려왔던, 열심히 살아왔던 2024년. 길고도 긴 학사 일정이 이번 주에 드디어 끝났다. 물론 2024년의 공식적인 일정은 2월까지 이기는 하지만, 일단 겨울 방학이 시작되었다. 얼마나 기다렸던 방학이었는지! 10월에 있었던 갑작스러운 임시 공휴일로 인해 겨울 방학이 이틀 더 늦게 시작되어서인지, 올해만큼 간절하게 기다렸던 적이 있었나 싶다. 모든 것이 끝나가고 정리하는 12월과 1월이지만, 해야 하는 일, 정리해야 하는 일, 또 진행해야 하는 행사가 넘쳐났던 때였기에 더 많이 바빴던 2024년의 연말과 연초였다. 그래서 힘이 빠져서 지쳐있기보다는 다행스럽게도 늘 정신없이 분주했고 힘이 넘쳤고 머리가 잘 돌아갔다. M 방송에 이런 코너가 있다.

- 사연 올리고! 양말 올리고!

처음에는 이 말이 무슨 말인지 몰라서 고개를 갸우뚱하면서 들었다.

- 사연을 올린다는 것은 알겠는데 양말을 올린다는 말이 무슨 말이지? 선물을 담아준다는 건가??

몇 주가 지나서야 축구와 관계된 이야기라는 것을 알게 되었다. 즉, 축구 선수들이 축구하다가 넘어지면 일어나기 전에 무의식적으로 양말을 잡아 올리거나, 프리킥을 찰 때도 양말부터 당겨 올리는 것을 '삭스 업(Socks Up)'이라고 하는데, 다시 도전하기에 앞서 자신을 추스르고 마음을 정리하는 의식을 일컫는 말이라고 한다. 사연을 올리면서 마음가짐도 가다듬자는 의미의 코너였다. 재미있는 발상!

　방학이란, '양말 올리기' 즉, 'Socks Up'과 같은 시간이라고 할 수 있다. 새로운 시즌을 맞이하기 전에 양말을 올리며 마음과 생각을 정리하는 시간, 삭스 업! 나에게 꼭 필요한 시간!

　야호! 방학이다!

****

* 방학을 위해 모든 것을 비운 (1-12) 교실

　물건이 채워져 있을 때는 정신없었는데, 모든 것을 비우니 너무 멋있어 보인다.

　아, 양말을 올리기 전에, 내 안에 가득 채워져 있던 것들을 모두 비우는 것이 필요한 걸까.

　채우기에 급급했는데, 모두 다 비워낸 모습이 이렇게 아름답고 정갈하다니!

#사연_올리고 #양말_올리고 #소품과_행복 #알폰스_무하 #에바_알머슨 #굴리굴리 #자넷_힐 #겨울방학 #축구 #삭스_업 #Socks_Up #쉼 #재충전 #비움과_채움

제47화
야자가 끝나고, 게임을?
2025.01.18.(토)

- 야자가 끝나고, 게임을?

아이들에게 물었다.

- 매일 반복하는 것이 있다면 적어 보세요.

아이들은 이야기했다.

- 매일 밥을 먹어요.
- 매일 잠을 자는데요.

생각지도 않게 쏟아지는 이런 어이없는 이야기들에 다시 주문했다.

- 누구나 매일 하는 것들 말고, 본인이 매일 하는 특별한 것들을 이야기해 보세요.

장난스럽게 이야기하던 아이들은 다시 이런 이야기들을 했다.

- 매일 책을 읽습니다.
- 매일 공부를 합니다.
- 와아~

이런 이야기에 '와아~'하며 반응하는 아이들에게 인내심을 가지고 다시 이야기했다. 역시 아이들은 정확하게 말해 주어야 한다.

- 공부하는 것 말고 좀 다른 것들!

그랬더니 이런 이야기를 한다.

- 매일 회개 기도를 합니다.
- 매일 QT(경건의 시간)를 해요.

기운이 빠지려고 할 때쯤 이런 이야기를 하는 녀석들이 있었다.

- 저는 매일 목욕을 해요.
- 매일 10분 동안 묵상을 합니다.

이런 이야기를 하는 녀석들도 있었다.

- 매일 야간 자기주도학습(일명 야자)이 끝나고 아이들과 온라인 게임을 합니다.

놀라서 질문했다.

- 야자가 끝나고, 게임을?
- 네!
- 얼마나?
- 1시간~2시간 정도
- 그렇게나 오래??
- 네!
- 그걸 매일 한다고요?
- 네! 그런데 이제는 줄여 보려고요.
- 얼마나?
- 한 30분~1시간 30분 정도?
- 그렇게나 길게??

    고등학교 3학년 수학능력시험 전날까지 오전 7시 20분에 등교하고 오후 10시까지 야간 자기주도학습을 한 뒤 하교하던 일상, 즉 일정한 시간에 일정한 일을 하는 규칙적인 학교생활을 하던 아이들이 수학능력시험이 끝난 바로 그다음 날부터 완벽하게 무너진 일상을 보내는 것을 보고 놀랐던 기억이 난다. 수학능력시험이 끝나고 바로 다음 날부터 지각을 하던 아이들을 보면서 처음에는 이해가 되지 않았다.

- 3년 동안 익혔던 습관이 하루 사이에 저렇게 쉽게 무너질 수 있는 건가?

    습관은 불편한 것을 편해질 때까지 꾸준히 반복하는 일이라고 한다. 그래서 습관을 만들고 싶다면, 불편한 일을 찾아서 반복하라는 것이다. 부자들이 매일 반복하는 습관 4가지가 있다고 한다.

- 하루 30분 규칙적인 운동하기
- 하루 5분 매일 아침 명상하기
- 생각하는 시간 갖기
- 정리하고 기록하는 시간 갖기

저렇게 한다고 모두 부자가 되는 것은 아니겠지만, 부자들은 왠지 저런 습관이 있을 것 같기는 하다. 책 '원 씽(The One Thing)'에서는 이런 부분도 나온다.

- 사람은 자신의 미래를 결정짓지 못한다. 대신 습관을 만들면 그 습관이 미래를 대신 정해 준다.

아리스토텔레스는 '탁월함은 행위가 아니고 습관이다.'라고 말했다. 또 이런 글이 있다.

- 뛰어남은 훈련과 반복을 통해 얻어지는 예술이다. 사람들은 반복해서 향하는 것의 결정체다. 따라서 뛰어남은 습관이다.

런던대학교의 실험에 의하면, 어떤 행동이 아무 생각 없이 자동으로 나와서 습관으로 정착되기까지 평균 66일이 걸린다고 한다. 새로운 일을 시작하는 데는 상당한 노력이 들어가지만, 일단 습관이 되면 최소한의 노력으로 똑같은 일을 할 수 있는데, 66일 동안 그 일을 반복하면 습관으로 정착된다는 것이다. 약 2달 정도의 시간.

글로 읽기에는 무언가 쉬워 보이지만, 현실에 적용하는 것이 얼마나 어려운지, 우리는 알고 있다. 주 5일, 매일 오전 5시경부터 매일 밤 12시경까지 거의 비슷한 일과를 보내고, 주말 또한 비슷한 일들로 채워져 있는 나의 일상이 이 며칠의 방학 동안 얼마나 쉽게 달라졌는지를 보면 알 수 있다.

그토록 기다리던 방학이 오기 전 (원대한) 방학 계획을 세웠었다. 원래의 (원대했던) 계획은 매일 새벽기도 하러 가기, 매일 아침 일찍 일어나기, 매일 운동하기, 매일 독서하기 등 '매일'의 계획이 있었다. 하지만, 방학이 시작되고 10일이 지난 지금, 역시나 계획대로 되지 않았다. 일단 일어나는 시간부터 지켜지지 않았으니 그 이후의 것들도 지키기 어려운 상황이었다. 그나마 지키고 있는 것이라면, 글쓰기 정도.

- 성공이란, 매일 반복하는 작은 노력의 합이다.

이 글을 읽었을 때 마음에 확 박혀서 1학년 아이들에게 말해주고 물었다.

- 어떤 문구가 마음에 와닿나요??

아이들은 말했다.

- 매일!
- 반복!
- 작은!
- 노력!

그 어느 것 하나도 놓칠 수 없는 단어들이었다.

- 매일 반복하는 작은 노력!

신기한 것은, '성공'이라든지, '합'이라고 말하던 녀석들은 없었다는 것.

- 성공이란, 매일 반복하는 작은 노력의 합이다.

아직 남아 있는 겨울방학 동안, 무언가를 매일 반복해야겠다는 다짐을 다시 해 본다. 아직 늦지 않았기를 바라면서. 매일 작은 것들을 반복하자. 그래서 성공하면 좋고, 굳이 성공이 아니어도 상관없으니.

****

* (2024.12.19.(목))
30기 아이들과 함께했던
뮤직풀(Music-ful) 중 한 장면

매일 반복하는 작은 노력으로 이루어진 성공 중 하나.
그 바쁜 시간을 쪼개서 이루어 내었던 연주.

#성공의_비결 #매일_반복 #작은_노력 #습관의_힘 #원_씽 #The_One-Thing #탁월함 #뛰어남 #훈련 #66일의_법칙 #뮤직풀 #Music_ful #야자 #게임

제48화
우린 상위 1%
2025.01.25.(토)

- 우린 상위 1%(프로)

태국에서 우리나라에 온 형제가 40억 로또에 당첨이 되었다고 한다. 이제는 일을 그만두고 태국으로 돌아가서 편하게 지내겠다고 하니, 부럽기도 하지만 걱정되는 마음이 좀 더 크다. 지금까지와는 조금 다른 삶이 펼쳐질 텐데 평온하게 잘 지내기를 바랄 뿐이다.

황금 같은 설 연휴 3일이 일주일의 중간 지점에 있다 보니 정부에서 월요일을 임시 공휴일로 지정해 주어서 최소 6일부터 최장 9일까지의 휴일이 생겼다. 방학 중인 나도 이렇게 좋은데, 일반 직장인들은 얼마나 좋을까 싶다. 그런데 생각지도 못한 고민이 생겼다. 임시 공휴일인 월요일에 은행 업무를 보아야 하는 일들이 많았는데 휴일이 되다 보니, 계약을 해지하고 연휴 전 금요일에 일을 처리해야 할지, 일주일을 기다려서 연휴 바로 다음 금요일에 일을 처리해야 할지 결정해야 했다. 고작 이틀 먼저 계약을 해지하는 것인데도 5만 원 이상 손해가 나는 것도 있었는데, 결국 일주일을 더 기다렸다가 연휴가 끝난 뒤 금요일에 은행에 다시 가기로 했다. 사실 또다시 발걸음하는 것이 귀찮아서 무척 아깝기는 하나 그냥 처리하려고 했지만, 번복한 이유는 내 일을 맡았던 은행원 A가 두 눈을 똥그랗게 뜨고 나를 바라보며 이렇게 강하게 말했기 때문이었다.

- 5만 원이나 차이가 나는데, 이걸 버리시게요??

돈을 버는 것도 모으는 것도 쉽지 않다. 어디서 땅을 판다고 돈이 나오는 것도 아니고, 또 열심히 일한다고 돈이 모이는 것도 아닌 것 같다. 사실 돈을 모으려면 많이 버는 것보다, 돈을 쓰지 않는 것이 더 중요하다고 한다. 쓸데없는 곳에 돈을 쓰지 않아야 한다는데, 숨 쉴 때마다 돈을 쓸 곳들이 점점 더 늘어나는 것 같다. 아니, 쓸데없는 곳이 있던가?

서울의 133㎡(40평대) 면적의 B 아파트가 106억 원에 거래되었다면서 3.3㎡(한 평)당 가격이 2억 원이 넘었다는 기사를 읽었다. 보통 국민평형이라고 불리는 30평대 아파트를 사려면 적어도 60억 원이 넘는다는 것이다. 물론 서울 강남 한복판의 이야기이다. 또 연봉 2억 원은 되어야 서울 강남에 집을 살 수 있다고 하니, 5만 원이 아까워서 일주일을 기다리는, 나를 포함한 평범한 일반인들에게 이런 기사는 너무도 결이 다른 딴 나라 이야기여서 오히려 아무런 충격도, 놀람도 주지 못하지 않을까 싶다. 도대체 연봉 2억 원은 어떻게 받을 수 있는 걸까??

연말의 음악 시간에는 오페라와 뮤지컬 이야기를 하게 되는데 오페라의 본고장인 이탈리아 이야기로 시작하게 된다. 본격적인 이야기를 거론하기 전에 유럽 지도를 펼쳐 놓고 여행 계획을 세우면서 아이들의 호기심을 끌어내려고 한다. 자유롭게 여행 주제를 정한 뒤 최소 일주일부터 최장 한 달까지의 기간과 구체적인 일정을 계획하고 경비까지 정해 보라고 하는데 올해는 좀 특별한 것을 하나 더 주문했다. 즉 여행 경비는 부모님의 도움 없이 본인이 준비해야 하고, 어떻게 준비할 것인지도 생각해 보게 했는데, 아이들은 아직 돈의 규모를 잘 모른 듯이 백만 원부터 최대 2천만 원 정도가 필요하다고 했고, 준비 방법은 예전보다 좀 더 다양했다.

- 과외로 비용을 마련하려고요.
- 기념품을 팔면서 다니려고요.
- 주식 투자를 하려고 합니다.
- 배달 아르바이트를 해서 돈을 모으려고요.
- 카페에서 일하면 될 것 같아요.

그중에 이런 이야기를 해서 우리를 놀라게 한 C와 D 녀석도 있었다.

- E 나라에서 잘생긴 남자 친구를 만나서 모델 일을 시켜서 돈을 벌게 하고 그 돈으로 같이 여행하다가 돌아오기 전 헤어지려고요.
- 로또에 당첨되기 위해서 당첨될 때까지 복권을 사려고요.

2025년 1월 현재 시급은 10,030원으로, 하루 8시간, 주 5일 48시간을 일한다고 했을 때, 주급은 총 481,440원, 한 달로 하면 주휴시간 등을 포함해서 209시간으로 총 2,096,270원을 월급으로 받을 수 있다. 연봉으로 한다면, 정확하지 않지만 대략 25,155,240원이 된다. 물론 시급으로 계산한 것이니, 정식 직장 생활을 하게 되면 이보다 훨씬 많을 것이다. 그래도 대략 3~4천만 원 정도가 아닐까. 생각보다 많지 않고, 이 돈을 모아서 원하는 목돈으로 만들기는 더욱더 어렵다. 부모님에게 용돈을 받아서 자유롭게 쓰는 고등학교 시절이 지나고, 성인이 된 이후 본인이 직접 돈을 벌어보고 (힘들게) 번 돈으로 생활을 해 본다면, 만 원짜리 한 장 쓰기가 얼마나 어려운지 알 수 있을 것이다. 다시 한번 더 질문을 해 본다. 도대체 연봉 2억 원은 어떻게 받을 수 있는 걸까?? 그리고 그 돈은 어떻게 쓸 수 있는 걸까?? 어디에 쓰는 걸까?? 진짜 궁금하다. 하하.

  1862년에 〈레 미제라블〉을 통해서 19세기의 프랑스 사람들의 비참한 삶을 보여주었던 프랑스 작가 빅토르 위고(1802~1885)는 1896년에 〈웃는 남자〉라는 소설을 통해서 신분 차별이 심했던 17세기의 영국의 모습을 보여주고 있다. 빅토르 위고가 자기 작품 중 가장 걸작이라고 칭했다는 작품이다. 〈레 미제라블〉을 통해서도 나타났듯이 가난한 자들을 향한 따뜻한 시선과 귀족 사회를 향한 날카로운 비판이 이 작품에서도 고스란히 나타나 있다. 2019년 초연되었던 뮤지컬 〈웃는 남자〉가 2025년 1월에 공연되고 있다. 영화도 아닌 뮤지컬임에도 마치 영화 속 CG를 보는 것 같은 놀라운 무대 배경과 세팅, 배우들의 연기와 노래, 아름다운 음악까지 근래 본 작품 중 정말 최고였다.

  귀족 집안의 상속자였지만, 어릴 때 납치되어 입이 찢긴 그윈플렌이 유랑극단에서 광대의 삶을 살다가 다시금 귀족의 신분을 찾게 되지만 결국 그 모든 것을 버리고 다시 유랑극단으로 돌아오게 되는 이야기인데, 이미 몇만 달러의 연금을 받는 귀족에게 3만 달러의 연금을 더 주자는 의견에 의원들이 동조하자 의원으로 참석한 그윈플렌이 격앙된 어조로 말한다.

- 경은 어디서 오셨습니까?
- 저 밑바닥에서 왔습니다.

- 누가 제 얼굴을 이렇게 만들었는지 아십니까, 바로 여러분들 같은 귀족들입니다.
- 하지만, 누가 절 구하고 살린 지 아십니까, 바로 가난한 자들이었습니다.

그윈플렌은 의원 가운을 벗어 던지며 가장 유명한 곡인 〈그 눈을 떠(Open Your Eyes)〉라는 노래를, 피를 토하듯이 노래한다.

- 경들, 부족함 없이 다 갖춘 분들. 경들, 나 여기 진실을 외칩니다.
- 간청드리고 연민에 호소하오. 늦기 전에 세상을 돌아봐.
- 그 눈을 떠, 지옥 같은 저 밑바닥 인생들. 그들이 견뎌야 할 또 치러야 할 잔혹한 대가.
- 그 눈을 떠, 맘을 열고 증오와 절망 속에 희망까지 죽어가. 눈을 떠봐.

중요한 것은 그윈플렌이 〈그 눈을 떠〉를 부르기 전에, 의회에서 의원들이 부르는 노래의 가사가 매우 놀랍다는 점이다. 제목은 〈우린 상위 1%(Lords of the Land / We are the 1%)〉! 대략 이런 내용이다.

- 전 세계 최고 귀족 선택받은 분, 우린 상위 1%
- 우리는 먹고 놀고 돈 쓰는 프로, 우린 상위 1%
- 이 몸은 1% 중 최상의 1%, 우리는 평생토록 영원한 1%
- 우린 상위 1%

내 귀에는 〈그 눈을 떠〉 노래보다 〈우린 상위 1%〉 노래가 더 윙윙거렸고 지금도 기억에 남아 있는데, 이런 말도 안 되는 가사가 지금 2025년에도 적용된다는 사실이 너무도 슬프고 속상했기 때문이다. 성경에 이런 구절이 있다.

 - 가난한 자들은 항상 너희와 함께 있거니와 (마태복음 26:11)
 - 가난한 자들은 항상 너희와 함께 있으니 아무 때라도 원하는 대로 도울 수 있거니와 (마가복음 14:7)
 - 가난한 자들은 항상 너희와 함께 있거니와 (요한복음 12:8)

시대가 바뀌어도 가난한 자들이나 상류층은 언제나 있었고 현재에도 있으며 미래에도 있을 것이라면, 우리는 어디에 목표를 두고 살아가야 하는 것일까. 연봉 2억을 받아 강남에 아파트 장만하는 것을 목표로 하는 삶을 고대하며 공부하면 될 것인가. 아마 연봉 2억도 상위 1%는 아닐 것이다. 아, 로또 40억은 어떤가. 아니, 그 이상을 바라보아야 할까. 시급으로 노동을 계산 받는 사람들은, 실패한 삶인가.

하루아침에 귀족 신분에서 고아로, 광대로, 다시 귀족으로, 결국 모든 것을 던져버리고 광대로 변모한 그윈플렌같은 사람은 없을 것이다. 대부분은 돌고 돌아 귀족으로 종착하고자 할 터. 특히 요즘같이 '돈이 생명인 시대'에서는 더더욱. 그렇기에 이 작품이 더 크게 다가오는 듯하다.

그윈플렌같이 초연한 사람이 되면 좋겠지만, 거의 불가능할 수 있고, 그윈플렌 같이 어떤 가치를 바라볼 수 있는 눈을 가진 사람이면 어떨까. 작고 나약하고 가난하고 불쌍하고 순수한 것에 대한 연민, 동정, 공감, 돕고 싶음, 마음의 떨림, 눈물, 긍휼함이 있는 사람이면 어떨까.

직접 살아보지 않아서 잘은 모르겠으나, 연봉 2억 이상을 받고, 강남의 100억 이상 아파트에 사는 상위 1%의 삶이 생각보다 오래오래 행복할 수도 있지 않을까 생각해 본다. 하지만, 안타깝게도 많은 문학작품 속의 허구 인물뿐만 아니라 실제 살고 있는 이들의 이런저런 이야기를 종합해 보면, 오래오래 행복한 것으로 끝나는 경우가 그렇게 많지는 않은 것 같다. 왜냐하면 인간은 물질의 채움 그 이상을 바라는 존재로 만들어졌다고 하니까. 분명 그 어딘가 비어 있는 그 휑한 부분을 그 무언가로 채워야 할 텐데, 그 무언가가 무엇일까.

    그걸 알기 위해서 우리가 지금 살아가고 있는 중.

****

* (2025.01.22.(수))
뮤지컬 〈웃는 남자〉를 꿰뚫고 있는
빅토르 위고의 주제

- 부자들의 낙원은 가난한 자들의 지옥으로 세워진 것이다.

    이에 동조할 수는 없지만, 무척 씁쓸한 문구.

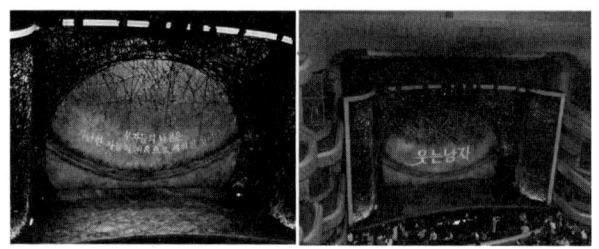

#우린_상위_1% #상류층 #웃는_남자 #뮤지컬 #빅토르_위고 #프랭크_와일드혼 #레_미제라블 #가난과_부 #귀족 #그윈플렌 #그_눈을_떠 #Open_Your_Eyes #We_Are_the_1% #부자들의_낙원은_가난한_자들의_지옥으로_세워진_것이다 #경제적_불평등 #인간의_욕망 #물질과_행복 #노동과_가치

제49화
매일 작은 것들을 즐기세요
2025.02.01.(토)

- 매일 작은 것들을 즐기세요.

예전에 알던 A는 커피를 정말 좋아했다. 아침에 일어나자마자 빈속에 커피를 마실 뿐만 아니라, 커피를 물처럼 수시로 마셨다. 얼마나 커피를 좋아하는지, 매일 이렇게 생각하며 잠든다고 했다.

- 빨리 잠자고 일어나서 학교에 출근해야지. 그래야 학교에서 커피 마시지.

출근하는 것은 싫지만, 학교에 가면 커피를 마시면서 하루를 시작할 수 있어서 출근을 기다리며 잠자리에 든다는 A가 정말 신기했다. 하루 내내 굳은 표정으로 생활하다가 커피를 마시는 순간에는 부드러운 표정으로 바뀌던 A였다.
    몇 달 동안 병원에 있던 가족을 간호하느라 바빴던 B는 이런 이야기를 했었다.

- 가족을 간호하는 일은 정말 힘들었지만, 가끔 병원 카페에서 마시던 오렌지 주스가 너무도 맛있어서 겨우 힘을 낼 수 있었습니다. 오렌지 주스를 한 모금 마실 때 병간호의 힘듦이 다 사라지는 것 같았어요.

B는 이렇게 이야기를 마무리했다.

- 몇 달 만에 가족이 퇴원하는 날, 정말 감사했지만, 이런 생각도 들었어요. 이제 더 이상 오렌지 주스를 마시지 못하겠구나. 이런 생각이 나서 저도 깜짝 놀랐습니다. 오렌지 주스가 저에게는 작은 행복이었던 거죠.

 자기만의 '작은 행복'을 가지고 있으면 인생을 더 행복하게 느끼게 된다고 한다. 매일 아침의 커피를 기다리던 A도, 병원에서의 오렌지 주스를 즐기던 B도 그들만의 작은 행복이 있었기에 삶을 지탱해 갈 수 있었을 것이다. 매일 출근하고 퇴근하며 내 주변을 챙기지 못하고 정신없이 살아왔던 최근 몇 년을 돌아보는 이번 겨울방학. 왜 이렇게 바쁘게 살아왔을까를 생각하며 내 생활을 찬찬히 살펴본다. 힘들었던 학교생활 중에도 나를 웃게 하고 행복감을 느끼게 해 주던, 미소를 띠게 하고 편안함을 갖게 해 주며 기다리고 고대하던 나만의 작은 행복이 있었을 텐데 그게 무엇이었을까.
 출근하는 차에서 커피를 마실 때, 경쾌한 2,500원 통행료 인증 소리를 들으며 쏜살같이 요금소를 통과할 때, 늘 주차하던 곳이 때마침 비어 있어서 내 차를 주차하던 순간, 내가 주차하자마자 다른 차가 들어와서 주차할 곳을 찾고 있을 때, 내가 올린 학년 조회 종례 글에 아이들이 하트를 달 때, 이른 시간의 교사 기도회와 담임

협의회까지 마치고 여유롭게 메시지를 읽던 화요일 1교시, 수업이 없던 오전 시간, 금요일 주말 편지까지 모두 마무리했을 때, 금요일 야간 자기주도학습을 하며 혼자 남아 있던 시간, 토요일 글쓰기를 완료한 새벽 시간, 주일날 어려웠던 성가대 곡 반주를 마치고 설교를 들을 때, 예배를 마치고 국수를 먹을 때, 성가대 연습까지 마치고 집으로 돌아오는 오후 3시, 그리고 이 모든 것을 마치고 주일날 노트북 앞에 앉는 오후 4시경…. 물론 이 중에는 아이들과 수업하면서 티키타카 하던 시간, 어이없어서 웃음이 터지던 시간도 포함된다.

　거의 비슷한 일정으로 돌아가던 매일, 매주의 일상에서 나를 행복하게 해 주던 시간이다. 이런저런 복잡하고 힘든 일들을 끝내고 난 뒤의 작은 쉼, 아주 작은 시간을 좋아하고 즐겼던 것 같다. 방학 중에는 어땠을까. 방학 중 작은 행복은, 저녁까지 먹고 우유를 조금 넣은 카페라테를 즐기던 저녁 시간, 오후 7시 30분경이다. 방학이기에 가능한 오후 시간의 커피타임. 이 시간이 나의 작은 행복을 주는 시간이다.

　우리를 행복하게 만드는 작은 것들에 관한 글을 읽었다.

- 큰 행복은 작은 행복들이 모여 만들어지는 것이다.
- 작은 행복들은 우리 삶의 소중한 조각들이다.
- 이 모든 것들이 모여 우리 삶을 아름답고 풍요롭게 만든다.

　이런 작은 행복을 위해서는, 일상에서 작은 즐거움을 찾고, 관계 속에서 행복을 느껴야 하고, 작은 성공에 대한 경험을 쌓아야 하고, 나만의 행복 루틴을 만들어야 하며, 행복은 습관이니 작은 행복을 키우는 연습을 해야 한다고 조언한다.

내가 적용하고 싶은 몇 가지 예는, 매일 일기를 쓰거나 명상하기, 잠자리에 들기 전 따뜻한 차 마시기, 매주 1시간 이상 자신을 위한 시간 갖기, 매달 새로운 것 시도하기, 매년 여행을 통해 새로운 세상 경험하기 등이 있는데, 좀 더 구체적으로 언급해 보면, 다음과 같다.
　타인에게 관심 가지고 베푸는 마음 갖기, 현재에 집중하기, 따스한 햇살 아래 책 읽기, 좋아하는 음악 들으며 춤추기, 맛있는 음식 천천히 즐기기, 자연 속에서 산책하기, 새로운 사람과 만나기, 새로운 것을 배우고 도전하기, 자신의 재능을 발휘하며 창조적인 활동하기 등. 이 중 몇 가지는 할 수 있지 않을까 생각해 본다.

- 매일 작은 것들을 즐기세요. 언젠가 여러분이 뒤를 돌아보면, 그것들이 중요한 것들이었다는 것을 깨달을 거예요.
- 미국 작가 로버트 브롤트(Robert Brault) -

　오늘도 하루 내내 기다린 시간, 카페라테를 마시며, 작은 행복을 즐겨본다.

****

* 매년 겨울방학 하는 날
1학년 아이들 전체에게 주었던 백설기

　1년 동안 수고했다는 기쁨과 감사의 떡이다.
　4년 동안 했었던 작은 격려였는데, 내가 아주 중요하게 생각하는, '작은 행복'의 시간이다.

아이들이나 선생님들이나 얼마나 맛있게 먹었는지 모른다.
앞으로도 계속되면 좋을 텐데….

#매일_작은_것들을_즐기세요 #커피 #여유 #출근 #작은_행복 #일상의_소중함 #방학 #행복 #로버트_브롤트 #삶의_조각들 #백설기 #떡

제50화
3년 개근상 30명
2025.02.08.(토)

- 3년 개근상 30명, 3년 우등상 33명

   초등학교부터 고등학교까지, 단 한 번도 전학을 간 적이 없다. 한 학교에 입학해서 졸업까지 했기 때문에, 내가 다닌 학교는 대학원까지 딱 4곳이다. 전학을 해 본 적이 없다는 것은, 자주 이사하지 않았다는 것일 수도 있고, 물리적으로나 정신적으로도 별일이 없었다는 의미일 수도 있겠다. 그때는 몰랐었지만, 지금 생각해 보니, 매우 큰 축복이었다는 생각이 든다.

- 대학교도 전학 갈 수 있는 것 아닌가요??

   A 녀석이 저런 말을 했을 때, 나는 깜짝 놀랐다. 대학교를 전학 갈 수 있는 것으로 알다니!
   학교의 변화는 없어서 좋았지만, 새로운 학년과 학급으로 편성이 되어서 교실이 바뀌고 친구들과 선생님이 바뀌는 시기인 신학기 3월을 별로 좋아하지 않았다. 무언가 새로운 것에 적응하는 것을 힘들어했던 것 같다. 그래서 그런지 지금도 교무실을 옮기거나 자리를 옮겨야 하는 때가 오면 약간의 불안감이 생기면서 누가 대신해 주었으면 좋겠다거나 눈을 감았다가 뜨면 모든 것이 끝나있으면 좋겠다고 생각한다. 안타깝게도 몇 주 뒤에 있을 일이어서 미리 노심초사하며 약간 불안한 심정이다.

전학뿐만 아니라 '자퇴'라던가 '휴학'이라는 단어도 한 번도 생각해 보지도, 경험해 보지도 않은 단어다. 대학교 다닐 때 군대 때문에 휴학하는 남학생들을 보았을 뿐이지 내 주변의 여학생은 단 한 번도 보지 못했다. 심지어 '재수'도 하지 않아서 나에게 '학교'는 그냥 쭈욱 다니는 곳으로 인식이 되어 있다.

중간에 '잠깐 멈춤' 또는 '쉼' 또는 '이동'이라는 것을 경험해 보지 못한 나이기에, 교사를 하면서 학생들의 학적 변동을 이해하는데 시간이 걸렸다. 아주 오래전, 우리 반 학생이었던 B가 건강을 위해서 1년 휴학을 한다고 했을 때도, 고등학교에서 휴학하는 것에 놀라면서 B의 미래에 대해 걱정했었다.

- 계속 다녀야 하는데, 1년을 쉬어도 괜찮을까?? 또 1년 뒤에 오면, 1살 많은 선배가 되어서 후배들과 같이 다녀야 하는데, 괜찮을까??

뭐, 이런 생각을 했었지만, 1년 뒤에 돌아온 B는 아무렇지도 않게 학교를 잘 다녔고, 후배 아이들은 '언니'라고 하며 잘 따랐으며, 아무렇지도 않게 대학교에 잘 진학했다. 그것을 경험한 이후로, 휴학하거나, 심지어 자퇴한다고 하더라도 (크게) 걱정하지는 않는다. 다만, 가능하면 쭈욱 멈추지 말고 다니기를 바랄 뿐이다.

또 거짓말을 1도 하지 않고 초등학교부터 대학원까지, 결과, 지각, 조퇴, 결석도 한 적이 없다. 심지어 대학교와 대학원 수업도 빠진 적이 없다. 언젠가 C 대학교에서 몇 명의 선생님들과 교사 연수를 받은 적이 있었는데, 빡빡한 연수 일정에 지친 선생님들이 오후 연수를 빼고 놀러 가자는 의견들이 나왔다. 그때 내가 이렇게 말했다.

- 선생님! 저는 대학교 다닐 때도 수업 빠진 적 없는데요?

그때 D가 놀라서 물었다.

- 대학교 다닐 때 수업 땡땡이쳐 본 적이 없다고요??
- 네!
- 그러니까, 이번 연수 빼고 놀러 가는 거 어때요?
- 아! 저는 못해요.

이런 나 때문에 다른 선생님들도 수업을 빠지지 못했던 것으로 기억한다. 뚜렷하게 기억나는 것은, 대학교 1학년 금요일 1교시 수업으로 교양 윤리가 있었는데, 보통은 S대 전철역에서 학교 버스를 타고 등교했었지만, 그날은 좀 늦을 것 같아서 정말 과감하게 택시를 타고 강의실로 뛰어갔건만, 뒤늦게 들어온 조교가 '휴강'이라고 외쳤을 때, 힘이 탁 빠졌던 기억이 있다. 결과론적으로 휴강이 된 수업을 위해 택시비를 날리기는 했어도 수업에 들어가려고 애썼던 그 일은, '흠~ 나는 수업을 빠진 적이 없는 사람이야~'라는 뿌듯함을 갖게 해 준 기억이 되었다.

추가로 한 가지 더 말한다면, 학교에 다니는 동안 보건실(예전에는 '양호실'로 불렸다)에도 한 번도 가본 적이 없다. 사실 어디에 있는 줄도 모르고 가도 된다는 것도 몰랐다. 왜 몰랐지?? 요즘 아이들은 얼마나 자주 보건실을 가는지, 보건 선생님이 안쓰러울 정도다.

어찌 보면 고루한 듯한 나의 학교생활과는 다르게 요즘에는 많은 것들이 자유로워졌고 추구하는 가치에 따라 선택의 폭이 많아졌다. S 대학교에 다니다가 이게 아니다 싶으면 자퇴하기도 하고, 입학하자마자 전학을 가기도 하고, 아예 학교에 다니지 않고 가정 학습을 하기도 하는 등, 예전과는 사뭇 다른, 다양한 시대다. 그래서 다른 곳보다 보수적인 시스템을 갖춘 학교로서는 학생을 지도하고 관리하는데 어려움이 많아졌다고 할 수 있다.

고등학교 3년 동안 전학을 몇 번씩 하기도 하고, 고3 때 자퇴하기도 하며, 시험 기간인데도 결석해서 시험을 보지 않거나, 시험을 보다가 조퇴하기도 한다. 그리고 학기 중에 여러 가지 이유로 체험학습을 사용하기도 한다. 아주 옛날에 학교를 다닌 나의 머리로서는 이해가 되지 않지만, 어떤 때는 이런 '용기'가 대단하기도 하고 한편으로는 부럽기도 하다.

학생들의 출결에 변화가 있을 때는 출결 신고서를 제출해야 하는데, 일반적인 질병뿐만 아니라 미세먼지에 민감한 사유도 적용된다. 생활기록부에 남지 않고 출석 인정이 되는 사유도 있고, 지각과 조퇴를 3번 이상하면 결석 1번이 되는 등 이전보다 좀 더 세세하고 학생의 입장을 고려한 내용이 많다. 무엇보다도 코로나 이후 가정학습이나 체험학습의 일수가 대폭 확대되어서, 2021년도의 경우, 학교장허가 교외 체험학습은 연간 20일 이내로 신청할 수 있었고, 국가 감염병 즉, 코로나가 '경계' 또는 '심각' 단계일 경우, '가정학습'을 한시적으로 최대 57일 이내까지 허가했었다. 2025년 지금은, 교외 체험학습과 가정학습을 포함해서 연간 20일 이내로 신청할 수 있는데, 물론 가정학습은 국가 감염병 경계나 심각 단계일 때 가능하다.

2021년부터 2022년까지의 코로나 시절에는, 출석 인정이 되는 체험학습과 가정학습 57일 포함하여 기타 인정 요소까지 하여 60일이 넘게 학교에 나오지 않아도 되어서, 어느 학급은 학생이 아무도 오지 않아서 수업을 못했다는 선생님도 있었고, 등교한 학생이 1명이어서 그 학생과만 수업했다는 선생님들도 많으셨다.

'출석 인정 시스템'을 법이 허용하는 범위에서 이렇게 저렇게 이용하는 학생들을 뭐라고 할 수는 없지만, 속셈이 빤히 보이게 사용하는 아이들을 그대로 지나칠 수는 없기도 하기에, 선생님들의 고충이 크다. 몇 년 전에 모범상을 주기 위해서 학생을 추천하는데, 체험학습과 가정학습을 단 한 번도 사용하지 않은 학생이 전교에서 5명밖에 안 된다는 것을 알고 선생님들이 깜짝 놀랐던 적도 있다.

결석이나 조퇴 등을 해도 출석 인정이면, '개근상'을 받을 수 있다고 한다. 출석 인정이 되는 시스템이 있는데도 끝까지 사용하지 않고, 즉, 체험학습이나 출석 인정 결석 등을 신청하지 않고, 고리타분하게 아니 성실하게 학교에 쭈욱 나온 학생이 있을까? 궁금하다. 만약 그런 학생이 있다면, 이렇게 묻고 싶다.

- 사용할 수 있는데, 왜 사용하지 않은 걸까?
- 자기만의 주관이 있는 건가요??
- 앞으로도 사용하지 않을 건가요??

이 물음에 대답할 수 있는 학생이 있다면 나에게 찾아와서 직접 대답해 주면 좋겠다. 만나고 싶으니까.

****

* (2025.02.07.(금)))에
제28회 졸업식이 있었다.

2022년도에 입학한 학생들이 졸업했는데, 1학년 때와는 많이 다른, 성장한 모습이었다.

코로나 시절이었지만, 2021년도에 하지 않던 여러 가지 학교 프로그램을 시도하기 시작한 기수로, 학교에서 세족식을 하기도 했고, 체육대회, 현장 체험학습, 축제, 학년 음악회 등 다양한 행사를 많이 했던 학년이어서, 1년 선배 아이들이 무척 부러워했었다.

식이 한참 진행되던 중 화면에 이런 메시지가 떴다.

- 3년 개근상 30명, 3년 우등상 33명

무심코 보다가 깜. 짝. 놀랐다. 총 299명 중 3년 개근이 30명이라니? 또 3년 우등상보다도 적다니?? 너무나도 큰 충격이어서 한 5초 정도 얼어붙어 있었던 것 같다.

239명이 한 번 이상을 결석했다는 건데, 그것에 흔들리지 않고 꿋꿋하게 학교에 나오다니! 체험학습이나 가정학습, 출석 인정 시스템을 사용하기도 했겠지만, 3년 동안 개근을 한 30명에게 큰 박수를 보낸다. 당신의 성실함과 꾸준함이 어디에서나 인정받을 것이라 믿으며!

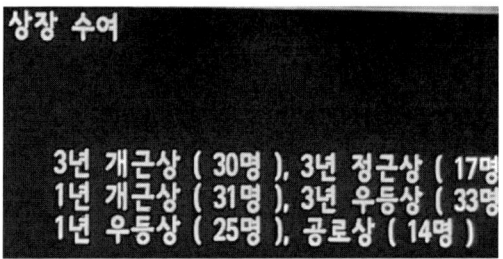

#3년_개근상 #개근 #전학 # 결석 #조퇴 #결과 #자퇴 #휴학 #학적 #출결_신고서 #학교장허가_교외_체험학습 #출석_인정 #코로나 #졸업식 #성실함과_꾸준함 #개근의_가치

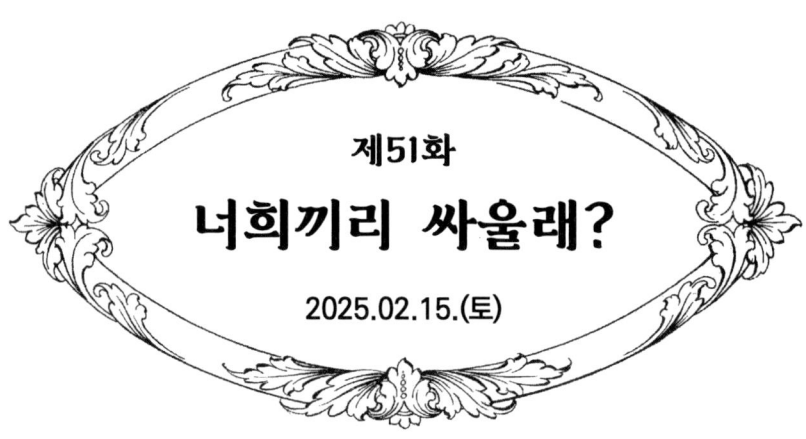

제51화
너희끼리 싸울래?
2025.02.15.(토)

- 쳇! 뭐야! 너희끼리 싸울래?

    1월 하순부터 겨울방학 내내 내가 하고 있는 일은, 2024년도에 썼던 글들을 모아놓고 맞춤법 검사를 하면서 글을 다듬는 것이다. 총 2권을 끝내야 하는데, 1월에 한 권을 끝냈고 지금 2월 말까지 한 권을 더 정리해서 보내야 한다. 일반적으로 쓰고 있는 A 프로그램으로 1차 수정을 하고, 좀 더 전문적인 B 프로그램으로 2차 수정을 하는데, 생각보다 시간이 오래 걸린다. 맞춤법이나 띄어쓰기가 틀린 경우는 문법에 맞게 수정하면 되기에 어렵지 않은데, 문장의 조사가 이상하니 고치라는 체크가 나오면 앞뒤 문장을 이리저리 수정하느라 시간이 걸린다.

    문제는, 몇 번을 고쳐도 계속 고치라는 메시지가 나올 때다. 아무리 보아도 이상이 없는데 계속 이상하다는 메시지가 나오면, 잠깐 쉬면서 눈과 머리를 비워준 뒤, 다시 새롭게 고쳐서 간신히 허락받은 예(?)도 있다. 또 내가 보기에는 고치는 것보다 원래 것이 더 나아서 그냥 무시하고 넘어간 문장도 있다. 그런데 무언가 이상하기는 한데, 어떻게 고쳐야 할지 도저히 모르겠다는 생각이 들 때, 머릿속에 불현듯 떠오른 프로그램이 있었다.

- 아! Chat GPT에 물어보자!

Chat GPT에 물었다.

- 이러저러한 문장을 문법에 맞게 바꿔 주세요.

Chat GPT가 몇 개의 조사를 수정하여 만든 문장을 B 프로그램에 올리니 다시 수정하라고 하는 경우가 많았다는 것이 함정이다.

- 쳇! 뭐야! 너희끼리 싸울래??

종업식을 하루 앞둔 교무실, 선생님들과 이런저런 이야기를 나누던 중 Chat GPT에 관한 이야기가 나왔다.

- Chat GPT 이용해 보셨어요??
- 네! / 아뇨, 아직.
- 무슨 무슨 단어를 포함해서 어떤 내용의 글을 몇 글자 이내로 작성해 달라고 하면 그대로 작성해 주거든요.
- 어떻게 하는 건가요??
- 제가 해 볼게요.

C가 Chat GPT를 열고 시범을 보였다. 이렇게 입력했다.

- 수학과 음악 분야를 융합하여 사실에 근거한 예시 문장을 100자 이내로 만들어 주세요.

Chat GPT는 이렇게 답했다.

- 수학과 음악은 리듬과 박자, 음계의 패턴에서 수학적 원리를 공유하며, 음악 이론에서 비율과 대칭을 통해 수학적 사고를 발전시킬 수 있습니다.

C가 다시 입력했다.

- 좀 더 사실적인 예시를 넣어주세요.

Chat GPT는 이렇게 대답했다.

- 음악의 음계는 수학적 비율에 기반을 두고 있습니다. 예를 들어, 8:9, 2:3 등의 비율은 음의 간격을 정의하며, 피타고라스의 이론을 통해 음악의 화음과 조화를 설명할 수 있습니다.

우리는 깜짝 놀랐다.

- 아이들도 리포트 쓸 때, Chat GPT를 이용하는 것 같아요.
- PPT도 만들어 준다고 하던데요.
- 와우! 걱정이네요!

- 모두 비슷한 내용의 리포트가 나오겠어요.
- 그러니, 이런저런 서술보다, 성적이 가장 믿을만하지 않을까 해요.

우리는 모두 고개를 끄덕였다. Chat GPT를 능숙하게 다루는 D가 말했다.

- Chat GPT가 만든 문장은 다 비슷하고 매끈해서 오히려 걸러내게 되더라고요. 사람이 쓴 투박한 글이 더 나은 것 같아요.

Chat GPT의 매끈한 문장보다 사람이 쓰는 투박한 글이 더 마음에 든다는 D의 말에 전적으로 동감하며, 그래서 Chat GPT와 B 프로그램이 부딪칠 때, 그냥 내가 쓰고 싶은 대로 다듬어지지 않은 채로 두었다. 글을 읽으며 문장이 이상하다고 생각해도 어쩔 수 없다. 쩝.

1월 초 31기 신입생 연수 때 E 강사는 Chat GPT를 포함하여 앞으로 변하게 되는 교육환경에 대해 아주 긴 시간을 할애하여 설명했다. E는 이렇게 말했다.

- Chat GPT에 OOOO 고등학교를 넣은 시를 만들어달라고 했더니 이렇게 나왔어요.
- Chat GPT에서 나에 대해 설명하고 이미지로 알려달라고 했더니, 이렇게 나왔어요.
- 앞으로 학교의 교육환경은 많이 달라질 겁니다. 그러니 학습도 교육 방법도 달라져야겠죠.

몇 년 전부터 계속 들어오던 'Chat GPT' 단어가 요즘만큼 자주 언급된 적도 없는 것 같다. 또 최근 학교 현장에서 교사나 학생이 실제로 사용하는 때도 부쩍 늘어났다. 다음 주에 있는 교사 연수 프로그램에 Chat GPT 활용이 있는 것을 보면 이제는 진짜 제대로 배워야 하나 보다. 어느 것이나 장단점이 있을 텐데 사실 걱정스러운 점이 더 많다. 기술이 발전될수록 편리함이라는 장점이 때로는 아주 큰 단점이 될 수도 있다는 것을 알고 있기 때문이다.

여전히 맞춤법 검사를 하고 있던 금요일 오후 늦게 OO기 F에게서 연락이 왔다.

- 선생님~~ 저 교사 합격해서 발령받았습니다! 조만간 선생님 한 번 뵈러 가려고 하는데 괜찮으실까요??

또렷하게 기억나는 F의 얼굴과 목소리와 그에 대한 모든 것들. 유난히 외향적인 아이들이 많아서 활발하고 시끌벅적한 분위기의 학급 아이들 사이에서 조용하고 차분하고 성실한 태도로 학교생활을 했기에 더 눈에 띄었던 F였다. 일찍부터 교사의 꿈을 가지고 관련 동아리에서도 활동하였는데 특히 선생님들의 어린 시절 사진 전시회를 주최해서 나의 오래된 사진첩을 뒤적이게 했던 F였다. 재수도 하지 않고 곧바로 현역으로 대학교에 입학한 지가 얼마 되지 않았는데 단번에 임용고시에 합격하고 발령까지 받았나 보다. 내가 알고 있던 F의 고등학교 모습을 기억해 보면 고개가 끄덕여지는 성공담이었기에 내 일 같이 기쁘고 감격스러웠다. 그런데, 약속 시간을 주고받는 중에 받은 F의 글은 나를 잠깐 생각에 잠기게 했다.

- 임용고시 2차 준비할 때 선생님은 어떻게 하셨었나 많이 생각해

보면서 준비해서 잘 된 것 같아요!

이게 무슨 말이람! 임용고시 2차에는 '수업 시연, 심층 면접' 등이 들어갈 텐데, 갑자기 나는 왜? 아마도 F의 이 말은, 임용고시 준비하면서 나를 생각하며 준비했다는, 어찌 보면 나로서는 해괴망측(?)한, 숨고 싶은, 낯 뜨거워지는 발언이 아닐 수 없다. 내가 뭘 잘못했나?

컴퓨터교육과로서 Chat GPT를 포함한 온갖 프로그램에 능숙한 전문가인 F의 머릿속에 내가 떠올랐던 것은 아마도, 세련되지 않은, 거친, 다듬어지지 않고 투박한, 나의 어떤 모습이었을 것이다. 인간적이라는, 이런 따뜻한 단어는 전혀 어울리지 않은 어떤 모습…. 다음 주에 F를 만나면 물어보아야겠다.

- F! 이게 무슨 말이야?? 수많은 선생님 중에 왜 나를 기억했어??

****

* 모든 것이 인공지능화(AI)될 때
  사람들은 무엇을 기억하게 될까.

아마도, 인공지능화되지 않은 것들이 아닐까.

G가 집에서 직접 만들었다며 크리스마스 전날 들고 온 과자와 편지.
유명 제과점에서 만든 과자도, 세련된 모습도 아니었지만, 직접 만들었기에 아직도 내 책상 위에 있는, 기억할 만한 과자.

그리고 또박또박 눌러쓴 글씨.

 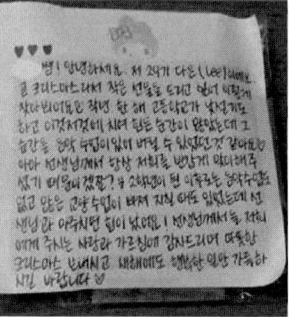

#Chat_GPT #AI #맞춤법_검사 #임용_고시 #인공지능 #교육_변화 #기술과_교육 #학생과_AI

제52화
인연(因緣)-4
2025.02.22.(토)

- 내년에 A 업무를 맡아 주겠어요??

　행정적인 학교 업무는 매해 3월부터 2월까지이지만, 대부분의 일은 겨울방학이 시작되는 12월 말이나 1월 초면 거의 정리가 된다. 또 새로운 일을 진행하지 않고 정리하는 시기이기에 마지막으로 갈수록 일이 없는 것이 당연하다. 하지만, 1학년은 전년도 11월경부터 새로운 학년을 준비해야 하고, 12월 중순부터 말까지는 학년 행사가 빼곡하게 있으며, 해를 넘긴 1월 초에는 아직 입학하지 않은 신입생 대상 연수가 있고, 현 학년 학생 업무도 꼬박 2월 말까지 책임져야 하기에, 숨을 돌릴 틈이 없다. 현 학생들과 모든 것을 끝내고 헤어지는 '종업식' 이후에도 2월 말까지는 현 담임 선생님이 책임을 져야 한다. 2주 전에 종업식을 끝내고 봄방학 기간 중인 이번 주에 B 선생님이 말한다.

- 선생님! 저희 학급에 학적 변동이 있을 것 같아요. 상담해 주실

수 있나요??

　이미 위 학년으로 진급하여 새로운 학급으로 배정이 되었건만 이런저런 변화가 있는 경우가 많아서 생소한 일은 아니지만, '아! 이제 끝났다!'라고 말을 할 시간은 아니다. B에게 말했다.

　- 끝난 줄 알았는데, 아직도 끝난 게 아니네요.*^_^*….

　2020년 10월 말경, C에게서 전화가 왔다.

　- 내년에 A 업무를 맡아 주겠어요??

　단 한 번도 생각해 본 적 없었던 A 업무를 권하는 C의 전화를 받고 놀라면서도 약간 떨리는 목소리로 이렇게 말했다.

　- 생각해 보겠습니다. (아니, 기도해 보겠다고 했던가? 아마도 그때는 좀 더 신실했으니 그렇게 답했을 듯하다)

　그다음 날 C를 만나서 이렇게 말했다.

　- 저는 A 업무가 어떤 일인지도 잘 모르고, 지금까지 전혀 생각하지 않던 일입니다. 가르쳐 주시면 할 수 있을 것 같아요.

　C는 이렇게 말했다.

　- 도와줄게요.

- 그럼, 딱, 1년만 해 볼게요.
- 기본이 2년인데??

C와의 만남 뒤 곧바로 D를 찾아가서 말했다.

- D! 내가 내년에 A 업무를 하게 되었는데요, D가 나를 도와서 E 업무를 맡아 줄래요?

D는 0.1초의 주저함도 없이, 두 눈을 크게 뜨고 큰 목소리로 즉각 대답했다.

- 네!!!

도와주겠다는 C의 말과 D의 또랑또랑한 대답에 힘을 얻어서, 2020년 10월 말부터 시작되었던 A 업무가 공식적으로 2025년 2월 말에 끝난다. 1년만 하고자 하였으나 2년을 하게 되었고, 그만 두려고 하였으나 이리저리 숙고하다가 다시 1년을, 또다시 어찌어찌하다가 1년을 더 하여 총 4년을 하게 되었다. 어떻게 (길고 긴) 4년을 살아왔나 싶다.

2021학년도 27기, 2022학년도 28기, 2023학년도 29기와 2024학년도 30기까지의 학생들과 학부모, 담임 선생님들과 매년 관련 부서들과의 협업, 그리고 관리자분들까지, 어느 것 하나 쉬운 것이 없었고 호락호락한 것이 없었다. 며칠 전에는 총 8명에게 전화하고 재차 확인까지 하고 나서야 한 줄짜리 짧은 공지를 하기도 했다. 언젠가 F에게 말했다.

- A 업무를 하면서 비굴(?)해지는 것이 제일 힘들었던 것 같아요. 나 혼자만 잘하면 되는 일이 아니니까. 다른 사람에게 부탁하고 협조를 구해야 하고, 싫은 내색도 못하고 할 말도 제대로 못하고, 받아치지도 못하고, 꾹 참고. 일이 되게 해야 하니까.

어제 오전에 G가 물었다.

- 이제 A 업무를 하지 않게 되어서 마음이 가뿐하죠?

오후에는 H가 같은 질문을 한다.

- 선생님! 이제 홀가분하시죠?

'홀가분? 글쎄….'라는 생각을 하며 선뜻 대답하지 못하고 우물쭈물하고 있는 나에게 I가 말한다.

- 아, 그래도 이제는 전체를 보지 않아도 되니까 마음이 가벼우실 것 같아요. 이제 좀 쉬세요.

학급 담임을 하면서 우리 반 아이들을 온전한 '내 제자'로 남기게 되고, 다른 학급 아이들과도 좋은 관계를 맺었으며, 함께 했던 담임선생님들과도 끈끈한 동질감을 얻었던 것이 큰 기쁨이었다. 그래서 A 업무를 하면서 이렇게 생각했다.

- 내가 맡았던 1학년 전체 녀석들을 더 기억나는 제자들로 남길 수 있겠고 학년이 올라가면서 그 덩어리가 더 커질 수도 있겠구나!

- 또 담임선생님들과 더 좋은 관계가 되지 않을까?
- 그리고 다른 부서와도 서로 잘 이해하게 되고 잘 도와주면서 멋진 교직 경험이 될 것 같아!

도대체 나는 이런 (허황되고 말도 되지 않는) 생각을, 왜, 어떻게, 계속하고 있었던 것일까?? 왜 그랬을까?? 지금 생각해도 참 어린아이 같고 순진했다는 생각이 든다. 글쎄 뭐라고 할까. A 업무를 맡았었던 4년은 참 귀하고 소중하고 아름다웠고 뿌듯하고 내 인생에서 뚜렷이 기억될 만한 돌이킬 수 없는 사건들과 각인되어 버린 온갖 만남과 감정들로 가득 찬, 놀라운 시간이었지만, 누군가가 나에게 무언가를 질문한다면 흔쾌히, 즉각 대답할 수 없어서 깊은, 슬픈 생각에 빠진다는 것이 서글프다.

- 기억될 만한 제자를 남겼는가?
- 기억될 만한 스승이 되었는가?
- 내가 맡았던 기수 아이들이 1학년을 기억하는가?
- 함께 했던 담임 선생님들과는 돈독했는가?
- 즐거운 시간으로 기억되는가?
- 함께 했던 다른 부서 선생님들과는 가까워졌는가?
- 기억될 만한 A 업무였는가?
- 내가 맡았던 A 업무가 앞으로도 지속될 수 있는 일인가?
- 혹시, 지속되지도 않을 일에 4년의 세월을 쏟아부었던 것인가?
- 왜 이 일을, 4년 동안이나 했던 것인가???
- 그래서, 누군가를 남겼는가??
- 그래서 너는, 이전보다 나아졌는가? 발전했는가?
- 결국, 무엇을 남겼는가???

- 너는, 열심히 살았는가?

　수도 없이 많은 질문이 쏟아지지만, 'YES!!!'라고 대답할 수 있는 것은 마지막 질문뿐이다.

- 그래! 나는, 열심히 살았어.
- 기억될 만한 제자도 없고, 스승으로도 남지 않았고, 담임 선생님들도, 타 부서 선생님들과도 친밀해지지 못했고, 내가 4년 동안 했던 일은 남긴 것도 없이 순식간에 허공으로 사라질 것이고, 나 자신이 전혀 발전하지도 못했지만, 나는 정말, 열심히 살았다고!

　그리고 가장 하고 싶은 말은 이것이다.

- 그리고 그때는, 그럴 수밖에 없었어….

　어제 J에게 이렇게 툴툴거렸다.

- 너무 힘든 시간이었어요.

　원래 인생은 그런 것이라는 듯이 J는 아무렇지도 않게 이렇게 말했다.

- 지나간 것은, 지나간 대로….

　2020년 (1-10) 담임을 한 이후로, 오랜만에 하는 담임이기에 베테랑 선생님들에게 계속 말했다.

- 선생님! 제가 오랜만에 담임을 하는 초보 담임이니, 많이 도와주셔야 해요!

베테랑 K가 말했다.

- 오랜만에 하는 게 더 좋을 거예요. 새롭고 신선하니까.
- 그러겠죠??

2025년 1월 15일에 학급 카페와 학부모 카페를 새로 만들면서 2025학년도의 1학년 담임 일을 시작했다. 예전 같으면, 신입생 학급 학적이 발표되자마자 아이들에게 연락했을 텐데, 올해는 좀 천천히 가자는 생각으로 발표 후 일주일이나 지난 어제에서야 아이들에게 연락했다.

- (2025 - 31기) (1-○) 학급 방입니다.

새로운 위치와 새로운 마음가짐으로 시작하는 2025학년도. 제일 먼저, 나와 같은 배를 타게 된 우리 반 30명의 학번과 이름을 하나하나 직접 작성하면서 아이들과의 시간을 머릿속에 그려본다. 올해 맺게 되는 새로운 인연들을 기쁜 마음으로 마음껏 기대해 보아도 될까.

****

* 언젠가 L이 이런 이야기를 했다.

- 시간이 가도 사람은 남던데요.

나는 그 말에 반기를 들었다.

- 아뇨. 시간이 가면 일이 남던데요. 사람은, 없더라고요.

2021학년도부터 2024년까지 계속했던 일 중의 하나는, 매 학기 〈주말 편지〉를 제본하여 학교와 학교 도서관 송백재에 남겨 놓는 것이었다. 내가 떠나더라도 내가 했던 일을 허공으로 날리지 않고 눈으로 볼 수 있게 남겨 놓고 싶었다. 물론 이번에 폐지를 버리는 등 교무실 정리를 하면서 M이 이렇게 말해서 나에게 한 대 맞기도 했다.

- 이 〈주말 편지〉를 버려야 하나?

매 학기 제본하던 〈주말 편지〉와 달리, 이번에 떠나기 전에 꼭 하고 싶었던 일은 〈선배 이야기〉를 책으로 묶는 일이었다. 30여 년 동안 담임을 할 때마다 학년말에 후배들을 위해서 〈선배 이야기〉라는 것을 쓰게 해서 후배 아이들이 보게 했는데, A 업무를 하면서도 학년 아이들에게 진행하던 프로그램이었는데 파일 형태로만 있었기에 '꼭!' 책으로 묶어야겠다고 계속 다짐하고 있던 일이었다.

하지만! 2024학년도만 하더라도 1학년, 2학년과 3학년까지 총 53명이었으니, 2021년, 2022년, 2023년 그리고, 2020년 이전까지 하면 분량이 너무도 방대했다. 일정 형식을 가지고 편집해야 했는데 도저히 시간을 낼 수가 없었다. 하지만 한번 내 마음속에 들어온 〈선배 이야기〉 제본 건을 꼭 해내야겠다고 다짐했고, 1월 겨울방학을 하면서 10여 일을 꼼짝하지 않고 앉아서 편집하고 제본 작업까지 마치게 되었다.

총 5권의 책으로 묶어서 학교 도서관인 송백재에서 열람하게 하였고, 특히 2024년도 것은, 31기 신입생 각 학급에 배부하여 교실에서 아이들이 돌려가며 볼 수 있도록 했다.

내가 보낸 4년을 돌아보는 질문 중 하나.

- 결국, 무엇을 남겼는가???

대답해 본다.

- 책! 책을 남겼어요.
- 사람은, 없지만요.

* 학교 도서관 〈송백재〉에 전시된 〈주말 편지〉와 〈선배 이야기〉

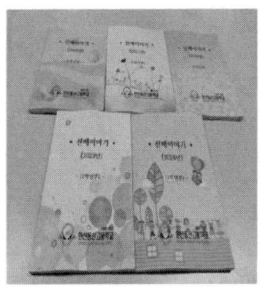
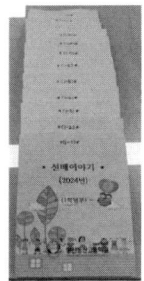

#인연 #교육 #학급_운영 #고등학교_1학년 #신입생 #학년_부장 #제자 #담임교사 #주말_편지 #선배_이야기 #도서관 #송백재 #책으로_남기다 #기록

작가의 말

 2021년도 이전에는 수십 년 동안 매주 토요일과 일요일에 각각 한 편씩, 일주일에 총 2편의 글을 작성했었습니다. 2021년도부터는 양을 줄여서 매주 토요일에 한편씩 글을 쓰고 있습니다. 일주일을 돌아보며 글을 쓰는 것은 다름이 없는데, 책이 나오게 된 2021년 이후로는 글을 쓰는 일에 마음과 시간을 더 쏟게 되는 것을 보게 됩니다. 함부로 쓸 수 없고 자유롭게 끄적일 수 없으니, 왠지 더 책임감이 느껴집니다.

 누군가가 말했습니다. 매년 책을 내는 일이 쉽지 않을 텐데, 너무 힘든 일을 시작한 것 아닌가요? 가끔 그 말을 생각해 봅니다. 그의 말처럼 매년 책을 내는 일이 쉬운 일은 아니지만, 매주 글을 쓰는 것은 그만둘 수 없다고 결론을 내 봅니다. 매주 글을 쓰는 일을 그만둘 수 없으니, 매년 책을 내는 것도 할 수 있을 때까지 계속 가보려 합니다.

 '이 책을 누가 읽을까'도 생각해 봅니다. 저를 아는 사람들보다 저를 알고 싶은 사람들이 책을 집어 들게 될 텐데, 제가 더 좋은 사람이 되면 좋겠다는 다소 힘든 생각도 해 봅니다. 읽는 이가 많으면 좋겠지만, 행여 그렇지 않더라도 책으로 남긴 삶의 기록을 감사하게 간직해 보려고 합니다.

어느 한 해 쉬운 때가 없었지만, 특히 2024년은 참 많은 일들이 있었던, 그야말로 광야에서 혼자 몸부림치며 온갖 일에 고군분투했던 힘겨운 시간이었습니다. 하지만, 52편의 글 속에 담긴 2024년 365일이 나의 삶에 꼭 필요한 시간이었기를 바랍니다.

새롭게 시작되는 2025년이 나에게 주어졌음에 감사하며, 또다시 소망을 품고 하루하루를 살아보려 합니다. 2025년에는 좀 더 기쁘고 웃을 일이 많은 아름다운 해가 되기를 간절히 기대하며, 오늘도 글을 씁니다.

슬기로운 고등학교 생활은 앞으로도 계속됩니다.

고맙습니다.

2025.03. 서울

슬기로운 고등학교 생활 2024

초판 1쇄 2025년 6월 1일

글 김은하

펴낸곳 이분의일
주소 경기도 과천시 과천대로 2길 6, 과천테라스원 508호
전화 02-3679-5802
이메일 onehalf@1half.kr
홈페이지 www.1half.kr

출판등록, 제 2020-00015호
ⓒ김은하, 2025

ISSN 2983-0133
ISBN 979-11-94474-12-8 (03810)

이 책에 실린 글과 이미지의 무단복제를 금합니다.
이 책의 내용의 전부 또는 일부를 재사용하려면 반드시 출판사의 동의를 받아야 합니다.